黑龙江交通职业技术学院高水平院校建设系列教材

铁 道 概 论

主　编　宫国顺
副主编　王燕梅　申金国　刘　浩　尚福久

U0362212

清华大学出版社
北京交通大学出版社
·北京·

内 容 简 介

本书比较系统、全面、扼要地介绍了铁路运输体系的构成、铁路基本知识与原理。全书共十章，第一章介绍了我国铁路运输业的发展历史、现状和展望，第二章到第十章分别介绍了铁路线路、车辆、供电、机车、动车组、车站、信号、通信、运输组织等方面的基础知识、系统及原理。

本书内容选择适当，结合现场实际，适度描述了铁路建设前沿知识，文字通俗易懂，可作为交通运输类本科及高职教材，也可作为铁路各基层站段职工岗位培训教材，还可作为普及铁路知识的科普图书。

图书在版编目（CIP）数据

铁道概论 / 宫国顺主编. —北京：北京交通大学出版社 ：清华大学出版社，2018.8
（2019.8 重印）

ISBN 978-7-5121-3693-9

Ⅰ.① 铁…　Ⅱ.① 宫…　Ⅲ.① 铁路工程–概论　② 铁路运输–概论　Ⅳ.① U2

中国版本图书馆 CIP 数据核字（2018）第 184895 号

铁道概论
TIEDAO GAILUN

策划编辑：韩　乐　　责任编辑：付丽婷
出版发行：清 华 大 学 出 版 社　　邮编：100084　电话：010-62776969　http://www.tup.com.cn
　　　　　北京交通大学出版社　　邮编：100044　电话：010-51686414　http://www.bjtup.com.cn
印 刷 者：艺堂印刷（天津）有限公司
经　　销：全国新华书店
开　　本：185 mm×260 mm　　印张：15.75　　字数：393 千字
版　　次：2018 年 8 月第 1 版　　2019 年 8 月第 3 次印刷
书　　号：ISBN 978-7-5121-3693-9/U·321
印　　数：6 001～9 000 册　　定价：42.00 元

本书如有质量问题，请向北京交通大学出版社质监组反映。对您的意见和批评，我们表示欢迎和感谢。
投诉电话：010-51686043，51686008；传真：010-62225406；E-mail：press@bjtu.edu.cn。

前　言

　　铁路是国家重要的基础设施，是国民经济的大动脉和大众化的交通工具，是综合交通运输体系的骨干，在推动我国经济社会又好又快发展中发挥着重要作用。

　　"铁道概论"是高校铁路专业的基础课程，也是广大铁路爱好者全面学习和了解铁路基本知识的重要读本。通过本书的学习，可以建立对铁路运输的整体认知，了解铁路各业务领域之间的关系，掌握铁路运输设备的基本构造、基本原理，认清铁路运输的现状和发展趋势，为学习其他专业课程打下良好的基础。

　　本书在编写过程中密切跟踪了国内外铁路技术的发展，从现代化交通运输作用、性质、方式入手，在了解铁路运输特点、发展现状和趋势的基础上，重点介绍了铁路线路、车辆、供电、机车、动车组、车站、信号、通信、运输组织等方面的基础知识及基本原理，并把高速铁路基本知识融入到了对应的各章节中。

　　本书由宫国顺主编并负责统稿，王燕梅、申金国、刘浩、尚福久任副主编，孙伟、杨大秋、魏新平、冯长久、周雪冬、秦公平、杨娣参编。在本书的编写过程中，通过互联网查找引用了一些资料，参考了大量文献，在此谨向有关作者表示深切的谢意！

　　由于编者水平和时间有限，书中难免出现疏忽、错漏之处，恳请读者批评指正。

编　者

2018 年 5 月

前　言

目　　录

第一章 绪 论

第一节 现代交通运输业

一、现代交通运输业的作用

交通运输是人们基本需求之一，它与人们的生产、生活息息相关。所谓交通运输是指人和物借助交通工具的载运功能，有目的的产生空间位移的经济活动总称。从事交通运输活动的行业就是交通运输业，又称交通运输服务业，简称运输业。

交通运输业是国民经济的命脉，国民经济发展的规模和速度在很大程度上是以交通运输业的发展为前提条件的；交通运输业又是流通领域的支柱，它将产、供、销有机地结合在一起，成为沟通工农业、城乡、地区、企业之间经济活动的纽带，是对国民经济和社会发展具有全局性、先行性影响的基础行业。它的主要作用表现如下。

（一）经济作用

（1）交通运输业促进了资源的配置、开发和利用。

（2）交通运输业的发展有利于鼓励市场竞争并降低市场价格。

（3）交通运输业的发展有利于劳动的地区分工和市场专业化。

（二）社会作用

（1）交通运输业的发展有效地支撑了国家宏观调控和有效管理。

（2）交通运输业的发展有效地提高了国家巩固国防和处理应急事件的能力。

（3）交通运输业的发展有效地促进了国际友好交往和经济文化交流。

二、现代交通运输业的性质

现代交通运输业是国民经济的有机组成部分，它具有物质生产和为社会公众服务的多重属性，是一个具有明显服务功能的物质生产部门。交通运输是生产过程在流通过程中的继续，是独立的物质生产部门，它参与社会物质财富的创造。运输生产的产品不是改变劳动对象的性质和形态，而只是改变其在空间的位置（位移），也就是以运送旅客所产生的"人·km"和运送货物所产生的"t·km"计量的。

1. 运输业具备生产力的三要素

劳动者、劳动对象和劳动资料是生产力的三要素。人们借助于劳动资料，作用于劳动对象使之适合自己的需要就是物质生产。以铁路为例：线路、站场、机车车辆等各种固定和移动的设备，是铁路运输业从事物质生产的劳动资料；铁路职工利用劳动资料，按照旅客和货主的要求，有目的地改变旅客和货物在空间上的位置，由此发生的场所变动，就是运输生产的产品。铁路职工是劳动力，旅客和货物是服务对象。运输业对它的劳动对象只

提供服务，而不能自由支配。

2. 运输是进行物质产品生产的必要条件

运输业不创造新的物质产品，不改变劳动对象的形状和性质，只变动劳动对象的空间位置，但它是进行物质生产的必要条件，也是物质生产过程不可缺少的重要环节。

3. 运输业的产品是"位移"

它的计算单位是"人·km"或"t·km"，为了统计上的方便，通常采用换算吨公里来计算。运输业的产品不能储存、调拨和积累，这是因为运输业的产品（旅客和货物）的位移，同运输过程是不能分离的，即位移的生产和消费是同时进行的，在它生产出来的同时就已经被消费了。

三、现代交通运输业的种类

现代交通运输业主要包括铁路、公路、水路、航空及管道运输五种方式。

（一）五种交通运输方式的特征

1. 铁路运输

铁路运输（如图 1-1-1 所示）是以固定轨道作为运输道路，由轨道机械动力牵引车辆运送旅客和货物的运输方式。铁路运输适合于大批量货物的长距离运输，与其他各种现代化运输方式相比较，具有以下优缺点。

图 1-1-1　铁路运输

1）铁路运输的优点

（1）铁路运输能力大。每一辆列车载运货物和旅客的能力远比汽车和飞机大得多。

（2）铁路运输的运输速度较快。我国常规铁路的旅客列车运行速度一般为 80 km/h 左右，快速铁路旅客列车速度目前可达 120～160 km/h，而高速动车组列车速度目前可达 200～380 km/h，铁路货运速度虽比客运速度慢些，但是每昼夜的平均货物送达速度也比水路运输快。

（3）铁路运输成本较低。

（4）铁路运输受气候和自然条件影响小。铁路运输基本上可以全天候运行，运输的通用性好、连续性强、准时性高。

（5）铁路运输可以方便地实现集装箱运输及多式联运。

2）铁路运输的缺点

（1）铁路按列车组织运行，在运输过程中需要有列车的编组、解体和中转改编等作业环节，占用时间较长，因而增加了货物的运输时间。

（2）铁路运输中的货损率比较高。

（3）铁路运输一般不能实现"门到门"运输，通常需要依靠其他运输方式配合才能完成。

（4）铁路运输的投资大，固定成本高，建设周期长，占用土地面积也大。

2. 公路运输

公路运输（如图 1-1-2 所示）是以各种等级公路和城市道路为运输通道，以汽车为主要运输工具的运输方式。公路运输主要适用于小批量货物的短途运输、鲜活易腐货物的短途运输及短途客运。

图 1-1-2 公路运输

1）公路运输的优点

（1）灵活、方便。公路运输一般可实现门到门的服务，还可实现其他运输方式达不到的区域的运输，而且对客货运量大小具有很强的适应性。

（2）运输速度快。由于汽车可以实现面上运输，直达运输，因此提高了中短途运输的送达速度。

（3）原始投资少，经济效益高。公路运输（高速公路除外）具有投资小、资金周转快、投资回收周期短和技术改造较容易等优点，易取得较好的经济效益。

（4）驾驶技术容易掌握。

2）公路运输的缺点

（1）单位运输成本较高，运行的连续性较差。

（2）油耗大，环境污染严重。

（3）客运的舒适性较差，交通事故的发生率也较高。

汽车运输的出现还不到 100 年，但在载货吨位、品种技术性能、专用车种类等方面都有了很大的改进与提高，能较好地满足社会经济发展对运输的需求。

3. 水路运输

水路运输（如图 1-1-3 所示）是以水上航道为运输通道，以船舶为主要运输工具的运输方式。水路运输主要适用于大宗、笨重、远程、不急需的货物运输，以及没有陆地可选的客货运输。

图 1-1-3　水路运输

1）水路运输的优点

（1）投资小。水路运输一般借助天然水系进行，投资相对较小。

（2）载运量大。在海洋运输中，目前世界上超巨型油轮的载运量可达 55 万 t，巨型客船也可达 8 万 t，国际贸易总运量的 2/3 以上利用的是海上运输。

（3）运输成本低，节省能源。超大的载运量，使得其平均运输成本很低。

2）水路运输的缺点

（1）船舶平均航行速度较慢。

（2）水运生产过程受自然条件影响较大，呈现较大的波动性和不平衡性。

（3）直达性差，一般需要与其他运输方式配合才能完成运输全过程。

4. 航空运输

航空运输（如图 1-1-4 所示）是以航线为运输通道，以飞机为运输工具的运输方式。航空运输在 20 世纪崛起，是运输业中发展最快的行业。航空运输主要适用于贵重、急需、数量不大的货物运输，大城市和国际的快速客运，以及报刊、邮件运输等。

图 1-1-4　航空运输

1）航空运输的优点

（1）速度快。

（2）舒适性好。不受山川地貌、河流湖泊等限制，只要有机场和导航设施保证，即可开辟航线。

（3）安全性高。

（4）时效性强。

2）航空运输的缺点

（1）成本、运价高。

（2）受气候条件的限制。

（3）运输能力小。

5. 管道运输

管道运输（如图1-1-5所示）是以钢管作为运输通道，并备有固定式机械动力装置的运输方式。管道运输是近几十年来得到迅速发展的一种运输方式，主要以流体能源石油、天然气、成品油为运输对象，现在还可以运输煤和矿石等货物。管道运输主要适用于大宗流体货物运输。管道运输具有运送能力大（管径为1 200 mm的原油管道年输送量可达1亿t）、效率高、成本低、能耗小等优点。管道运输所用的管道埋于地下，其还具有占地面积小、不受地形坡度限制、不受气候影响、能长期稳定运行、沿线不产生噪声且漏失污染少等优点，是一种很有发展前景的现代运输方式。但管道运输由于长期定点、定向、定品种运输，也存在调节范围窄且不能输送不同品种货物的局限性。

图1-1-5 管道运输

1）管道运输的优点

（1）运送能力大。管径为1 200 mm的原油管道年输送量可达1亿t。

（2）占地面积小。管道一般都埋于地下或架在空中。

（3）安全可靠、连续性强。不受地形坡度限制，不受气候影响，能长期稳定运行，沿线不产生噪声且漏失污染少。

（4）耗能少，成本低，效率高。

2）管道运输的缺点

（1）不如其他运输方式灵活。管道运输是长期定点、定向、定品种的运输，调节范围窄且不能输送不同品种的货物。

（2）运输的货品比较单一，只适用于流体运输。

（3）不容易随便扩展管线。

各种运输方式都有自己的优缺点和适用范围，既相互独立，又相互依存，既有协作，又有竞争。只有多元化的综合利用、合理布局、协调发展，建成科学的综合运输体系，才能对我国的国民经济发展起到最大的促进作用。

（二）我国五种运输方式的现状和发展趋势

新中国成立以来，特别是改革开放以来，交通运输业得到了长足的发展，技术水平也有了很大的提高，现已基本形成了横贯东西、沟通南北、联系世界、水陆空并举的综合运输体系。但是，它的发展仍然不能满足国民经济快速增长的需要。因此，在今后的一段时期内发展交通运输业仍然是经济建设的重点。而交通运输业能否快速健康的发展，关键在于运输业体制的转变和运输能力增长方式的转变。根据我国国情和交通运输发展规划，我国的交通运输业的发展方向有以下几个方面。

1. 铁路运输

我国疆域辽阔、人口众多、资源分布不均，各地区经济发展极不平衡，需要铁路长途运输大宗货物。从我国国情出发，铁路运输应是我国主要运输方式。

我国铁路建设正在快速发展，到 2016 年年底，路网建设方面，全国铁路营业里程达到 12.4 万 km，居世界第二位；高铁运营里程达到 2.2 万 km，居世界第一位，全国铁路路网密度 129.2 km/万 km²。运输装备方面，2016 年年末全国拥有铁路机车 2.1 万辆，其中内燃机车占 41.8%，电力机车占 58.1%；拥有铁路客车 7.1 万辆，其中动车组 2586 标准组 20 688 辆，拥有铁路货车 76.4 万辆。根据 2016 年 7 月新调整的《中长期铁路网规划》，到 2020 年，中国铁路网规模将达到 15 万 km，其中高速铁路达到 3 万 km，届时中国将建成以"八纵八横"主通道为骨架、区域连接线衔接、城际铁路补充的现代高速铁路网。

2. 公路运输

公路运输是人们最普遍使用的交通运输方式，是交通运输行业的基础。"要想富，先修路"最初的意思就是兴修公路。到 2016 年年底，全国公路总里程 469.63 万 km，比上年增加 11.90 万 km；公路密度为 48.92 km/百 km²，比上年增加 1.24 km/百 km²；高速公路里程 13.10 万 km，高速公路车道里程 57.95 万 km，国家高速公路 9.92 万 km。全国形成了以高速公路为骨架，纵横全国的国家级干线道路网，实现了"县县通"。运输装备方面，2016 年年末全国拥有公路营运汽车 1 435.77 万辆，其中大型客车 30.57 万辆；拥有载货汽车 1 351.77 万辆，10 826.78 万吨位；其中，普通货车 946.03 万辆，4 843.83 万吨位，专用货车 47.56 万辆，527.63 万吨位。

3. 水路运输

水运在我国有悠久的历史，它的作用不会因为铁路、高速公路和航空等运输方式的大发展而有所降低。其中，远洋和沿海运输是水运发展的重点。90%以上的外贸物资是由远洋运输完成的。2016 年年末，全国内河航道通航里程 12.71 万 km。各水系内河航道通航里程分别为：长江水系 64 883 km，珠江水系 16 450 km，黄河水系 3 533 km，黑龙江水系 8 211 km，京杭运河 1 438 km，闽江水系 1 973 km，淮河水系 17 507 km。全国港口拥有生产用码头泊位 30 388 个，其中，沿海港口生产用码头泊位 5 887 个，内河港口生产用码头泊位 24 501 个。全国港口拥有万吨级及以上泊位 2 317 个，其中，沿海港口万吨级及以上泊位 1 894 个，内河港口万吨级及以上泊位 423 个。运输装备方面，2016 年年末全国拥有水上运输船舶 16.01 万艘，净载重量 26 622.71 万 t，载客量 100.21 万客位，集装箱箱位 191.04 万标准箱。依据交通运输部下发的《水运"十三五"发展规划》，到 2020 年，我国在国际航运中心建设方面要取得重点突破，从海运大国向海运强国迈进，基本形成保障充分、服务高效、平安绿色、国际影响力强的现代化水运体系，以适应经济社会发展和全方位对外开放的需要。

4. 航空运输

航空运输是先进的运输方式，有着广泛的发展前景。进入 21 世纪，我国的民航事业得到了快速发展。2016 年年底，全国拥有颁证民用航空机场 218 个，定期航班通航机场 214 个，运输飞机达 2 950 架。年旅客吞吐量达到 100 万人次以上的通航机场有 77 个，年旅客吞吐量达到 1 000 万人次以上的有 28 个，年货运吞吐量达到 1 万 t 以上的有 50 个。2016 年，全行业完成运输总周转量 962.51 亿 t·km，其中国内航线完成运输总周转量 621.93 亿 t·km，国际航线完成运输总周转量 340.58 亿 t·km。全行业完成旅客周转量 8 378.13 亿人·km，其中国内航线完成旅客周转量 6 217.75 亿人·km，国际航线完成旅客周转量 2 160.38 亿人·km。全行业完成货邮周转量 222.45 亿 t·km，其中国内航线完成货邮周转量 72.11 亿 t·km，国际航线完成货邮周转量 150.34 亿 t·km。航空运输已形成了连接全国各大中城市的航空网络，航空运输对我国国民经济发展的作用越来越显著。2017 年 2 月 15 日，中国民用航空局、国家发展和改革委员会、交通运输部下发了《中国民用航空发展第十三个五年规划》，到 2020 年，通用机场将达到 500 个以上，通用航空器将达到 5 000 架以上，飞行总量将达到 200 万 h。

5. 管道运输

现代管道运输的发展和能源工业，特别是石油工业的发展密切相关。我国第一条长距离输油管道是 20 世纪 50 年代建设的全长 147 km、管径 150 mm 的克拉玛依 – 独山子输油管道。截至 2016 年年底，我国油气管道累计总里程为 12.6 万 km，形成了横跨东西、纵贯南北、覆盖全国、连通海外的油气管网格局。随着中国石油企业"走出去"战略的实施，中国石油企业在海外的合作区块和油气产量不断增加，海外份额油田或合作区块的外输原油管道也得到了发展。为保障管道运输业的健康有序发展，《中华人民共和国石油天然气管道保护法》于 2010 年 10 月 1 日起正式实施。2017 年 5 月 19 日，国家发改委和国家能源局下发了《中长期油气管网规划》，到 2020 年全国油气管网规模达到 16.9 万 km。

交通运输业是国民经济的基础，加快综合交通运输体系的建设，将是中国交通运输业发展的重要方向，具有现实和深远的意义。综合交通运输体系是在五种运输方式的基础上组建起来的，是对单一的运输方式而言的，是各种运输方式在社会化的运输范围内和统一的运输过程中，按其技术经济特点组成分工协作、有机结合、连接贯通、布局合理的交通运输综合体，是生产力发展到一定阶段的产物。

第二节　铁路运输发展概况

一、世界铁路发展

16 世纪中叶，英国开始兴起了采矿业，为了将煤炭和矿石运到港口，便铺了两根平行的木材作为轨道，如图 1-2-1 所示。到了 17 世纪，才逐步将木轨换成角铁形的板轨，角铁的一边起导向作用，马车在另一条边上行驶。后经过多年改进，才逐渐形成今天的钢轨。因为现在的钢轨是从铁轨演变而来的，所以世界各国都习惯地把它叫做"铁路"。世界第一条现代意义的铁路出现在 1825 年，英国修建了从斯托克顿至达林顿的铁路，这是世界上第一条由蒸汽机车牵引的铁路，它的出现使陆上交通运输迈入了以蒸汽机为动力的新纪元。

图 1-2-1　铁路的起源

世界铁路发展，大体上可分为开创时期、发展时期、成熟时期和新发展时期四个阶段。

1. 开创时期（1825—1850）

这个时期正值产业革命后期，钢铁工业、机器制造业等已达到一定水平，同时工业发展又有原材料和产品的输送问题需要解决。这样，促使铁路迅速地兴起。1825 年英国建成第一条铁路后，美国、德国等相继开始修建铁路。到 1850 年，世界上有 19 个国家建成铁路并开始营业，详见表 1-2-1。

表 1-2-1　部分国家第一条铁路营业时间表

国家或地区	开始营业年份/年	国家或地区	开始营业年份/年
英国	1825	意大利	1839
美国	1830	捷克斯洛伐克	1839
爱尔兰	1834	瑞士	1844
德国	1835	列支敦士登	1844

国家或地区	开始营业年份/年	国家或地区	开始营业年份/年
比利时	1835	牙买加	1845
加拿大	1836	匈牙利	1846
古巴	1837	丹麦	1847
俄国	1837	西班牙	1848
奥地利	1838	墨西哥	1850
荷兰	1839		

2. 发展时期（1850—1900）

在这个时期内，有 60 多个国家和地区建成铁路并开始营业。在这个时期，工业先进的国家的铁路已渐具规模，俄国修建的西伯利亚铁路和美国开发西部修建的铁路，都长达数千 km。此外，这个时期在铁路建筑技术和铁路机车制造技术方面也获得了新的发展。在铁路隧道开凿技术方面，1881 年建成的圣哥达隧道，长 15 km，首次采用了上导坑先拱后墙法施工；在铁路机车制造方面，蒸汽机车的性能日趋完善，同时电力机车和内燃机车先后于 1879 年和 1892 年研制成功。

3. 成熟时期（1900—1950）

在这个时期内，又有 28 个国家和地区建成铁路并开始营业。这些新建铁路大部分建在非洲和中东地区，而且大多建成于第二次世界大战以前。在这个时期内，一些国家的公路和航空等运输方式与铁路展开了激烈竞争，促使铁路提高了行车速度，改进了铁路客、货运输的服务设施，开始采用内燃机车和电力机车来替代落后的蒸汽机车。但由于铁路运输难以同公路运输的方便和航空运输的快速相竞争，导致铁路逐渐出现了萧条景象，如美国在 1920—1950 年拆除了 9 万多 km 铁路。

4. 新发展时期（1950 年至今）

这个时期，原来是殖民地的国家纷纷独立，取得了修建铁路的自主权，而铁路的技术改造也获得了重大进展，如美、英、法、日、苏等国几乎全部采用内燃机车和电力机车，这些新型机车的优点是能源省、污染少。随着铁路能源形式的变化及各种新技术的采用，铁路的经济效益有了新的提高。20 世纪 60 年代后期，各国铁路建设又有走向兴旺的趋势。1960—1980 年世界各国共建成新铁路约 4 万 km；1980—1981 年又有 9 800 km 铁路通车营业。此外，还有 45 000 km 铁路正在进行设计施工，形成铁路发展的新局面。截至 1981 年，世界各国铁路的总长达到 130 余万 km。其中，欧洲 441 600 km，占 33.8%；亚洲 179 900 km，占 13.8%；美洲 557 600 km，占 42.6%；非洲 80 800 km，占 6.2%；大洋洲 46 600 km，占 3.6%。

20 世纪 60 年代初期，日本建成连接东京和大阪的东海道新干线，专门行驶旅客列车，最高行车速度达到 210 km/h。此后，法、英、美、德等国都开始修建行驶高速列车的高速铁路。在高速铁路出现的同时，世界上一些有大宗煤炭或其他矿产货物输送任务的国家开始行驶重载列车，行驶这种列车的铁路称为重载铁路。20 世纪 20 年代，美国铁路曾行驶由轴重达到 30 t 的货车组成的总重超过万 t 的列车。20 世纪 60 年代后，加拿大、巴西、澳大利亚等国陆续修建适于行驶重载列车的重载铁路；美国也扩大了重载列车的运营。到20世纪80年代初期，最重的列车总重已达到2万t以上。

世界上大多数国家的铁路仍然是客运和货运兼顾的常规铁路。高速铁路、重载铁路和常规铁路虽然基本形式相同，但在技术方面，包括机车和车辆、线路和轨道，以及列车的编组和运行都各不相同。因此，各国根据各自的具体情况，采取不同的技术修建或改造本国的铁路。铁路运输的这些发展，成为世界铁路新发展时期的突出特点。

二、中国铁路发展

（一）旧中国的铁路

中国铁路迄今已有100多年的历史。中国第一条铁路是1876年在上海修建的淞沪铁路，它是英国侵略者采用欺骗的手段修建的。该铁路从上海至吴淞（如图1-2-2所示），全长14.5 km，轨距762 mm。这条铁路后被清政府以28.5万两白银收回并拆除。图1-2-3所示为淞沪铁路的机车图。

图1-2-2 淞沪铁路线路图

图1-2-3 淞沪铁路机车图

中国自己修筑的第一条铁路，是1881年修建的唐山到胥各庄的唐胥铁路（如图1-2-4所示）。唐胥铁路是清政府为了解决煤炭运输而修建的，铁路全长10 km。唐胥铁路的建成，被后人称为"中国铁路建筑史的正式开端"。

图1-2-4 唐胥铁路通车

由中国人自己集资、设计并修建的准轨铁路，是于 1891 年和 1893 年先后通车的基隆至台北、台北至新竹的两条铁路，如图 1-2-5 所示，两条铁路全长 100 km。

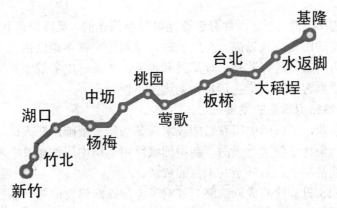

图 1-2-5 基隆至台北、台北至新竹的两条铁路

最值得中国人为之骄傲的铁路是在杰出的铁路工程师詹天佑（如图 1-2-6 所示）领导下，由中国工程技术人员主持、设计、施工的京张铁路（北京丰台至张家口）。京张铁路于 1905 年开工，1909 年建成，比原计划提前两年。轨距 1 435 mm、全长 201 km 的京张铁路工程相当艰巨其路段多处于崇山峻岭之中，岭高坡陡，四座需开凿的隧道全靠人工修筑。由于这一带地势很陡，坡度很大，为使列车安全通过山岭，詹天佑在青龙桥站设计了"人"字形爬坡线路（如图 1-2-7 所示），解决了这一难题。京张铁路的建成，充分显示了中国人民的智慧和力量，在中国铁路史上写下了光辉的篇章。

图 1-2-6 詹天佑

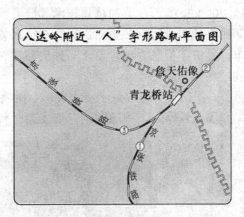

图 1-2-7 京张铁路"人"字形爬坡线路

旧中国铁路具有浓厚的半封建半殖民地的性质和色彩，整个铁路事业的发展缓慢又畸形，设备杂乱且管理落后，具体表现如下。

一是数量少、分布偏。全国仅有的 2 万多 km 铁路中能够维持通车的只有 1 万多 km，又大都分布在东北和沿海地区，偌大的西北、西南只有 1 000 多 km，仅占全国铁路的 6% 左右，能用的机车仅 1 700 台，车辆 3 万余辆。

二是标准杂、质量差。全国轨距宽窄不一，连同一线路上的桥、隧界限和曲线、坡度标准都不统一。铁路的技术设备陈旧落后、质量差、标准低、类型杂乱，线路病害多，行车安全得不到保障，连机车、钢轨就有百种之多，且 30%的车站没有信号机，70%的线路没有闭塞设备。

三是管理分割、经营落后。大部分铁路是借外债修建的，又以路产和营业收入为担保，因而出现了按投资的国别分线设局，分割管理，甚至一个铁路地区由几个铁路局管理的现象。各铁路局各自为政、各行其是，使车站和机务、工务、电务等设置重复，行车费用和员工人数增多，给旅客乘车、货主运货带来诸多不便。

（二）新中国铁路运输业的发展

新中国铁路事业，是以旧中国铁路的技术设备为物质基础，在人民政权不断接管、修复既有铁路的有利条件下创建起来的。新中国铁路用了旧中国铁路 2/3 左右的时间取得了比旧中国铁路多几倍、十几倍甚至几十倍的成绩。

1950 年 6 月 15 日修建的成渝铁路，打响了全国铁路建设的第一战役。我国铁路经过"一五"到"十一五"计划期间的建设，特别是 1997 年以来实施的全国铁路六次大提速和"十五""十一五"期间的建设，铁路取得了显著的成绩。

到 2012 年，全国铁路营业里程达到 9.76 万 km，比新中国成立初期增长 4 倍以上，比"九五"末增长 14.4%。全国各省、市、自治区都已通了铁路，其省会、首府都有铁路与首都北京相通。特别是自国家提出西部开发战略以来，西部铁路偏少的现状已得到了改观。2016 年铁路货物周转量达 23 792.26 亿 t·km，铁路旅客周转量 12 579.29 亿人·km；2006 年铁路货物周转量 21 954.41 亿 t·km，旅客周转量 6 622.12 亿人·km。这十年间，铁路运输业的发展为国民经济持续快速稳定发展提供了有力支持。"十五"期间铁路运输取得了很多成绩，掌握了时速 160 km 等级的运输装备、线路、信号及运营管理成套技术，掌握了时速 200 km 等级线路的修建技术和既有线改造技术，引进了国外客运动车组和大功率机车等先进技术，研制并投入运用了 25 t 轴重大型运煤货车，成功开行了大秦线 2 万 t 重载列车，推进了信息系统建设，另外青藏铁路高原多年冻土等建设施工技术已跻身国际先进行列。

另外，铁路改革也取得了重大突破。撤销铁道部，成立中国铁路总公司（如图 1-2-8 所示）和国家铁路局，中国铁路开启了新时代，铁路运输管理体制改革完成阶段任务，实

图 1-2-8　中国铁路总公司挂牌成立

现了铁路局直接管理站段，推进了运输生产力布局调整，优化了运力资源配置，提高了运输和管理效率。铁路货运组织实施改革，推动铁路货运全面走向市场；铁路投融资体制改革初见成效，投资主体多元化程度提高，市场化融资迈出了新的步伐；地方政府、社会资金积极参与铁路建设；规范组建了集装箱、快运、特种货物三个专业运输公司，大秦路等一批企业重组改制顺利推进；法规体系建设逐步完善，铁路多元经营产业结构进一步优化。

铁路精神文明建设也取得了显著的效果。紧密结合铁路改革发展实际，开展理想信念和职业道德教育，不断加强想想政治工作和精神文明建设，强化职工培训，职工队伍思想政治和业务素质有了新的提高。坚持以人为本，妥善处理好改革发展稳定的关系，充分调动广大职工的积极性。

第三节 铁路发展展望

到 2020 年，路网布局优化完善，装备水平先进适用，运输安全持续稳定，运营管理现代科学，创新能力不断提高，运输能力和服务品质全面提升，市场竞争力和国际影响力明显增强，适应全面建成小康社会需要。

一、总体目标

1. 路网建设

全国铁路营业里程达到 15 万 km，其中高速铁路 3 万 km，复线率和电气化率分别达到 60% 和 70% 左右，基本形成布局合理、覆盖广泛、层次分明、安全高效的铁路网络。

——高速铁路扩展成网。在建成"四纵四横"主骨架的基础上，高速铁路建设有序推进，高速铁路服务范围进一步扩大，基本形成高速铁路网络。

——干线路网优化完善。东部路网持续优化完善，中西部路网规模继续扩大，西部与东中部联系通道进一步拓展，区域内部联系更加紧密，中西部路网规模达到 9 万 km 左右。对外通道建设有序推进，与周边国家铁路互联互通取得积极进展。

——城际、市域（郊）铁路有序推进。经济发达、人口稠密、城镇密集地区形成城际、市域（郊）铁路骨架网络，其他适宜区域因地制宜、量力而行布局建设，城际和市域（郊）铁路规模达到 2 000 km 左右。

——综合枢纽配套衔接。建成一批设施设备配套完善、现代高效的综合交通枢纽，建设支线铁路约 3 000 km，铁路与其他运输方式一体衔接效率明显提升，基本实现客运"零距离"换乘和货运"无缝化"衔接。

2. 运输服务

——覆盖范围更为广泛。全国铁路网基本覆盖城区常住人口 20 万以上城市，高速铁路网覆盖 80% 以上的大城市。

——旅客出行更为便捷。动车组列车承担旅客运量比重达到 65%。实现北京至大部分省会城市之间 2～8 h 通达，相邻大中城市 1～4 h 快速联系，主要城市群内 0.5～2 h 便捷

通勤。

——货物运输更为高效。货运能力基本满足跨区域能源、资源等物资运输需要，重载、快捷及集装箱等专业化运输水平显著提高，"门到门"、快速送达的全程物流服务体系初步形成。铁水、铁公、铁空等多式联运比重大幅提升。

3. 信息化建设

——客货服务网络化。客运网上售票比例达 80%，实现货物受理、电子支付、物流追踪等货运业务网上办理。

——运输组织智能化。以铁路地理信息平台为依托、服务铁路建设运营管理的数字化铁路基础框架加快建设，调度指挥智能化水平进一步提高，基本实现运输生产全过程信息化。

——安全监控自动化。集监测、监控和管理于一体的安全监管信息系统基本建立，实现安全生产动态信息的实时监测监控，提升铁路运输安全监测专业化、自动化水平。

专栏一："十三五"铁路发展主要指标

指标	2020 年	五年增加值	年均增长率/%
营业里程/万 km	15	2.9	4.8
#高速铁路营业里程/万 km	3	1.1	11.6
复线率/%	60	7	>2.0
电气化率/%	70	9	>2.5
客运量/亿人	40	14.6	9.5
货运量/亿 t	37	3.4	2.0
#国家铁路货运量/亿 t	30	2.9	2.1
旅客周转量/亿人·km	16 000	4 040	6.0
货运周转量/亿 t·km	25 780	2 030	1.7
#国家铁路货运周转量/亿 t·km	23 500	1 902	1.8

二、重点任务

（一）完善铁路设施网络

以推进"一带一路"建设、京津冀协同发展、长江经济带发展等重大国家战略为引领，按照分类建设要求，落实各类投资主体，以中西部干线铁路、高速铁路等建设为重点，推进重点地区和重点方向铁路建设，继续实施既有线及枢纽配套改造，发展城际和市域（郊）铁路，推动对外骨干通道建设，充分考虑国防需求，促进点线能力协调，提高综合效能，不断增强铁路对经济建设和国防安全的基础保障能力。

1. 构建高速铁路网络

在全面贯通"四纵四横"高速铁路主骨架的基础上，推进"八纵八横"主通道建设，实施一批客流支撑、发展需要、条件成熟的高速铁路项目，构建便捷、高效的高速铁路网络，拓展服务覆盖范围，缩短区域间的时空距离。

专栏二：高速铁路重点项目

建成北京至沈阳、北京至张家口至呼和浩特、大同至张家口、石家庄至济南、济南至青岛、郑州至徐州、宝鸡至兰州、西安至成都、商丘至合肥至杭州、武汉至十堰、南昌至赣州等高速铁路。

建设沈阳至敦化、包头至银川、银川至西安、北京至商丘、太原至焦作、郑州至济南、郑州至万州、黄冈至黄梅、十堰至西安、合肥至安庆至九江、徐州至连云港、重庆至黔江、重庆至昆明、贵阳至南宁、长沙至赣州、赣州至深圳、福州至厦门等高速铁路。

2. 完善干线铁路布局

优化干线铁路网络布局，推进主要城市群之间区际干线铁路建设，以中西部地区为重点，拓展中西部路网覆盖面。完善东部路网，实施既有线改造，盘活路网资源，提升路网质量和效益。研究推进沿边铁路建设。

专栏三：干线铁路重点项目

建成哈尔滨至佳木斯、青岛至连云港、九江至景德镇至衢州、黔江至张家界至常德、怀化至邵阳至衡阳、南宁至昆明、重庆至贵阳、衢州至宁德、丽江至香格里拉、敦煌至格尔木、库尔勒至格尔木、蒙西至华中铁路煤运通道等干线铁路。

建设西宁至成都、和田至若羌、拉萨至林芝、酒泉至额济纳、兴国至永安至泉州、金华至宁波、攀枝花至大理等干线铁路。

实施成昆线、焦柳线、集通线、京通线、京原线等电化或扩能改造。

3. 推进城际铁路建设

加快建设与新型城镇化发展相适应、服务城市群间及内部旅客运输的城际铁路，重点建设京津冀、长江三角洲、珠江三角洲等地区城际铁路，为构建轨道上的城市和城市群打好基础。统筹干线、城际铁路和城市交通的有效衔接及合理分工，鼓励适宜地区盘活存量资产、优先利用既有铁路提供城际、城市运输服务，有序新建市域（郊）铁路，强化城市群内部便利快捷高效连接。

4. 统筹支线铁路建设

落实所有权、经营权的放开条件，鼓励地方政府和社会资本投资建设和运营一批地方开发性铁路和支线铁路。加快推进煤运通道集疏运支线、港口支线和普通支线铁路建设，着力解决铁水联运"最后一公里"问题，促进铁路支线向重要货源发生地延伸，扩大铁路覆盖范围，为干线铁路网的高效运营提供基础支撑。

5. 综合交通枢纽功能

完善枢纽空间布局，加强各种运输方式规划衔接，一体化建设站场设施。构建多种运输方式和城市内外交通有机衔接的铁路综合客运枢纽，加强与城市功能有机融合，提高出行效率和换乘体验。加快推进铁路物流基地、物流中心、集装箱中心站建设，完善货运配套设施，加强信息共享平台建设，发展多式联运和铁路现代物流。实施一批枢纽联络线、疏解线等工程，进一步完善检修、维修配套设施，提升铁路枢纽衔接配套水平。

6. 实施周边互联互通工程

贯彻落实推进"一带一路"建设部署和周边基础设施互联互通总体规划，加强国际合作，共同推进对外骨干铁路通道建设，加快建设带动双多边矿产及旅游资源开发、促进经贸往来等口岸铁路及配套设施，加强与境外陆路枢纽合作，构建联通内外、安全通畅的综

合交通运输网络。

专栏四：互联互通铁路及口岸铁路重点项目

建成同江铁路大桥，建设大理至瑞丽、玉溪至磨憨、防城港至东兴等铁路；规划研究中巴、中吉乌等铁路境内段，临沧至清水河等铁路。

建成同江等铁路口岸，规划建设瑞丽、磨憨、东兴等铁路口岸；规划研究红其拉甫、吐尔尕特（伊尔克什坦）等铁路口岸。

---

7. 推动军民融合深度发展

贯彻落实军民融合发展战略，根据国防安全需要，在铁路规划设计、建设运营全过程积极贯彻国防要求。完善军民融合交通运输网络，强化铁路线路和站点配套设施国防功能，提高装卸载地域整体保障水平，推进国防信息通信网与铁路信息基础网络互联建设。

（二）提升技术装备水平

贯彻落实创新驱动发展战略和《中国制造 2025》，加强科技研发和自主创新，提高智能、绿色、高端装备比例，全面提升铁路装备现代化水平。

1. 大力推进机车车辆装备升级

结合路网建设和运输需求，扩大动车组上线运行范围，推进智能动车组研发。建设国家高速列车技术创新中心，加快推进具有自主知识产权的系列化"复兴号"中国标准动车组研制及应用。研制先进适用和绿色智能安全的机车车辆装备，发展适合城际、市域（郊）铁路特点的新型动车组，优化普客车型结构。发展适应"门到门"、多式联运、国际互联互通运输等货运成套技术装备，不断提高适应重载、集装箱、特种运输等货运装备水平。

2. 加快发展先进列车控制系统

加快通信信号装备升级改造，推进通信信号装备小型化、一体化和铁路下一代移动通信技术研究，优化完善通信基础网。加强系统集成和自主创新，提高列车控制系统核心技术水平和运营安全保障能力，逐步推广应用具有自主知识产权的高速铁路列车运行控制系统。全面提升普速铁路列车运行控制系统技术装备水平，开展基于列车运行控制系统的自动驾驶功能（ATO）研究和下一代列车运行控制系统的研究，逐步形成完善的技术标准体系。

3. 着力强化监控检测保障能力

进一步健全完善高速铁路、普速铁路检测、监测和修理技术装备体系，提高检测养护机械装备水平，全面提升基础保障能力。构建覆盖全路主要干线基于卫星定位的测量控制网络，进一步完善高速铁路、城际铁路和重要干线路基沉降及轨道变形监测系统。加快综合视频监控系统建设，全面推广计算机联锁系统和编组站综合自动化系统。加强供电综合自动化与远动、诊断系统建设，构建供电综合监控系统，强化检测维修手段和能力，全面提升牵引供电系统智能化水平。

（三）改善铁路运输服务

突出便民、利民、惠民服务理念，不断拓展服务内涵，打造服务优势，创建服务品牌，努力实现服务品质与服务能力同步提升，运营效益和比较优势同步增强。

1. 提高旅客运输能力

发挥高速铁路运输网络准点高效、快速通达、覆盖面广的优势，优化组织和调度，深度挖掘客运潜力，提升网络客运能力。加强对城际、市域（郊）及其他短途客运市场、旅游市场的开发和培育，充分利用既有能力开行城际、市域（郊）列车，如图1-3-1所示为京津城际铁路。加大客运产品开发，创新服务理念和服务模式，形成高速动车、城际列车、普速客车、市域（郊）列车等层次多样、能力协同、适应需求的客运系列产品，提高铁路有效供给能力和质量。

图1-3-1　京津城际铁路

2. 提升客运服务水平

适应一体化、高品质出行服务需求，修订完善铁路旅客运输服务质量标准体系，加强各种运输方式运力衔接与组织协同，积极开展旅客联程运输服务。优化售票组织和服务，进一步完善12306网络售票，积极采用互联网购票和手机APP购票等方式。完善动静态引导系统、图形标志及广播、视频监控等站车设施设备，提高信息服务能力，地市级车站全面实现自助实名验证和检票。提高旅客列车正点率，提升动车服务品质，改善普通旅客列车服务水平，为旅客提供更好的出行体验。

3. 拓展铁路货运市场

充分发挥铁路绿色环保和规模运输优势，盘活路网资源，扩大铁路在大宗货物运输中的市场份额。大力发展集装箱、铁路快运、冷链运输、商品汽车运输等新业务，构建快捷货运班列网络。引导培育多式联运市场主体，加强多式联运技术标准、服务规范、信息资源等的有效衔接，推进铁水、铁公等多式联运发展，探索开展双层集装箱运输、驮背运输等。进一步简化货运办理手续，全面畅通货运受理渠道。强化运输环境治理，规范货运经营者收费行为，提高透明度，接受社会监督。

4. 发展铁路现代物流

推进物流基础设施建设，依托主要经济中心、港口、铁路车站等打造铁路区域物流中心，加快形成京沪、京广、欧亚大陆桥等连通国内外主要经济区域、与其他运输方式有效衔接的物流大通道。大力发展铁路现代物流综合服务，加强铁路物流园区、货运场站及物流信息平台建设，促进各类平台之间的互联互通和信息共享，推进运输、仓储、加工、信息服务等融合发展。图1-3-2所示为铁路物流货场。加强铁路与邮政、快递等物流设施

衔接协同，积极发展高铁快运及电商快递班列等。进一步创新铁路运输组织模式，培育壮大一批竞争力强的现代铁路物流骨干企业。

图 1 - 3 - 2　铁路物流货场

（四）强化安全生产管理

牢固树立安全生产红线意识，提高铁路安全管理法治化水平，加快建立企业负责、政府监管、社会监督"三位一体"的铁路安全管理体系，强化铁路安全风险管理，确保铁路运输持续安全稳定。

1. 突出抓好高速铁路安全

在统筹抓好普速铁路安全的基础上，全面提升高速铁路安全管理水平。严格执行有关标准规范和验收要求，确保高速铁路建设质量安全。强化高速铁路运输安全管理，加大重要领域、关键部位的安全设施设备投入，构建全方位的高速铁路安防体系，强化反恐防暴能力建设。加强高速铁路运行监测、监控、防灾预警等安全保障系统建设，强化设备运行状态检测，加强对运行数据采集分析和安全风险研判，实现可视、可监、可控，夯实安全保障基础。

2. 强化企业安全生产主体责任

铁路运输、建设、装备等企业要健全安全生产管理长效机制，建立安全风险分级管控和隐患排查治理双重预防工作制度，同步强化安全意识和责任意识，同步落实领导责任和岗位责任，切实提高安全管理科学化水平和安全自控能力。规范建设运营管理各环节作业程序，严格施工、维修、新线开通、危险货物运输等安全管理，加强安全生产教育培训和考核，强化人才队伍建设。落实车票实名购买、查验制度和客运安全检查制度。加强铁路站车食品安全管理。

3. 落实政府安全监管责任

强化政府监管职能，创新安全监管方式，健全安全监管体系和法规标准体系。加快高速铁路沿线环境安全综合治理地方性法规建设，制定铁路安全生产监管权力清单和责任清单，加强运输安全、建设工程质量和施工安全等重点领域安全生产行政执法和监督检查。强化铁路市场诚信体系建设，完善装备产品认证制度，严格实施设备产品、从业资质准入制度。完善事故调查体制机制。加快铁路线路安全保护区划定和"公跨铁"立交桥移交管理，推进城市重点道口"平改立"和线路封闭工作，加强铁路沿线安全综合治理。

4. 加强应急救援体系建设

建立安全生产形势分析预警及突发事件预案机制，提高安全事故研判与预防能力。建立完善铁路行业监管部门与国家相关部门、地方政府、企业及社会共同参与、协同配合的铁路安全保障和应急救援体制机制，加快国家铁路应急救援基地建设和专业救援队伍组建，增强突发事件应急救援保障和处置能力，全面提升安全应急保障水平。

（五）推进智能化现代化

充分发挥信息技术基础性、引领性作用，发展物联网技术，实施大数据战略，加快推进新一代信息技术与铁路融合发展，大力促进数字化、信息化、智能化铁路建设。

1. 加强信息化智能化建设

加快推动北斗系统在铁路领域的应用推广，完善铁路客货服务智能化信息系统，建立综合信息交换平台，推动与其他运输方式，以及气象、环境、地理、人文、媒体、快递等信息平台互联互通，为公众提供多渠道、全方位、普惠化服务信息。综合集成铁路运输组织和生产经营等信息系统，实现客货运输计划、调度指挥、行车作业、运输组织等业务全程运输智能化管理。以建设"精品工程、智能京张"高速铁路为示范，深入开展智能铁路技术顶层框架及关键技术研究。

2. 提升安全监控自动化水平

应用物联网、移动互联和智能感知等技术，深化专业安全监测监控应用，建立集监测、监控和管理于一体的安全监管信息系统，实现安全生产动态信息实时监测监控。加快推进运输安全防灾系统建设，积极推动北斗卫星导航、地理信息和大数据分析技术在防灾预警、应急救援等方面应用，完善对自然灾害的预警和监测。

3. 推进信息综合集成应用

基本建成满足铁路需求的现代化绿色数据中心，建成覆盖全国铁路的大宽带高速通信网络，实现信息资源共享和便捷管理，提升信息服务能力。加快完善铁路行业云数据中心和灾备中心建设，进一步加强网络安全技术研究，促进铁路网络与互联网互联互通，强化安全风险管理，确保网络和信息安全。加大数据分析和研发力度，大力推进数据资源开发利用，提升决策的科学性，促进资源优化配置。推进公共资源交易信息共享。

（六）推动铁路绿色发展

按照生态文明建设要求，将生态环保理念贯穿铁路规划、建设、运营和养护全过程，节约集约利用资源，加大技术性、结构性及管理性节能减排力度。

1. 发挥铁路比较优势

适应多样化、个性化市场需求，加强政策引导，提升物流运行效率和服务质量，降低物流成本，进一步夯实铁路货运比较优势。转变交通消费模式，倡导绿色出行方式，更好发挥铁路骨干运输作用，引导不同出行方式合理分工、优势互补，促进运输方式结构优化，加快构建以绿色铁路为骨干的复合型物流大通道和节能型综合交通运输体系。

2. 加强生态环境保护

在铁路规划建设过程中，节约集约利用土地、线位、通道等资源，推进铁路场站及周边土地综合立体开发利用。依法开展区域路网规划和铁路建设项目环境影响评价，加强用地预审、水土保持方案编制等工作，严格落实各项环保要求。加强铁路环境保护管理，建立健全铁路环保技术标准、考核评价体系和产品认证制度。推广应用环保新技术、新材料、新工艺，加大环保治理投入和既有环保设施的更新改造力度，采取综合措施有效防治铁路沿线噪声、振动。加强铁路绿色通道建设。

3. 加大节能减排力度

优化路网技术结构，加强既有铁路电气化改造，发展重载、快捷等高效专业化运输，提高电气化铁路承担运输量比重。加大既有建筑、设备节能改造，淘汰技术落后的机车设备，加强铁路建设工程及车站节能优化设计，广泛应用节能型的新技术、新装备、新材料。强化能耗管理，推广智能化节能管控，提高能源综合利用。优化运输组织，提高运输效率，进一步降低铁路运输能耗水平。

（七）加强国际交流合作

充分发挥我国铁路行业整体竞争优势，加强铁路对外交流合作，加快铁路"走出去"，推进中国铁路标准国际化进程，将中欧班列打造成为世界知名物流品牌。中国正在非洲加速推进铁路建设，如图 1-3-3 所示。

图 1-3-3 中国铁路在非洲

1. 推动铁路"走出去"

综合运用国际国内两个市场和两种资源，积极推进我国技术咨询、建设施工、装备制造、运输管理、人才培训及技术标准等全方位对外合作，促进铁路"走出去"向产业链、价值链高端方向发展。突出重点区域和重点项目，统筹安排资源投入，注重分类施策，强化政策支持，力求取得务实成果。培育满足全球市场需求的铁路装备技术、标准和服务能力，进一步提升铁路装备国际化水平。

2. 打造中欧班列物流品牌

落实《中欧班列品牌建设方案》，创新中欧班列服务模式，增强综合服务能力，打造成为具有国际竞争力和良好商誉度的世界知名物流品牌，成为推进"一带一路"建设的重要平台。完善中欧铁路运输通道，在内陆主要货源地、主要铁路枢纽、沿海重要港口、沿边陆路口岸等规划设立一批中欧班列枢纽节点，强化货源支撑和运输组织，降低全程物流成本，推进便利化大通关，基本形成布局合理、设施完善、运量稳定、便捷高效、安全畅通的中欧班列综合服务体系。

3. 提升中国铁路标准国际影响力

跟踪国际铁路标准发展动态，积极参与 ISO/TC 269、IEC/TC 9、UIC 等国际标准化组织战略、标准、规范制定和修改，开展中外标准研究对比分析，积极转化适合我国国情的国际标准。加快我国铁路标准外文版翻译出版工作，结合海外工程承包、重大装备设备出口和对外援建等，多层面、多方式宣传和推介中国标准。健全知识产权管理体系，完善知识产权全球布局，提升知识产权保护水平。

第四节　我国铁路的管理组织系统

一、市场化改革进行中的管理组织系统

新中国成立后，铁路运输系统一直实行铁道部—铁路局—铁路分局—站段 4 级管理模式，但是由于铁路局和铁路分局都是法人，以同一方式经营同一资产，职能交叉，管理重叠，效率不高。2005 年 3 月铁路系统实施大规模机构改革，撤销了铁路分局这级机构，实行铁路局直管站段的体制。

2013 年 3 月，国家铁路实行政企分开的改革，撤销了铁道部，组建了中国铁路总公司和国家铁路局。2017 年 11 月中国铁路总公司下属的 18 个铁路局也完成了集团公司化更名，进一步由政府行政管理向市场企业化转变。

中国铁路总公司是经国务院批准，依据《中华人民共和国全民所有制工业企业法》设立，由中央管理的国有独资企业，2013 年 3 月 14 日正式成立。

中国铁路总公司以铁路客货运输服务为主业，实行多元化经营；负责铁路运输统一调度指挥，负责国家铁路客货运输经营管理，承担国家规定的公益性运输，保证关系国计民生的重点运输和特运、专运、抢险救灾运输等任务；负责拟订铁路投资建设计划，提出国家铁路网建设和筹资方案建议；负责建设项目前期工作，管理建设项目；负责国家铁路运输安全，承担铁路安全生产主体责任。

中国铁路总公司下设 18 个铁路局（公司）和 3 个专业运输公司，包括中国铁路哈尔滨局集团有限公司、中国铁路沈阳局集团有限公司等，3 个专业运输公司包括中铁集装箱运输有限责任公司、中铁特货运输有限公司、中铁行包快递有限责任公司。铁路局集团有限公司负责一定范围内组织运输生产活动，协调路内外、上下左右的关系，满足经济和社会发展对铁路运输的需求；铁路局集团有限公司下设 600 多个站段，站段属于最基层，按车、机、工、电、辆专业设置，直接进行最基本的运输生产活动。

二、铁路基本业务系统

1. 车务系统

中国铁路总公司运输局调度部为铁路车务系统最高级单位，下设各铁路局（公司）客运处（货运处），客运处（货运处）下设若干个车站和车务段，一般特等站和一等站是铁路局直属，与车务段平级，二等及二等以下由车务段管辖。同一个地方既有铁路局直属站（一般为一等站或特等站）和车务段的，基本上都已经将直属站划给同地的车务段管辖。

车务段是铁路行车系统的重要单位之一，负责列车运营控制指挥。车务段管理车站货运等业务，管辖辖区内的各大小车站货运和客运的计划和收入，列车的运行监控，保证客运、货运的正常运营，指挥列车、机车的运行，保证运营收入的正常回收。

车务段主要工种：车站值班员、助理值班员、车站（场）调度员、连结员、制动员。

2. 机务系统

中国铁路总公司运输局机务部为铁路机务系统最高级单位，下设各铁路局（公司）机务处，每个机务处下设若干个机务段，机务段下设若干个机务车间、机务折返段，同时还有检修车间、整备车间、设备车间、各职能科室。

机务段是铁路运输系统的主要行车部门，主要负责铁路机车（俗称"火车头"）的运用、综合整备、整体检修（一般为中修、段修），就是"开火车的"和"修火车的"，属于一线行车单位。机务段一般设置在重要的铁路枢纽城市或重要的货运编组站附近，主要负责旅客列车、货运列车、行包列车或专运列车的动力牵引任务。

机务段包括以下三种类型。

（1）客运机务段。以担当旅客列车牵引为主，如北京铁路局北京机务段（京局京段）；

（2）货运机务段。以担当货运列车牵引为主，如哈尔滨铁路局齐齐哈尔机务段（哈局齐段）。

（3）综合机务段。以担当货运列车牵引为主，部分旅客列车牵引为辅，如沈阳铁路局通辽机务段。

机务段主要包括以下工种：机车乘务员（司机、学习司机、地勤司机），机车钳工，机车电工，制动钳工，内燃机装试工。

3. 工务系统

中国铁路总公司运输局工务部为系统最高级单位，各铁路局集团有限公司工务处为本局工务系统管理单位，下设若干个工务段，工务段下设线路（桥隧）车间，线路（桥隧）车间下设若干个线路（桥隧）工区。线路（桥隧）工区为工务段最基层单位，一般设在车站附近。

工务段是铁路工务系统的基层单位，负责铁路线路及桥隧设备的保养与维修工作。铁路巡道，铁路道口的看守，都属于工务段职责范围。

工务段主要包括以下工种：线路工、桥隧工、巡道工、看守工、道口工、探伤工。

4. 电务系统

中国铁路总公司运输局电务部为铁路电务系统最高级单位，各铁路局电务处对本局电务系统进行管理，下设若干个电务段，电务段管理车间，车间下设几个工区。工区为电务段最基层单位，一般设在较大的车站，临近划分在工区范围内的小车站为值班车站，值班车站设值班人员维护管理运行设备。电务系统的工作包括信号和通信两部分业务。

信号部分的工作职责是维护信号设备，确保列车运行安全。通俗地讲，就是负责"交通红绿灯"的。管理的室外设备有：站内、区间信号机及机构，各种信号设备电缆盒，地下电缆，轨道导接线、引接线，转辙机及道岔，客运专线的应答器，内燃机车、电力机车，动车组运行控制设备等。管理的室内设备有：机械室组合架、电源屏、控制台、计算机联锁设备，客运专线列控设备、CTC、微机监测等微电子设备。

通信部分的工作职责是保证铁路系统内有线、无线通信系统的正常运行。随着铁路信息化、智能化的发展，铁路通信的地位和作用日益突出，目前很多铁路局都单独组建通信段，下设高铁车间、无线车间、通信车间和综合车间等，并在每个车间设置若干检修工区。

电务段主要包括以下工种：信号工、通信工。

5. 车辆系统

中国铁路总公司运输局车辆部为铁路车辆系统最高级单位，各铁路局设立车辆处，车辆处下设若干个车辆段，车辆段下设运用（乘务）车间、检修（定检）车间、库检车间、设备车间等。检修、库检等车间设在段内，负责车辆的定期（周期）检修。运用车间一般设在铁路区段站上，负责过往列车的检查和不摘车修理。

车辆段是铁路行车系统的重要单位之一，主要负责列车车辆（不包含机头）的运营、整备、检修等工作。车辆段同时也是城市轨道交通系统（地铁、城市轻轨）中对车辆进行运营管理、停放及维修、保养的场所。

车辆段还通常分为货车车辆段和客车车辆段、动车段（动车运用所），分别负责货车车辆、客车车辆、动车组的综合运用、车体整备、车体整体检修。

车辆段通常由检修工厂和列检组成。列车车辆的大故障一般由工厂进行检修，而列检所则通常设在二等以上的车站，实时检测过往的列车。客车车辆段里还有随车列检，即在列车正常运行时随车一起实施实时监控检测。

车辆段主要包括以下工种：客车检车员、货车检车员、车辆钳工、车辆电工、制动钳工、内燃机装试工等。

6. 客运系统

中国铁路总公司运输局运营部为铁路车务系统最高级单位，下设各铁路局（公司）客运处，客运处下设若干个客运段，一般设在路局所在地或重要的省会城市或较重要城市。客运段下设若干个乘务车间（旅服车间），乘务车间（旅服车间）下辖若干个乘务车队，乘务车队为客运段最基层单位，主要担当本局管内的旅客列车的服务（包括内旅客列车乘务工作和餐饮服务）。

客运段主要包括以下工种：列车员、列车售货员、列车餐饮服务员、广播员等。

7. 供电系统

中国铁路总公司运输局供电部为系统最高级单位，各铁路局集团有限公司供电处为本局工务系统管理单位，下设若干个供电段，主要负责电气化铁路的牵引供电、铁路运输信号供电、铁路地区的电力供应、电力设备的检修与保养等工作。供电段一般设在重要的铁路交通枢纽处。一般在较大车站附近都会设立电力作业工区，负责管内电气化铁路接触网管理、维修及其当地铁路地区中各铁路单位的电力供应等工作。供电段的工作职能与地方电业系统工作职能大体相同。

供电段主要包括以下工种：接触网网工、接触网作业车司机、电力工、变（配）电值班员、变（配）电检修工等。

以上介绍的是铁路运输主要的业务系统，可以看出各业务系统条块分割比较清晰，但同时各业务系统间是密切配合的，每个工种都是在其他工种提供的保障和限制条件下工作的，协调和指挥这些工作的是调度，指挥的文件是"命令"。一个铁路局有行车、机车、施工、客运、货运、供电、车辆、统计、分析等十多种调度，少则几百人，多则上千人。铁路运输系统就像一架庞大的联动机，只有各工种间密切配合，环环紧扣，协调一致听指挥才能保证运输生产的顺利进行。

复习思考题

1. 简述交通运输业的作用。

2. 现代交通运输业主要包括哪些种类？每种运输方式有哪些优缺点？

3. 通过查找资料了解我国铁路网的主要干线（见题1-1表），并在地图上找出来。

题1-1表

序号	线路名称
1	南北交通中枢——京广线
2	沿海交通大动脉——京沪线
3	纵贯南北第二大交通中枢——焦柳线
4	纵贯南北第三大交通中枢——京九线
5	纵贯西南地区的南北干线——宝成至成昆线
6	横贯中原和西北的大动脉——陇海至兰新线
7	东西干线——京包至包兰线
8	横贯江南的东西干线——沪昆线
9	自成体系的东北铁路干线——哈大、滨州至滨绥线
10	沟通关内外的干线——京沈线

4. 通过查找资料了解我国几条特殊铁路（见题1-2表）。

题1-2表

序号	铁路名称	序号	铁路名称
1	成渝铁路	6	粤海铁路
2	宝成铁路	7	秦沈铁路
3	成昆铁路	8	青藏铁路
4	大秦铁路	9	京津城际高速铁路
5	京九铁路	10	京沪高速铁路

5. 讲讲你家乡铁路建设的新进展和新动向。

6. 通过查找资料了解你所在专业的就业岗位和组织管理体系。

第二章 铁路线路

　　铁路线路是机车车辆和列车走行的主要设备，线路直接承受机车车辆轮对传递来的压力，并将压力通过轨道向下面的道床及基础传递。为了保证列车能够按照规定的速度，不间断并平稳地运行，并保证铁路运输部门能够安全地、质量良好地完成客货运输任务，铁路线路部分必须保持完好的状态。

　　铁路线路是由轨道（钢轨、轨枕、联结零件、道床、防爬设备和道岔等）、基础、桥隧涵建筑物（桥梁、隧道、涵洞）等组成的一个整体工程结构。

第一节 概 述

一、铁路等级

　　铁路（线路）等级是铁路的基本标准。设计铁路时，首先要确定铁路等级。铁路的技术标准和装备类型都要根据铁路等级去选定。

　　2000 年以后，随着我国客运专线和高速铁路的规划、建设，我国铁路的运输性质也从单一的客货列车共线运行模式发展为客货列车共线运行和客运专线等多种模式。铁路线路依据客货运量、运输性质和速度等多项指标划分等级。

　　目前，在我国根据运输性质的不同，将铁路分为客运专线铁路、客货共线铁路和货运专线铁路三类，根据其在路网中的作用、性质、主要运输任务、旅客列车设计行车速度和近期客货运量划分为七级，并为每一级铁路规定了旅客列车最高设计速度和货物列车最高设计速度。

　　1. 客运专线铁路

　　铁路网中专门（或主要）用于旅客运输且列车在主要区间能以 200 km/h 及以上速度运行的标准轨距铁路，称之为客运专线铁路。新建客运专线铁路的等级，根据其在铁路网中的作用、性质、旅客列车设计行车速度可分为高速铁路和快速铁路两级。

　　1）高速铁路

　　在客运专线网上起骨干作用，或最高设计行车速度为 250 km/h 及以上的客运专线铁路。

　　2）快速铁路

　　在客运专线网中起联络、辅助作用，为区域或地区服务且最高设计行车速度不高于 250 km/h 的客运专线铁路。

　　2. 客货共线铁路

　　铁路网中客货列车共线运行，旅客列车设计行车速度等于或小于 160 km/h，货物列车设计行车速度等于或小于 120 km/h 的标准轨距铁路。

要新建或改建客货共线铁路的等级，须考虑其在铁路网中的作用、性质、旅客列车设计行车速度和客货运量，并符合表 2-1-1 的规定。

表 2-1-1　铁路等级

等级	铁路在路网中的意义	近期年客货运量/Mt
Ⅰ级铁路	在路网中起骨干作用的铁路	≥20
Ⅱ级铁路	在路网中起联络、辅助作用的铁路	<20 者且≥10
Ⅲ级铁路	为某一地区服务或企业服务的铁路	<10 者且≥5
Ⅳ级铁路	为某一地区服务或企业服务的铁路	<5

注：① 年客货运量为重车方向的货运量与由客车对数折算的货运量之和；

② 1 对/天旅客列车按 1.0 Mt 年货运量折算；

③ 近期指交付运营后第 10 年。

当沿线运输需求或地形和运营条件差异较大，并有充分的技术经济依据时，可分路段选定旅客列车设计行车速度。Ⅰ、Ⅱ级铁路的路段旅客列车设计行车速度宜按表 2-1-2 规定的数值选用。

表 2-1-2　Ⅰ、Ⅱ级铁路路段旅客列车设计行车速度　　　　　单位：km/h

铁路等级	Ⅰ	Ⅱ
旅客列车设计行车速度	160，140，120	120，100，80

3. 货运专线铁路

铁路网中专门（或主要）用于货物运输，轴重 25 t 及以上，列车牵引质量 10 000 t 及以上，年输送能力 1 亿 t 及以上的标准轨距铁路，称之为货运专线铁路。货运专线铁路按客货共线铁路的重载铁路级的标准进行设计。

二、铁路主要技术标准

各级铁路的主要技术标准，应根据远期运量或国家要求的年输送能力、客车对数和确定的铁路等级在设计中经综合比选确定。

铁路主要技术标准包括：正线数目、牵引种类、机车类型、牵引质量、限制坡度、最小曲线半径、机车交路、到发线有效长度、闭塞类型。

主要技术标准除对设计线的工程造价、运输能力、运输效率、运行安全和经济效益有直接影响外，相互之间也存在密切联系。应根据国家要求的年输送能力和确定的铁路等级在设计中综合考虑，经过技术、经济比选确定，以保证技术上先进、经济上合理、标准间协调。

选定铁路线路技术标准是设计铁路的基本决策，应根据国家要求的年输送能力和确定的铁路等级，考虑沿线资源分布和国家科技发展规划，并结合设计线路的地形、地质、气象等自然条件，经过论证比选，慎重确定。

线路等级不同，在线路平面、纵断面设计中所采用的标准和装备的类型也不一样，所以在进行设计时，首先要确定铁路的等级。

第二节　铁路线路的平面和纵断面

铁路线路在空间的位置是用它的线路中心线表示的。

铁路线路平面，是指线路中心线在水平面上的投影。线路平面由直线和曲线连接而成。一条理想的铁路线其区间平面应尽可能取直。一般在平坦地带的铁路线以直线为主，只有在绕避障碍或趋向预定目标时，才采用曲线。但在地形复杂的山区，线路平面往往迂回曲折，出现大量曲线，有时候，曲线长度甚至超过直线。

铁路线路纵断面，是指线路中心线（曲线部分展直后）在垂直面上的投影。为了适应地面的起伏，线路上除了平道外，还修有不同的坡道。因此，平道和坡道就成了线路纵断面的组成要素。

从运营的观点来看，最理想的线路是既直又平的线路。但是天然地面情况复杂多变（有山、水、沙漠、森林、矿区、城镇等障碍物和建筑物），如果把铁路修得过于平直，就会造成工程数量和工程费用大，且工期长，这样既不经济，又不合理，有时也不现实。从工程角度来看，为了降低造价，缩短工期，铁路线路最好是随自然地形起伏变化，但是这会给运营造成很大困难，甚至影响铁路行车的安全与平稳。

因此，选定铁路线路的空间位置，应该综合考虑工程和运营的要求，通过方案比选，在满足后者基本要求的前提下，尽量减少工程量，降低造价。如图 2-2-1 所示，某铁路线路要从 A、B、C 三点经过，方案一是走最短路径，可将 A、B 和 B、C 分别用直线相连，这样在 AB 线段上要修两座桥跨越河流，在 BC 线段上要开挖隧道穿越山岭；方案二用折线 ADB 和 BEC 来代替 AB 和 BC，使其绕避障碍，在折线的转角处，则用曲线连接。

曲线的设置可用来绕避地面障碍或地质不良地段，从而减少工程量，缩短工期，降低工程造价，获得较好的经济收益。

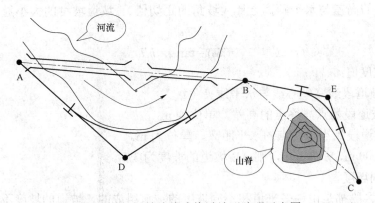

图 2-2-1　铁路线路绕避地形障碍示意图

一、铁路线路平面

铁路线路平面由直线、圆曲线及连接直线与圆曲线的缓和曲线组成，如图 2-2-2

所示。

在线路平面设计时为缩短线路长度和改造运营条件，应尽可能地设计较长的直线段，但当线路遇到地形、地物等障碍时，为减少工程造价和运营支出，应设置曲线段。

图 2-2-2　铁路线路平面组成

二、铁路线路纵断面

为了适应地面的起伏，线路上除了平道以外，还修有不同的坡道。因此，平道、坡道和竖线就成了线路纵断面的组成要素。

（一）坡道的坡度

坡道的陡与缓常用坡度来表示。坡度是指坡道的垂直高度 h 和水平距离 l 的比，即一段坡道两端点的高差与水平距离之比（坡角的正切值）。坡道坡度的大小通常用千分率来表示。

$$i(‰) = \tan\alpha = h/l$$

式中：i——坡度值；

　　　α——坡道段线路中心线与水平线夹角；

　　　h——坡道段始点与终点的高差，单位为 m；

　　　l——坡道段始点与终点的水平距离，单位为 m。

若 l 为 2 000 m，h 为 6 m，则 AB 坡道的坡度为 3‰。

（二）限制坡度

每一铁路区段都是由许多平道和不同坡度的坡道组成的。坡道的坡度不同，它们对列车牵引重量的影响也就不同。

在一个区段上，决定一台某一类型机车所能牵引的货物列车质量（最大值）的坡度，叫做限制坡度 i_x（‰）。在一般情况下，限制坡度的数值往往和区段内陡长上坡道的最大坡度值相当。

限制坡度的大小，影响一个区段甚至全铁路线路的运输能力。限制坡度小，列车质量可以相对较大，运输能力就大，运营费用就越低。但是当限制坡度过小时，就不容易适应地面的天然起伏，特别是在地形变化很大的地段，这就会使工程量增大，造价提高。因此，限制坡度的选定是一个很重要的问题，要经过仔细的综合研究，才能得出合理的结论。

（三）变坡点

平道与坡道、坡道与坡道的交点，叫做变坡点。列车经过变坡点时，由于坡度的突然变化，车钩内会产生附加应力；坡度变化越大，附加应力越大；两车钩上下错移量过大，容易发生断钩、脱钩等事故。为了保证列车的运行平稳和安全，我国铁路规定，在 I、II 级线路上，相邻坡段的坡度代数差的绝对值大于3‰，或者III级线路大于4‰时，应以竖曲线连接，如图 2-2-3 所示。

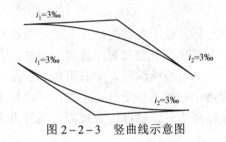

图 2-2-3　竖曲线示意图

竖曲线是纵断面上的圆曲线。对于竖曲线的半径，I、II 级铁路为 10 000 m，III 级铁路为 5 000 m。

三、线路标志

为了线路的维修和养护，以及司机和车长等工作上的需要，在线路沿线设有各种线路标志。其中，常见的有公里标、半公里标、坡度标、曲线标、圆曲线与缓和曲线始终点标、桥梁标等，部分标志如图 2-2-4 所示。

公里标、半公里标是线路的里程标。公里标表示从铁路线路起点开始计算的连续里程，每整公里设一个。半公里标设于线路的每半公里处。

坡度标设于变坡点处。它的正面和背面分别表示两边的坡度和坡段长度，并用箭头表示上坡或下坡，侧面则标明它所在的里程。

(a) 公里标　　　　　(b) 半公里标　　　　　(c) 坡度标

图 2-2-4　线路标志

(d) 曲线标　　　　　　　　(e) 桥梁标　　　　　(f) 涵渠标

图 2-2-4　线路标志（续）

　　曲线标，设在曲线的中点处，标明曲线中心里程、半径大小、曲线和缓和曲线长度、超高等。

　　圆曲线和缓和曲线始终点标，设于直线与缓和曲线、圆曲线与缓和曲线的连接处，表明缓和曲线的起点与终点。在该标上分别写有"直缓、缓圆、圆缓、缓直"字样。

　　桥梁标一般设于桥头处，标明桥梁编号、中心里程和长度。

　　线路标志内侧设在距线路中心线不小于 3.1 m 处。线路标志按计算公里方向设在线路左侧。当双线区段须另设线路标志时，该标志应在列车运行方向左侧。

第三节　铁路路基及桥隧涵建筑物

　　铁路路基（如图 2-3-1 所示）和桥隧涵建筑物都是轨道的基础，是铁路线路的重要组成部分。它们直接承受轨道的重量，同时承受机车车辆及其荷载的压力。路基和桥隧涵建筑物的状态与线路质量的关系极为密切。因此，路基必须填筑结实，基床应强化处理，并经常保持干燥、稳定和完好状态，以保证运输安全畅通。路基面应平顺并有足够的宽度，符合轨道铺设、附属构筑物设置和线路养护维修作业的要求。同时路基两侧应留有足够宽度的铁路用地，以保证路基稳定，满足维修检查通道栅栏设置及绿化带建设的需要。

图 2-3-1　铁路路基

一、铁路路基

路基工程主要由路基本体、路基防护和加固建筑物、路基排水设备三部分组成。铁路路基是为了满足轨道铺设和运营条件而修建的土工构筑物。路基必须保证轨顶设计标高，并与桥梁隧道连接组成完整贯通的铁路线路。

（一）铁路路基的基本形式

在铁路线路工程中，根据路基所处的地形条件，路基可分为路堤和路堑两种形式。

路堤是指当路肩设计标高高于天然地面时，路基以填筑方式构成。路堤的组成包括路基面、边坡、护道、取土坑或纵向排水沟等。

路堑是指当路肩设计标高低于天然地面时，路基以开挖方式构成。路堑的组成包括路基面、边坡、侧沟、弃土堆和截水沟等。

此外，路基还包括半路堤、半路堑、半堤半堑和不填不挖路基四种，如图 2-3-2 所示。

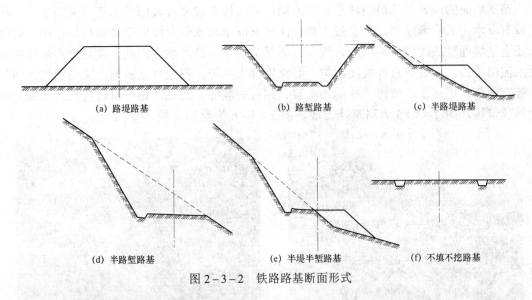

(a) 路堤路基　　　　　　(b) 路堑路基　　　　　　(c) 半路堤路基

(d) 半路堑路基　　　　　(e) 半堤半堑路基　　　　(f) 不填不挖路基

图 2-3-2　铁路路基断面形式

（二）路基的排水和防护措施

路基必须坚实而稳固，才能承受沉重的压力。但是土质路基的坚固性和稳定性比较不易保持，它受许多因素的影响。在一般情况下，水的侵害往往是一个主要原因。因此，在路基的结构形式上处处要考虑如何有利于排水。对于非渗透水土的路基面，须配有不同形式的路拱。我国铁路单线路基的路拱断面做成梯形，双线路基的路拱断面做成三角形，而岩石和渗水性土质的路基面则可做成水平的。

1. 路基排水

为使路基经常处于干燥、坚固和稳定状态，路基上设有一套完整的排水设备。例如，纵向排水沟、侧沟和截水沟是为了排除地面水而设置的，如图 2-3-3 所示。除了地面水，地下水也是影响路基坚固、稳定的主要因素，而为了拦截地下水，降低地下水位，常采用渗沟设备，如图 2-3-4 所示。

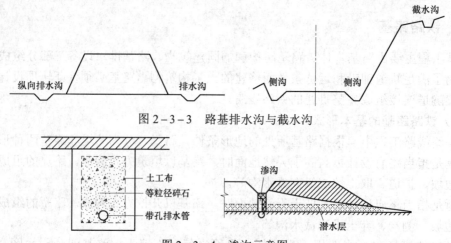

图 2 − 3 − 3　路基排水沟与截水沟

图 2 − 3 − 4　渗沟示意图

2. 路基防护

路基坡面的地表水流沿山坡呈片状流动，它与边坡坡度及坡面状态等有关。坡缓、粗糙或有草木生长时流速小，反之就大些。路基坡面地表水流对坡面有洗蚀破坏作用，时间长还会把坡面冲成纹沟、鸡爪沟，进而破坏路基边坡的稳定性。因此，要避免路基坡面地表水流的洗蚀，应及时进行坡面防护，并修筑排水系统，保证排水畅通。常用的坡面防护措施有种草、铺草皮、植树、抹面、灌浆、砌石护坡等。此外，还可以设置挡土墙或其他拦挡建筑物。图 2 − 3 − 5 为路基挡土墙，图 2 − 3 − 6 为路基护坡。

图 2 − 3 − 5　路基挡土墙

图 2 − 3 − 6　路基护坡

二、铁路桥梁

当铁路线路要通过江河、溪沟、谷地及山岭等天然障碍，或要跨越公路、铁路时，就需要修建桥涵建筑物，以使铁路线路得以继续向前延伸。桥涵建筑物包括桥梁和涵洞、明渠等。

桥梁是铁路线路跨越天然障碍物或人工设施的架空建筑物。在修建铁路时，桥涵建筑物的工程量一般占相当大的比重，而大桥的施工期限，往往还对新建铁路按期通车起到控制作用。

（一）桥梁的组成

桥梁通常由桥跨结构、桥梁墩台（包括桥墩和桥台）、支座和附属设施四个基本部分组成，如图 2-3-7 所示。

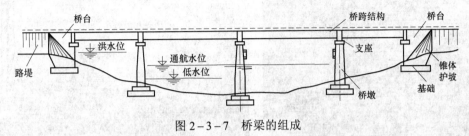

图 2-3-7 桥梁的组成

桥跨结构又称为桥梁上部结构，指桥梁支座以上或拱桥起拱线以上跨越桥孔的结构。

桥梁墩台和基础统称为桥梁下部结构，墩台是支撑桥跨结构并将结构自重和车辆荷载等作用传递至地基土层的结构物。设在桥梁两端与路堤相衔接的结构称为桥台，桥台除具有桥墩的作用外，还可以抵挡桥头路堤填土的侧向土压力，防止路堤填土的滑坡和坍落。地基的奠基部分称为基础，它是确保桥梁能安全使用的关键。由于基础多深埋于土层之中，并且需要在水下施工，故是桥梁施工中比较困难的部分。

在桥梁结构中，桥跨结构和桥梁墩台的支撑处设置的传力装置称为支座。它不仅要传递很大的作用力，而且要满足桥跨结构变位的需求。

桥跨结构的上部设置桥面结构。桥面构造包括钢轨、轨枕、道砟、挡砟墙、人行道、栏杆和钢轨伸缩调节器等。铺设道砟的桥面称为道砟桥面，但钢桥面一般不铺设道砟，而是将钢轨直接铺设在纵梁上，称为明桥面。

全面采用无砟轨道是客运专线的发展趋势，桥上无砟轨道对桥梁的变形控制提出了更为严格的要求。

此外，桥梁还常常需要设置一些附属设施，如桥头的锥体护坡、检查设备、台阶扶梯等结构物。

（二）桥梁的分类

桥梁的种类很多、形式多样，一般可按桥梁长度、（桥梁）建造材料、受力体系及桥梁跨越的障碍等加以区分。

1. 按桥梁长度（L）分

按桥梁长度可分为 4 种：特大桥（$L \geq 500\ \text{m}$）、大桥（$100\ \text{m} \leq L < 500\ \text{m}$）、中桥（$20\ \text{m} \leq L < 100\ \text{m}$）和小桥（$L < 20\ \text{m}$）。

2. 按建造材料分

按上部结构所用的建造材料可分为钢桥、木桥、钢筋混凝土桥、预应力钢筋混凝土桥、结合桥、圬工桥（包括砖、石、混凝土桥）等。

3. 按受力体系分

按受力体系可分为梁式桥、拱桥、刚架桥、斜拉桥与悬索桥等，如图 2-3-8 所示。

4. 按桥梁跨越的障碍分

按桥梁跨越的障碍可分为 3 种：跨河桥，主要指跨越江河、湖泊等；跨线桥，又称立交桥，主要指铁路、公路相互交叉时所建的桥梁；高架桥，又称栈桥或旱桥，主要指跨越

山谷、深沟等障碍物的桥梁。

(a) 梁式桥 (b) 拱桥

(c) 刚架桥 (d) 斜拉桥

(e) 悬索桥

图 2-3-8 各种形式的桥梁

5. 按用途分

按用途可分为铁路桥、公路桥、公铁两用桥、人行桥、农桥、运水桥（渡槽），以及其他专用桥（如通过各种管线等）。

6. 按上部结构的行车道位置分

按上部结构的行车道位置可分为上承式桥、下承式桥和中承式桥。桥面系设置在桥跨主要承重结构（桁架、拱肋、主梁等）上面的桥梁，称为上承式桥，如图 2-3-9 所示。

桥面系设置在桥跨主要承重结构（桁架、拱肋、主梁等）中部的桥梁，称为中承式桥，如图2-3-10所示。桥面系设置在桥跨主要承重结构（桁架、拱肋、主梁）下面的桥梁，称为下承式桥，如图2-3-11所示。

图 2-3-9　上承式桥

图 2-3-10　中承式桥

图 2-3-11　下承式桥

7. 桥梁的其他分类方法简介

（1）按桥梁的平面形状可分为直桥、斜桥和弯桥。

（2）按特殊使用条件可分为开启桥、浮桥和漫水桥等。

三、铁路隧道

1970 年，经济合作与发展组织（OECD）召开的隧道会议综合了各种因素，对隧道作了如下定义：以某种用途、在地面下以任何方法按规定形状和尺寸修筑的断面积大于 2 m²的洞室均为隧道。

铁路隧道是线路跨越山岭时，为避免开挖很深的路堑或修建很长的迂回线，而修建的穿越山岭的建筑物。此外，还有建筑在河床、海峡或湖底下的水底隧道和建筑在大城市地下的地下铁道。

隧道与桥梁一样，是铁路线路上的一个重要组成部分。修建一座隧道（特别是长大隧道）的造价很高，工期也长，但它能提高运营效率，节省运营费用，从长远的角度来看，在经济上是合理的。

（一）隧道的分类

隧道包括的范围广，从不同的作用角度出发，可以分为不同的种类，下面介绍几种工程中常见的隧道分类方法。

1. 按隧道埋深分类

隧道可分为深埋隧道和浅埋隧道。

2. 按隧道所处地理位置分类

隧道可分为山岭隧道、浅埋及软土隧道、水底隧道等。

3. 按隧道所处地层情况分类

隧道可分为岩石隧道（或岩质隧道）、土质隧道（或软土隧道）。

4. 按隧道用途分类

隧道可分为交通隧道、市政隧道、水工隧道和矿山隧道等。

交通隧道是目前隧道种类中应用最多的一类隧道，主要用于公路、铁路交通运输中，其作用是为公路、铁路运输提供通道。交通隧道又包括铁路隧道、公路隧道、水底隧道、地下铁道、航运隧道、地下人行通道等。

市政隧道是修建在城市地下，用作敷设各种市政设施、地下管线的隧道。城市中供市政设施用的地下管线越来越多，如自来水、污水、暖气、煤气、通信、供电等相关设施。管线系统的发展，需要大量建造市政隧道，以便从根本上解决各种市政设施地下管线系统的经营水平问题。在布置地下通道、管线、电缆时，应有严格的次序和系统，以免在进行检修和重建时要开挖街道和广场。

水工隧道又称水工隧洞，是在山体中或地下开凿的过水隧洞。水工隧道可用于灌溉、发电、供水、泄水、输水、施工导流和通航等。水流在洞内具有自由水面的，称为无压隧洞；充满整个断面，使洞壁承受一定水压力的，称为有压隧洞。

矿山隧道是在矿山开采中，在地表与矿体之间钻凿出各种通路，用来运矿、通风、排水、行人，以及为冶金设备采出矿石而新开凿的隧道。这些通路，统称为矿山巷道。

5．按隧道断面形式分类

隧道可分为圆形断面隧道、多心圆断面隧道、马蹄形断面隧道、矩形断面隧道等。

6．按隧道长度分类

隧道长度是指进出口洞门端墙墙面之间的距离，以端墙墙面或斜切式洞门的斜切面与设计内轨顶面的交线同线路中线的交点计算。双线隧道按下行线长度计算，位于车站上的隧道以正线长度计算，而设有缓冲结构的隧道长度应从缓冲结构的起点计算。

根据《铁路隧道设计规范》（TB 10003—2016），铁路隧道按其长度分为以下四类。

特长隧道——全长 10 000 m 以上；

长隧道——全长 3 000 m 以上至 10 000 m；

中长隧道——全长 500 m 以上至 3 000 m；

短隧道——全长 500 m 以下。

7．按隧道开挖跨度分类

小跨度——5 m 以上至 8.5 m；

中等跨度——8.5 m 以上至 12 m；

大跨度——12 m 以上至 14 m；

特大跨度——14 m 以上。

隧道开挖跨度是指隧道开挖横断面的水平最大宽度。

（二）隧道的构造

隧道结构是由主体结构和附属结构组成的。其中，主体结构包括隧道洞身衬砌及洞门两部分。为了满足隧道的使用功能，隧道除了有主体结构外，还应具有其他的一些设施，包括大小避车洞、人行横道、洞内排水系统、电力电缆系统、通风系统等。

1．洞身衬砌

隧道开挖后，为了避免隧道变形或岩石风化，都要修建支护结构，即衬砌，如图 2－3－12、图 2－3－13、图 2－3－14 所示。

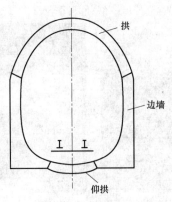

图 2－3－12　衬砌结构示意图

图 2-3-13 地铁隧道衬砌

图 2-3-14 铁路隧道衬砌

2. 洞门

洞门设置于隧道进出口处,其主要作用是减少隧道洞口的土石方开挖量,稳定洞口的边坡及仰坡,引离地表水,以及装饰美观。

隧道洞门有端墙式洞门、翼墙式洞门、削竹式洞门、柱式洞门、环框式洞门、台阶式洞门、遮光棚式洞门等形式,如图 2-3-15 所示。

(a) 端墙式洞门

(b) 翼墙式洞门

(c) 削竹式洞门

(d) 柱式洞门

图 2-3-15 隧道洞门形式

(e) 环框式洞门

(f) 台阶式洞门

(g) 遮光棚式洞门

图 2-3-15 隧道洞门形式（续）

（三）附属构造

1. 避车洞

当列车通过隧道时，为了保证在隧道内工作的检查、维修人员能避让行驶中的列车，并存放必要的备用材料和一些小型养护维修机械，应在隧道全长范围内，在隧道两侧边墙上交错均匀设置避车洞。避车洞分为大避车洞和小避车洞两种。避车洞平面布置图和位置标志图如图 2-3-16 和图 2-3-17 所示。

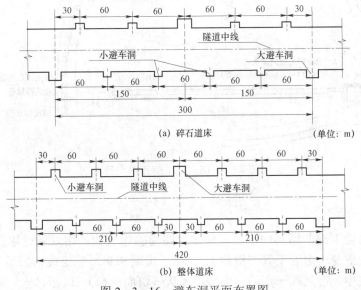

图 2-3-16 避车洞平面布置图

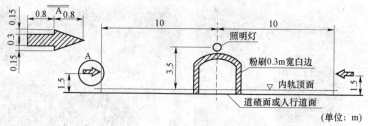

图 2-3-17　避车洞位置标志图

2. 防排水系统

要保证隧道内的正常运营，保持隧道内干燥无水是重要条件之一。但实际中，经常会有一些水渗入隧道内，而在养护维修过程中也会有残留的水，这使得隧道内不能保持干燥。隧道内的水会使铁路隧道内钢轨及扣件等锈蚀，从而缩短了设备的使用寿命。严寒地区隧道内漏水还会在拱顶部形成倒挂的冰凌，侵入限界，从而导致过往的车辆有刮棚的危险。隧道内结冰，还会给养护维修带来困难，增加成本。因此，隧道内的防排水是隧道施工和运营的一个重要问题。

新建和改建隧道的防排水设施，应采取"防、排、截、堵相结合，因地制宜，综合治理"的原则，采取切实可靠的设计、施工措施，保障结构物和设备的正常使用和行车安全。对地表水和地下水应做妥善处理，洞内外应形成一个完整的防排水系统。隧道防排水设施和防水层如图 2-3-18 和图 2-3-19 所示。

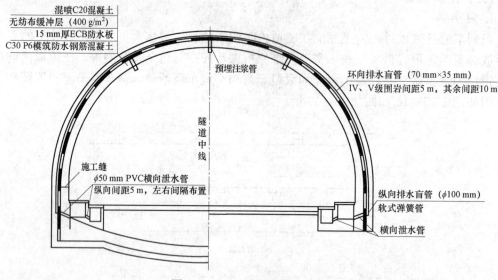

图 2-3-18　隧道防排水设施

四、涵洞

涵洞设在路堤下部的填料中，是一种横穿路堤的建筑物，用以通过水流或行人。

涵洞主要由洞身（由若干管节组成）、基础、端墙和翼墙等组成，如图 2-3-20 所示。管节埋在路基之中，它具有一定的纵向坡度（从进口向出口），以便排水。端墙和翼墙的作用，是便于水流进出涵洞，同时还可以保护路堤边坡不受水流的冲刷。

图 2-3-19　隧道防水层

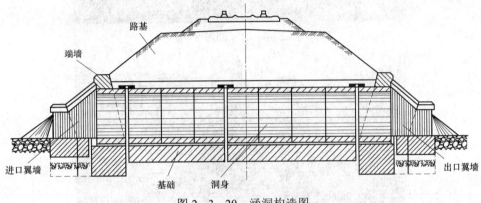

图 2-3-20　涵洞构造图

从不同的作用角度出发，涵洞可以分为以下类型。

1. 按用途分

涵洞按用途可分为排洪涵、灌溉涵和交通涵。

2. 按水力性能分

（1）无压力式涵洞，是指水体在其经过涵洞的全部流程上保持自由水面。

（2）有压力式涵洞，是指涵洞入口处水位高于涵洞顶面，整个涵身为水流所充满。

（3）半压力式涵洞，是指涵洞入口被水淹没，但在入口下游的全部流程上水体仍具有自由表面。

3. 按涵洞的洞身横截面形状分

（1）圆形涵洞，如图 2-3-21 所示，是指洞身是圆形的混凝土管、钢筋混凝土管、铸铁管或皱纹铁管等，目前新建的圆形涵洞一般均为钢筋混凝土管。

（2）拱形涵洞，如图 2-3-22 所示，是指洞身断面为拱形的涵洞，由底板、边墙和拱圈组成。因受力条件较好，多用于填土较高、跨度较大的无压涵。拱形涵洞根据所用材料不同可分为石拱涵、混凝土拱涵、钢筋混凝土拱涵等。

（3）矩形涵洞，其中比较常用的是盖板涵，如图 2-3-23 所示。盖板涵是指洞身由盖板、台帽、涵台、基础和伸缩缝等组成的涵洞，其填土高度为 1～8 m，甚至可达 12 m，施工技术较简单，排洪能力较大。

图 2-3-21　圆形涵洞

图 2-3-22　拱形涵洞

图 2-3-23　盖板涵

4. 按建筑材料分

涵洞按所用建筑材料不同可分为石涵、混凝土涵、钢筋混凝土涵和砖涵等。

5. 按涵洞轴线与线路中线的交角分

（1）正交涵洞，是指涵洞轴线与线路中线垂直的涵洞。

（2）斜交涵洞，是指涵洞轴线与线路中线斜交的涵洞。

6. 按涵洞的孔数分

涵洞按孔数可分为单孔涵洞、双孔涵洞和多孔涵洞。

第四节　轨道、道口、交叉及线路接轨

路基、桥隧建筑物修成之后，就可以在上面铺设轨道。轨道是指处于路基面以上、车辆车轮以下部分的铁路线路建筑物。轨道由钢轨、轨枕、道床、联结零件、防爬设备和道岔等主要部件组成。轨道根据是否使用道砟可分为有砟轨道（碎石道床）和无砟轨道（混凝土道床）两种。轨道起着机车车辆运行的导向作用，它直接承受由车轮传来的巨大压力，并把压力传递给路基或桥隧建筑物。轨道的结构组成如图 2－4－1 所示。

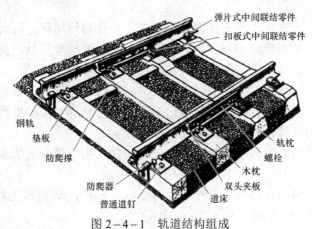

图 2－4－1　轨道结构组成

轨道是一个整体性工程结构，经常处于列车运行的动力作用下，所以它的各组成部分均应具有足够的强度和稳定性，以便保证列车按照规定的最高速度，安全、平稳和不间断地运行。

一、轨道的组成

（一）钢轨

钢轨的作用是直接承受车轮的巨大压力并引导车轮的运行方向，因而它应当具备足够的强度、稳定性和耐磨性。

为了使钢轨具有最佳的抗弯性能，钢轨的断面形状采用"工"字形，如图 2－4－2 所示，由轨头、轨腰、轨底组成。在我国，钢轨的类型或强度以每米长度的大致质量（kg/m）表示，现行的标准钢轨类型有：43 kg/m、50 kg/m、60 kg/m 及 75 kg/m。新建、改建铁路正线采用 60 kg/m 钢轨的跨区间无缝线路，重载铁路正线宜采用 60 kg/m 及以上类型钢轨

的无缝线路。

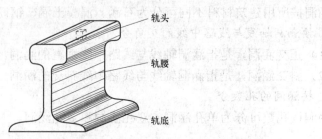

轨头

轨腰

轨底

图 2 - 4 - 2 钢轨断面形式

钢轨的长度大一些好，可以减少接头的数量，列车运行平稳并可节省接头零件和线路的维修费用，但是由于加工条件和运输条件的限制，一根钢轨的轧制长度是有限的，目前我国钢轨的标准长度有 100 m、75 m、25 m 和 12.5 m 四种。无缝线路 60 kg/m 钢轨宜选用 100 m 定尺长钢轨，75 kg/m 钢轨宜选用 75 m 或 100 m 定尺长钢轨；有缝线路宜选用 25 m 定尺长钢轨。设计速度 120 km/h 以上铁路正线有砟轨道应采用Ⅲ型轨枕和与轨枕配套的弹条扣件、一级碎石道砟。此外，还有专供曲线地段铺设内轨用的标准缩短轨若干种。

（二）轨枕

轨枕的作用是支承钢轨，将来自钢轨的各向压力传递给道床，同时，能有效地保持轨道的几何形位，特别是保持轨距和方向。轨枕应具有必要的坚固性、弹性和耐久性，并能便于固定钢轨，能有效抵抗纵向和横向位移的能力。

轨枕依其构造及铺设方法分为横向轨枕、纵向轨枕及短枕等。横向轨枕与钢轨垂直间隔铺设，是一种最常用的轨枕。纵向轨枕一般仅用于有特殊需要的地段。短枕是在左右两股钢轨下分开铺设的轨枕，常用于混凝土整体道床。

轨枕按其使用目的分为用于一般区间的普通轨枕、用于道岔上的岔枕和用于无砟桥梁上的桥枕。

轨枕按其制作所用的材料分为木枕（如图 2 - 4 - 3 所示）、混凝土枕（如图 2 - 4 - 4 所示）和钢枕（如图 2 - 4 - 5 所示）等。

混凝土轨枕使用寿命长、稳定性能好，养护工作量小且材料来源较广，所以在我国主要干线上，除部分小半径曲线还存在木枕外，绝大部分线路均已铺设混凝土轨枕。混凝土轨枕不仅可以节省大量木材，还有利于提高轨道的强度和稳定性。

图 2 - 4 - 3 铁路木枕线路

图 2 - 4 - 4 铁路混凝土枕线路

图 2-4-5　铁路钢枕线路

　　我国普通轨枕的长度为 2.5 m；道岔用的岔枕和钢桥上用的桥枕，其长度范围为 2.6～4.85 m，有多种类型。

　　每公里线路上铺设轨枕的数量，应根据运量及行车速度等运营条件确定，一般在 1 520～1 840 根之间。轨枕根数越多，轨道强度越大。

　　（三）道床

　　道床是铺设在路基面上的砟石（道砟）垫层，是轨道的重要组成部分，是轨道框架的基础。道床承受来自轨枕的压力并将压力均匀地传递到路基面上；道床提供轨道的纵横向阻力，保持轨道的稳定；道床能提供轨道弹性，减缓和吸收轮轨的冲击和振动；道床应具有良好的排水性能，以提高路基的承载能力及减少基床病害，还应便于轨道养护维修作业。

　　道床分为有砟道床和无砟道床两种，如图 2-4-6 和图 2-4-7 所示。

图 2-4-6　有砟道床

图 2-4-7　无砟道床

　　有砟道床所用的道砟材料应质地坚韧、有弹性，不易压碎和捣碎，排水性能好，吸水性差，不易风化，不易被风吹动或被水冲走。常用的道砟材料有碎石、天然级配卵石、粗砂、中砂及熔炉矿砟等。选用何种道砟材料，应根据铁路运量、机车车辆轴重、行车速度，并结合成本和当地实际情况等来决定。常用道砟材料中以碎石为最优，我国铁路干线基本使用碎石道砟，在次要线路上才使用卵石道砟等。

无砟道床采用灌注水泥浆或沥青等材料使道床固化，使道床成为一个整体来支承钢轨，这是一种刚性轨下基础，此类线路的强度高，维修工作量少，适合于高速行车。

道床的断面呈梯形，包括道床厚度、顶面宽度和边坡坡度三个主要特征，而这三个主要特征均按轨道的类型而定。图2-4-8所示示意图为直线地段道床断面示意图。

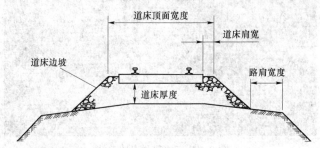

图2-4-8 道床断面示意图（单位：mm）

（四）道岔

道岔是机车车辆从一股轨道转入或越过另一股轨道时必不可少的连接设备，是铁路轨道的一个重要组成部分。道岔大量铺设在车站内，以满足各种作业需要。道岔数量较多，构造复杂，使用寿命短，限制列车运行速度，行车安全性低，养护维修投入大，所以道岔与曲线、钢轨接头并称为铁路轨道的三大薄弱环节。我国最常见的是普通单开道岔，简称单开道岔，其主线为直线，侧线由主线向左侧（称左开道岔）或右侧（称右开道岔）岔出。单开道岔是最简单的一种道岔。

1. 普通单开道岔

普通单开道岔由转辙器、辙叉及护轨，以及连接部分所组成，如图2-4-9和图2-4-10所示。道岔中所用的轨枕称为岔枕，所用的预制板称为道岔板。

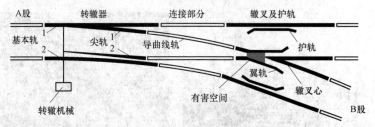

图2-4-9 普通单开道岔结构示意图

图2-4-10 普通单开道岔

从两翼轨最窄处到辙叉心实际尖端之间，存在一段轨线中断的空隙，该空隙叫做辙叉的有害空间。车轮通过较大的有害空间时，叉心容易受到撞击，为保证车轮安全通过有害空间，必须在辙叉相对位置的两侧基本轨内侧设置护轨，借以引导车轮的正确行驶方向。

　　道岔上的有害空间是限制列车过岔速度的一个重要因素。为了消灭有害空间，减轻车轮对翼轨和心轨的冲击，适应列车高速运行的要求，国内外都发展了各种活动心轨道岔。一般来说，辙叉心轨和尖轨是同时被扳动的，当尖轨开通某一方向时，活动心轨的辙叉心轨就与开通方向一致的翼轨密贴，与另一翼轨分开，从而消灭了有害空间。图 2-4-11 所示辙叉为活动心轨辙叉。此种辙叉消除了有害空间，不仅避免了车轮对心轨和翼轨的冲击，而且提高了列车直向过岔速度，被广泛用于高速行车的线路上。

图 2-4-11　活动心轨辙叉

　　运营实践证明，由于消灭了有害空间，活动心轨道岔具有行车平稳、直向过岔速度限制较少等优点，因此适合运量大、高速行车的线路使用。

　　2. 其他类型道岔与交叉设备

　　除了普通单开道岔外，按照构造上的特点及所连接的线路数目对道岔进行分类，还有双开道岔、三开道岔、交分道岔等。为了简明起见，在作图时，通常用道岔所衔接的中心线来表示道岔，如图 2-4-12 所示。

　　双开道岔的特点是与道岔相衔接的两条线路各自向两侧分岔。三开道岔的特点是可以同时衔接三条线路，所以具有两套尖轨，分别用两组转折机械操纵。复式交分道岔相当于四组单开道岔和一副菱形交叉设备的结合体，可以节省用地。

　　菱形交叉由两组锐角辙叉和两组钝角辙叉组成。菱形交叉没有转辙器部分，机车车辆通过交叉设备时，只能沿着原来线路继续运行而不能转线，如图 2-4-12（d）所示。

　　交叉渡线是在两平行线路之间，它由 4 副普通单开道岔和 1 副菱形交叉组成，如图 2-4-12（e）所示。交叉渡线不仅可以开通较多的方向，而且可以节省用地，也是车站使用较多的一种连接设备。

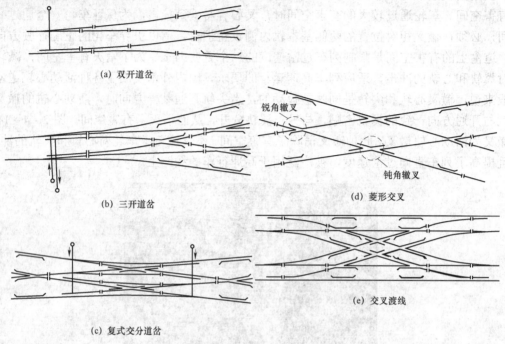

(a) 双开道岔

(b) 三开道岔

(c) 复式交分道岔

(d) 菱形交叉

(e) 交叉渡线

图 2-4-12　各种类型的道岔

（五）联结零件

在铁路线路上，标准长度的钢轨需要通过联结零件联结在一起，而钢轨也要与轨枕连成一体铺在道床上。联结零件包括接头联结零件和中间联结零件两类。

接头联结零件是用来联结钢轨与钢轨之间的接头的，由夹板（如图 2-4-13 所示）、螺栓、螺帽和弹性垫圈等组成。钢轨接头处必须保持一定的缝隙，这一缝隙叫做轨缝。当气温发生变化时，轨缝可实现钢轨的自由伸缩。钢轨接头是铁路轨道的三大薄弱环节之一，它使行车阻力和线路维修费用显著增加，因此它是线路维修工作的重点对象。

图 2-4-13　接头夹板

中间联结零件（又称扣件）的作用是将钢轨紧扣在轨枕上，用以固定钢轨的位置，阻止钢轨的纵向爬行和横向位移。中间联结零件根据轨枕所用材料的不同，有木枕用扣件和钢筋混凝土枕用扣件两类。木枕用扣件包括道钉（如图2-4-14所示）和垫板。我国混凝土枕用扣件，在初期主要有扣板式和拱形弹片式两种。扣板式扣件和拱形弹片式扣件由于扣压力小，且扣压力损失严重，在主要干线上已被淘汰。目前，我国使用的主型扣件为弹条型扣件。

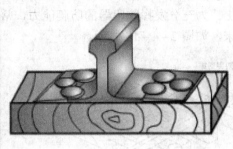

图2-4-14　道钉

　　我国使用的弹条型扣件主要分为Ⅰ、Ⅱ、Ⅲ型扣件，如图2-4-15所示。弹条Ⅰ型扣件主要由ω型弹条、螺旋道钉、轨距挡板、挡板座及弹性橡胶垫板等组成，图2-4-15所示为60 kg/m钢轨弹条Ⅰ型扣件。弹条Ⅱ型扣件除弹条采用新材料重新设计外，其余部分与弹条Ⅰ型扣件通用，仍为有挡肩、有螺栓扣件。在原使用弹条Ⅰ型扣件地段，可用弹条Ⅱ型扣件更换原Ⅰ型扣件。弹条Ⅲ型扣件是无螺栓、无挡肩扣件。无螺栓、无挡肩扣件是世界各国轨枕扣件发展的趋势，特别适用于重载、大运量、高密度的运输条件。弹条Ⅲ型扣件具有扣压力大、弹性好等优点，特别是取消了混凝土枕挡肩，从而消除了轨底在横向力作用下发生横移，从而导致轨距扩大的可能性，因此保持轨距的能力很强，又由于取消了螺栓连接的方式，大大减小了扣件养护工作量。

(a) 弹条Ⅰ、Ⅱ型扣件　　　　　　　　　　(b) 弹条Ⅲ型扣件

图2-4-15　弹条扣件

（六）防爬设备

　　列车运行时纵向力的作用，会使钢轨产生纵向移动，有时甚至带动轨枕一起移动，这种现象叫轨道爬行。轨道爬行经常出现在单线铁路的重车方向（运量大的方向）、双线铁路

的行车方向、长大下坡道上及进站前的制动距离内。

　　轨道爬行往往会引起轨缝不均、轨枕歪斜等线路病害，对轨道的破坏性极大，严重时还会危及行车安全，因此必须采用有效措施加以防止。通常的做法是，一方面加强钢轨与轨枕间的扣压力和道床阻力，另一方面设置防爬器和防爬支撑等防爬设备，如图2-4-16所示。

　　我国铁路广泛采用穿销式防爬器，它由带挡板轨卡和穿销组成，如图2-4-17所示。安装时，将轨卡的一边紧紧地卡在轨底，另一边用楔形穿销楔紧，使整个防爬器牢固地卡在轨底上。为充分发挥防爬器的防爬能力，常在轨枕间安装防爬支撑，从而将若干根轨枕联结起来，如图2-4-18所示。

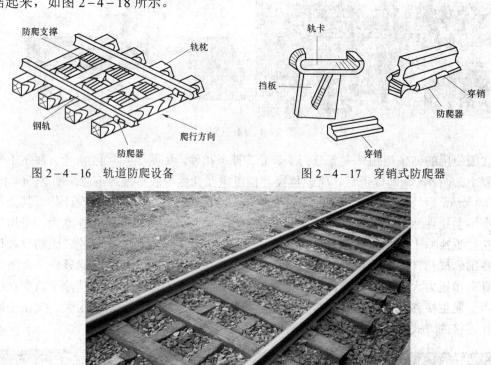

图2-4-16　轨道防爬设备　　　　　图2-4-17　穿销式防爬器

图2-4-18　在轨枕间安装防爬支撑

二、无缝线路

　　无缝线路是用标准长度的钢轨焊连而成的长钢轨线路，又称焊接长钢轨线路。它是当今轨道结构的一项重要新技术，世界各国竞相发展。

　　无缝线路根据处理钢轨内部温度和应力方式的不同，可分为温度应力式和放散温度应力式无缝线路两种。

　　温度应力式无缝线路由一根焊接长钢轨及其两端2～4根标准轨组成，采用普通接头的形式。无缝线路锁定后，焊接长钢轨因受线路纵向阻力的抵抗，两端自由伸缩受到一定的限制，中间部分完全不能伸缩，因而在钢轨内部产生很大的温度力，其值随轨温变化而异。

温度应力式无缝线路结构简单，铺设维修方便，因而得到广泛应用。对于直线轨道 50 kg/m 和 60 kg/m 钢轨，每千米设置 1 760 根和 1 667 根混凝土轨枕，铺设温度应力式无缝线路允许轨温差分别为 100 ℃和 104 ℃。

放散温度应力式无缝线路，又分为自动放散式和定期放散式两种，适用于年轨温差较大的地区。

现在世界各国主要采用温度应力式无缝线路，根据无缝线路铺设位置、设计要求的不同，可分为路基无缝线路（有砟和无砟轨道）、桥上无缝线路、岔区无缝线路等；根据无缝线路轨条长度、是否跨越闭塞分区，可分为普通无缝线路和跨区间无缝线路；根据长钢轨接头的连接形式，可分为焊接无缝线路和冻结无缝线路。

目前，我国的无缝线路有两种。一种是普通的无缝线路，这种无缝线路通常是在焊轨厂用气压焊的方法，将标准轨焊接成 250～500 m 的轨条，再运到现场，当场用铝热焊的方法焊接后就地铺设，其长度一般为 1 000～2 000 m。另一种是跨区间无缝线路，这种无缝线路是移动焊轨车用接触焊的方法，在线路上把标准的钢轨焊接成设计长度的钢轨条。一般长钢轨可以长达几百千米，成为跨区间的超长无缝线路。

无缝线路于 19 世纪 30 年代开始出现，19 世纪 50 年代以后逐步得到推广。无缝线路由于消灭了大量的接头，因而具有行车平稳，旅客乘坐舒适，机车车辆和轨道的维修费用少，使用寿命长等一系列优点。大量的研究资料表明，从节约劳动力和延长设备寿命方面计算，相较于有缝线路，无缝线路可节约维修费用 30%～70%。我国自 1958 年开始铺设无缝线路，经过几十年的运营实践，在设计、施工和养护维修方面积累了不少经验，无缝线路技术得到了迅速推广和广泛采用。

三、轨道上两股钢轨的相互位置

为了确保行车安全，轨道除了应具有合理的组成结构外，还应保持两股钢轨的规定距离和钢轨顶面的相对水平位置。

（一）轨距

轨距是两股钢轨轨头顶面以下 16 mm 范围内两股钢轨工作边之间的最小距离，如图 2-4-19 所示。选择这一位置测量的轨距一般不受钢轨磨耗和飞边的影响，便于轨道维修工作的实施。轨距一般用道尺测量。

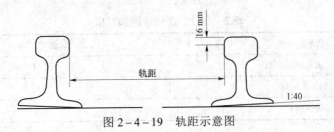

图 2-4-19 轨距示意图

目前世界上的铁路轨距分为标准轨距、窄轨距和宽轨距三种。标准轨距为 1 435 mm。我国铁路主要采用标准轨距。轨距小于 1 435 mm 的铁路统称为窄轨铁路，轨距大于 1 435 mm 的铁路统称为宽轨铁路。我国台湾地区就采用 1 067 mm 的窄轨距，昆明铁路局集团有限公司部分线路采用的是 1 520 mm 的宽轨距。

为使机车车辆能顺利通过轨道，轨道的轨距必须略大于轮对宽度，有一定的游间，如图2-4-20所示。

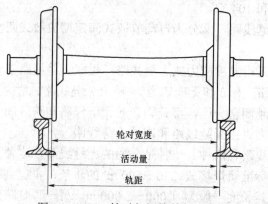

图2-4-20 轮对与钢轨的相对位置

机车车辆走行部中只能保持平行而不能做相对运动的车轴中心线间的最大距离，叫做固定轴距，如图2-4-21所示。由于机车车辆具有固定轴距，在曲线上运行时转向架的纵向中心线与曲线轨道中心线并不一致，因而引起转向架前一轮对的外侧车轮轮缘和后一轮对的内侧车轮轮缘压挤钢轨，增加走行阻力。为了使机车车辆顺利通过曲线，对小半径曲线的轨距要适当加宽。

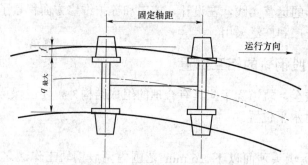

图2-4-21 轨距加宽原因示意图

我国《铁路技术管理规程（普速铁路部分）》规定的曲线轨距加宽值见表2-4-1。

表2-4-1 曲线轨距加宽值

曲线半径 R/m	加宽值/mm
$R \geqslant 350$	0
$350 > R \geqslant 300$	5
$R < 300$	15

（二）水平

水平是指线路左右两股钢轨顶面的相对高差，一般用道尺测量。线路两股钢轨顶面在直线地段应保持同一水平。

当机车车辆在曲线上运行时，离心力的作用使曲线外轨承受了较大的压力，造成了两股钢轨磨耗不均匀现象，并使机车车辆内倾，以平衡离心力的作用。外轨比内轨高出的部分称为超高，如图 2-4-22 所示。

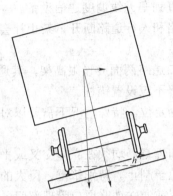

图 2-4-22　外轨超高原理图

我国规定，外轨超高的最大值单线地段不得超过 125 mm，双线地段不得超过 150 mm。

四、道口、交叉、线路接轨及防护栅栏和声屏障

道口应根据铁路沿线交通运输的具体情况合理设置，并优先考虑设置全封闭、立体交叉式。允许速度大于 120 km/h 的线路应采取全封闭、立体交叉式；设计速度在 120 km/h 以下的客货共线铁路与公（道）路的交叉宜设置为立体交叉式；特殊困难条件下可设置平面交叉式，但应采取安全可靠的保障措施。允许速度大于 120 km/h 的线路两侧按标准要进行栅栏封闭，并设置相应的警示标志。列车运行速度在 120 km/h 以下的线路，铁路道口、人行过道的设置或拓宽应按照铁路总公司有关规定办理。铁路道口、人行过道的等级、标准、铺设、拆除及需否看守，由铁路局集团有限公司决定。在设置有道口、交叉及线路接轨等的情况应按以下方法进行处理。

1. 道口、交叉

如图 2-4-23 所示，铁路道口设置警示标志、铁路道口路段标线、司机鸣笛标及护桩；人行过道设置路障、鸣笛标；站内道口、人行过道两端不设鸣笛标，根据需要设置栅栏或其他安全防护设施。

图 2-4-23　铁路道口

有人看守道口根据需要修建进口看守房，设置照明灯、列车接近报警装置、警示灯、遮断色灯信号机和道口自动通知设备，并督促地方道路管理部门设置、维护警示标志、铁路道口路段标线。根据需要设置列车无线调度通信设备。

站内平过道必须与站外道路和人行道路断开，禁止社会车辆、非工作人员通行，平过道不得设在车站两端咽喉区内。

在电气化铁路上，铁路道口通路两面应设限高架，其通过高度不得超过 4.5 m。道口两侧不宜设置接触网锚段关节，不应设置锚柱。

栏杆（门）以对道路开放为定位。特殊情况下需要以对道路关闭为定位时，由铁路局集团有限公司规定。

一切车辆、自动走行机械和牲畜，均须在立体交叉或平交道口处通过铁路。铁路工作人员发现有违反上述情况时，应予制止。特别笨重、巨大的物件和可能破坏铁路设备、干扰行车的物体通过道口时，应提前通知铁路道口管理部门，采取安全和防护措施，并在其协助指导下通过。

2. 线路接轨

新建的岔线，不应在区间内与正线接轨；特殊情况必须在区间内接轨时，须经铁路总公司批准，并在接轨地点设车站（线路所）或设辅助所管理。对于路内施工临时性的区间出岔，应按期拆除。

站内铺设及拆除道岔、线路时，由铁路局集团有限公司批准。

各种建筑物、电线路、管道及渡槽跨越铁路，横穿路基，或在桥梁上下、涵洞内通过铁路时，应提出设计、施工方案和安全措施等文件，征得铁路局集团有限公司同意，并派人员对施工现场实行安全监督，方可施工。

岔线、段管线与正线、到发线接轨时，均应铺设安全线。岔线与站内到发线接轨，当站内有平行进路及隔开道岔并有联锁装置时，可不设安全线。

在进站信号机外制动距离内，进站方向为超过 6‰ 下坡道的车站，应在正线或到发线的行车方向末端设安全线。

合资铁路、地方铁路及专用铁路与国家铁路车站接轨，其接轨处或接车线末端应设隔开设备（设有平行进路并有联锁时除外）。

为防止在长大下坡道上失去控制的列车发生冲突或颠覆，应根据线路情况，通过计算确定在区间或站内设置的避难线。

3. 防护栅栏和声屏障

为防止铁路线路两侧行人、动物进入线路，影响列车运行安全，须设置防护栅栏。防护栅栏设置应符合铁路线路防护栅栏有关标准的规定，防护栅栏的设备管理由工务部门负责，治安管理由铁路公安部门负责。

铁路防护栅栏主要分镀锌防护栅栏、浸塑防护栅栏两大类，以立柱加网片连接而成，并选用优质低碳钢丝焊接，不仅外观大方，美观，而且牢固，防腐蚀性好，主要适用于铁路两旁及边界的隔离防护和美化。

根据铁路噪声排放治理需要，可在铁路两侧设置声屏障。声屏障应满足国家和行业相关标准和规范的要求。

声屏障设置应符合铁路建设限界的要求，安装强度必须保证运输安全，并满足铁路设施检修和维护要求，不得影响其他行车设备的安全运行。

声屏障应进行定期检查和维护。

路基声屏障连续长度超过 500 m 时，应根据疏散和检修要求统一设置安全通道，安全通道外边坡应有安全通行条件。桥梁声屏障安全通道应结合救援疏散通道设置。

第五节　限　　界

机车车辆运行必须有一个安全的空间，因此，铁路对机车车辆和接近线路的建筑物、设备规定了不允许超越的轮廓尺寸线，也就是限界。限界是一种规定的轮廓线，这种轮廓线以内的空间是保证列车安全运行所必需的。可以说，限界就是合理的空间。

铁路基本限界可分为机车车辆限界和建筑限界两种。

一、机车车辆限界

机车车辆限界是指机车车辆最外轮廓的限界尺寸，就是机车车辆横断面的最大极限。具体来说，就是当机车车辆停留在平直铁道上，车体的纵向中心线和线路的纵向中心线重合时，其任何部分不得超出规定的极限轮廓线。当机车车辆在满载状态下运行时，也不会因产生摇晃、偏移等现象而与桥梁、隧道及线路上其他设备相接触，以保证行车安全。机车车辆不是造得越高越宽越好，尽管高而宽的车辆，可以装更多的货物，可以拉更多的旅客。

机车车辆的任何部位，在一般情况下（除特殊情况外）都不得超出机车车辆限界规定的尺寸。

机车车辆的中心最大高度为 4 800 mm。因此，机车车辆顶部的任何装置，如加高烟囱或天窗的开度等均应在 4 800 mm 之内，以防机车车辆顶部与桥梁、隧道上部相撞。

客货共线铁路机车车辆在钢轨水平面上部 1 250～3 600 mm 范围内规定其宽度为 3 400 mm，但为悬挂列车尾部的侧灯，在 2 600～3 100 mm 范围内允许两侧各加宽 100 mm。

二、建筑限界

建筑限界是建筑物不得侵入的一种限界。建筑限界是一个和线路中心线垂直的横断面的最大极限，它规定了保证机车车辆安全通行所必需的横断面的最小尺寸。它是指线路上各种建筑物和设备均不得侵入的轮廓线。它的用途是保证机车车辆的安全运行及建筑物和设备不受损害。

凡靠近铁路线路的建筑物及设备，其任何部分（和机车车辆有相互作用的设备除外）都不得侵入限界之内。

建筑限界与机车车辆限界之间的空间为安全空间，如图 2－5－1 所示。留有安全空间的目的有两个：一是为组织"超限货物列车"运行；二是为适应运行中的列车横向晃动偏移和竖向上下振动，防止与邻近的建筑物或设备发生碰撞。

机车车辆限界在装载货物时作为货物的装载限界。随着经济的发展，经由铁路运输的长大货物不断增加，当货物装车后，任何部分的高度和宽度超过机车车辆限界的货物均称为超限货物。按货物超限的程度，分为一级超限、二级超限和超级超限三个级别。对于超限货物运输，则采取特殊的组织方法来进行。

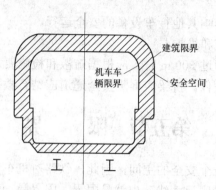

建筑限界

机车车辆限界

安全空间

图 2-5-1　铁路基本限界和安全空间

　　旅客站台上柱类建（构）筑物距站台边缘不小于 1 500 mm，建（构）筑物距站台边缘不小于 2 000 mm。旅客站台分为低站台、高站台，低站台高度为 300 mm、500 mm，高站台高度为 1 250 mm。货物站台的高度为 900～1 100 mm。在非电气化区段的车站上，车辆调动频繁的站场内，天桥的高度不小于 5 800 mm。

　　货物高站台边缘在高出轨面的 1 100～4 800 mm 范围内，距线路中心线距离可按 1 850 mm 设计（只适用于线路的一侧）。

第六节　高速铁路轨道

　　高速铁路线路是保证高速列车按规定的最高速度安全、平稳和不间断运行的基础和前提。因此，高速铁路线路不论就其整体来说，还是就其各个组成部分来说，都应当具有一定的坚固性和稳定性。高速铁路的高标准要求，给传统铁路的设计、施工和养护提出了新的挑战，要求我们必须用全新的观念来设计和施工轨道、路基、桥梁和隧道等结构物。

　　高速铁路要求轨道具有稳定性、可靠性、良好的弹性和便于维修等特征，传统的有砟轨道结构难以满足这些要求，因此我国高速铁路主要采用无砟轨道结构。

　　高速铁路要求严格控制工后沉降、不均匀沉降和路基的初始不平顺。将路基作为土工结构物来进行设计与施工，在填筑材料压实标准、变形控制、检测要求等方面较现行铁路有很大不同。高速铁路对线路的基底、基床结构及基床表层等方面都有很高的要求。

　　高速铁路的高速度、高舒适、高安全、高密度连续运营等特点对高速铁路桥梁结构的刚度和整体性提出了严格的要求。由于速度的大幅度提高，高速列车对桥梁结构的动力作用大于普通铁路桥梁，桥梁出现较大挠度，会直接影响桥上轨道的平顺性，使结构物承受很大的冲击力，旅客舒适度受到严重影响，轨道状态不能保持稳定，甚至影响列车的运行安全。此外，为保证轨道的平顺性还必须限制桥梁的预应力徐变上拱和不均匀温差引起的结构变形。

　　高速铁路对隧道技术的要求主要是空气动力学特性方面的。高速列车通过隧道时会产生系列的空气动力学效应，如压力波动、出口处微气压波、洞内行车阻力增大等，这些对隧道横断面的确定具有重要的意义。

　　由于高速线路比一般线路的修建与养护标准高，且要保持更严格的容许误差，因此，必须采取相应措施，如提高钢轨质量，采用焊接长钢轨，使用新型弹性扣件、高质量衬垫及新型道岔等。

为了适应高速运行和繁重运输任务的要求，必须加强线路的检测、监视和维修养护工作，采用先进的设备，以保证线路的质量和行车安全。

高速列车的运行，还带来一个突出的也是比较复杂的问题，那就是振动和噪声，以及由此而产生的污染与危害。减轻和控制由此而产生的危害，将关系到高速铁路的发展前景。

一、高速铁路轨道概述

高速铁路轨道结构的主要类型有有砟轨道和无砟轨道。传统有砟轨道具有铺设简便、综合造价低廉的特点，但容易变形，维修频繁，后期维修费用较大。与有砟轨道相比，无砟轨道避免了飞溅道砟，平顺性好，稳定性好，使用寿命长，耐久性好，维修工作少，列车运行时速可达 350 km 以上。无砟轨道是当今世界先进的轨道技术。我国高速铁路主要采用无砟轨道。图 2-6-1 所示结构图为高速铁路无砟轨道结构断面图。

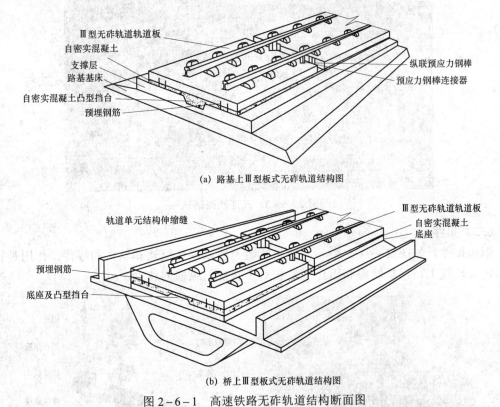

(a) 路基上Ⅲ型板式无砟轨道结构图

(b) 桥上Ⅲ型板式无砟轨道结构图

图 2-6-1　高速铁路无砟轨道结构断面图

近年来，我国在无砟轨道工程技术的设计和施工等方面都取得了长足的进步。在秦沈客运专线试铺的长枕埋入式、板式两种无砟轨道结构，经 3 次综合试验的检验测试，结果表明其完全达到了有关规定的标准要求，并为无砟轨道的设计和施工积累了宝贵的经验，尤其是板式无砟轨道上使用的 CA 砂浆配方的开发与应用，接近国际先进水平，为我国高速铁路建设成规模铺设无砟轨道奠定了坚实的基础。武广和郑西客运专线应用的是双块式无砟轨道，京津城际铁路应用的是板式无砟轨道。无砟轨道的技术已在我国高速铁路中大量采用，因此对无砟轨道铺设及维护技术进行学习，具有非常重要的现实意义。

（一）钢轨

钢轨是轨道结构的主要部件之一。它的功能在于引导机车车辆的车轮前进，承受车轮的巨大压力，并将压力传递到轨枕上。钢轨必须为车轮提供连续、平顺和阻力最小的滚动表面。在电气化铁道或自动闭塞区段，钢轨还可兼做轨道电路之用。

高速铁路钢轨（如图 2-6-2 所示）在技术上要能保证足够的强度、韧性、耐磨性、稳定性和平顺性，在经济上要能保证合理的大修周期，减少养护维修工作量。对高速铁路钢轨的质量要求主要表现在外形尺寸的精确度和内部质量的纯净度。

图 2-6-2　高速铁路钢轨

（二）扣件

钢轨扣件，如图 2-6-3 所示，就是轨道上用以联结钢轨和轨枕的零件，作用是将钢轨固定在轨枕上，保持轨距和阻止钢轨相对于轨枕的纵横向移动。

(a) 示例图

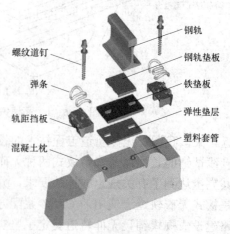

螺纹道钉
弹条
轨距挡板
混凝土枕
钢轨
钢轨垫板
铁垫板
弹性垫层
塑料套管

(b) 结构示意图

图 2-6-3　钢轨扣件

高速铁路列车运行速度快，行车密度大，对轨道平顺性有极高的要求，因此对钢轨扣件有比一般线路更高的技术要求。高速铁路的扣件除要求具有足够的扣压力以确保线路的纵、横向稳定之外，还要求弹性好，以保证良好的减振、降噪性能；扣压力保持能力好，可以降低日常维修工作量；绝缘性能好，可以提高轨道电路工作的可靠性，延长轨道电路长度，降低轨道电路投资。

（三）道岔

道岔是轮轨相互作用中一切最不利因素的集中载体。因此，高速铁路道岔（如图 2-6-4 所示）的使用环境要比高速铁路区间轨道困难得多，为此，高速铁路道岔要具有足够的强度和稳定性，同时还要具有可操作性、经济性和坚固耐用性。

图 2-6-4　高速铁路道岔

（四）轨下基础

轨下基础是轨道结构的重要组成部分。它承受来自钢轨的各种作用力，并弹性地将作用力传布于道床，同时可有效地保持轨道的轨距、方向和位置。采用混凝土、沥青混合料等整体基础取代散粒体碎石道床的轨道结构统称为无砟轨道。

无砟轨道消除了由于散粒体道砟的破碎、粉化，以及道床的形变而导致的轨道几何形态恶化和日益增加的轨道维修工作量。整体道床增加了纵横向阻力，轨道稳定性好。但整体道床只能利用扣件的有限调节量调整轨道几何尺寸的变化，养护维修难度大，轨道整体弹性差。

（五）无砟轨道类型

1. 板式无砟轨道

板式无砟轨道由钢轨、扣件、预支混凝土轨道板（简称轨道板）、乳化沥青水泥砂浆调整层（简称 CA 砂浆调整层）、混凝土凸形挡台（简称凸形挡台）及混凝土底座（简称底座）等部分组成。图 2-6-5、图 2-6-6 和图 2-6-7 所示示意图分别为 CRTS Ⅲ 型板式无砟轨道、客运专线无砟轨道和 CRTS Ⅱ 型板式无砟轨道结构示意图。

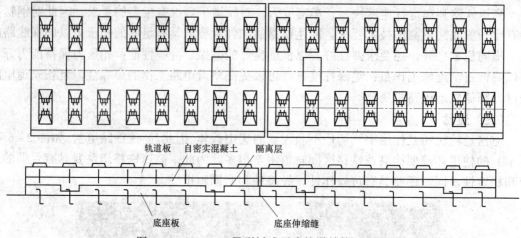

图 2-6-5　CRTSⅢ型板式无砟轨道结构示意图

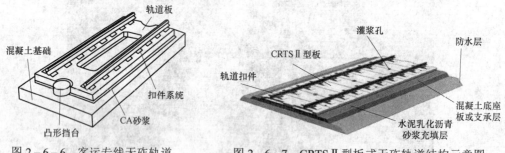

图 2-6-6　客运专线无砟轨道　　　图 2-6-7　CRTSⅡ型板式无砟轨道结构示意图

板式无砟轨道已成为国内外高速铁路运用较成熟的一种轨道结构形式，我国常用的板式无砟轨道类型有 CRTSⅠ型和 CRTSⅡ型两种。京津城际铁路应用的是 CRTSⅡ型板式无砟轨道。

2. 双块式无砟轨道

双块式无砟轨道（如图 2-6-8 所示）由钢轨、扣件、双块式轨枕、道床板、底座等部分组成。我国采用的双块式无砟轨道有 CRTSⅠ型和 CRTSⅡ型两种。雷达 2000 型无砟轨道和旭普林型无砟轨道均属双块式无砟轨道。

图 2-6-8　双块式无砟轨道

3. 长枕埋入式无砟轨道

长枕埋入式无砟轨道主要由整体式混凝土枕和现场浇筑的混凝土道床组成。它包括钢枕、扣件、穿孔混凝土枕、混凝土道床和混凝土底座。

二、高速铁路路基

高速铁路的出现对传统铁路的设计施工和养护提出了新的挑战，在许多方面深化和改变了传统的设计方法和关键技术。图 2-6-9 和图 2-6-10 所示为建设中和运营中的高速铁路路基。

图 2-6-9 建设中的高速铁路路基

图 2-6-10 运营中的高速铁路路基

路基是轨道的基础，也叫线路下部结构，承受轨道和机车车辆荷载。路基横断面中，路基本体由路基顶面、路肩、基床、边坡和基底几部分组成。

自 20 世纪 60 年代世界上第一条高速铁路在日本建成以来，世界范围内出现了竞相修建高速铁路的热潮。

高速铁路对路基的高标准要求，与传统铁路在设计、施工和养护等方面有很大的不同，在许多方面突破了传统的观念，具体表现如下。

（1）路基要达到高速铁路轨道高平顺性要求。

（2）路基必须满足高速铁路对工后沉降的要求。

（3）必须严格控制路基的不均匀沉降。

（4）必须控制路基的初始不平顺。

三、高速铁路桥梁

高速铁路的高速度、高舒适性、高安全性、高密度连续运营等特点对其土建工程提出了严格的要求，尤其在速度大幅度提高后，高速度列车对桥梁结构的动力作用大于普通铁路桥梁，桥梁出现较大挠度会直接影响桥上轨道的平顺性，造成结构物承受很大的冲击力，严重影响旅客舒适度，使轨道状态不能保持稳定，甚至影响列车的运行安全。此外，为保证轨道的平顺性还必须限制桥梁的预应力徐变上拱和不均匀温差引起的结构变形，这些都对高速铁路桥梁结构的刚度和整体性提出了严格的要求。图 2 - 6 - 11 所示桥梁为高速铁路桥梁。

图 2 - 6 - 11　高速铁路桥梁

高速铁路桥梁主要具有以下特点：

（1）桥梁所占比例大、高架长桥多；

（2）以中小跨度为主；

（3）刚度大、整体性好；

（4）纵向刚度大；

（5）重视改善结构耐久性，便于检查、维修；

（6）强调结构与环境的协调。

四、高速铁路隧道

高速铁路对线路的平纵断面提出了更高的要求，隧道在线路中的比例也有所增大。隧道由洞门、洞身和洞内附属设施组成。

高速列车通过隧道时会产生一系列的空气动力学效应，如压力波动、出口处微气压波，以及洞内行车阻力增大等。在高速运行的条件下，列车进入隧道时会产生压力波，该压力波以声速向前推进，到隧道洞口处反射回来，又遇到列车。即使是在窗户密闭的条件下，也会使乘客因压力变化而感到不适。隧道的微气压波是列车突入隧道时形成的压缩波，在隧道内传播，到达出口时向外放射脉冲状的压力波其原理如图2-6-12所示。微气压波的发生实态和大小与许多因素有关，其中主要有列车速度、列车横断面积、列车长度、列车头部形状、隧道横断面积、隧道长度、隧道内道床的类型等。

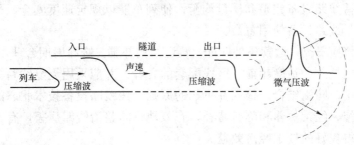

图2-6-12 微气压波作用原理图

高速铁路要求隧道应具有更大的横断面积，需要在隧道洞口设置缓冲结构，如图2-6-13所示。

图2-6-13 高速铁路隧道洞口缓冲结构

第七节 工 务 工 作

由于列车不间断的运行及自然界和人为的作用，轨道在机车车辆动力作用下，在风、沙、雨、雪和温度变化等自然条件的侵袭下，逐渐产生各种变形和损坏，以致发生病害，如钢轨磨损、轨枕腐朽、损坏、道床脏污、路基松软、下沉、翻浆、轨道爬行，以及轨距等发生变化，从而削弱了轨道的强度和稳定性，影响列车高速、平稳运行，甚至威胁行车安全。因此，为了确保列车能按规定的最高速度安全、平稳、不间断地运行，延长线路的使用寿命，必须加强线路的养护与维修，保证线路设施经常处于完好状态，这就是铁路工

务部门的基本任务。

工务段是工务部门的基层生产单位，负责领导线路维修工作。在铁路局集团有限公司下面，一般还设有线路、桥隧大修队，负责管内线路、桥隧的大中修，以及无缝线路的铺设工作。

线路设备修理分为线路设备大修和线路设备维修。

线路设备大修的基本任务是根据运输需要及线路设备损耗规律，有计划、按周期地对线路设备进行更新和修理，恢复和提高线路设备强度，增强轨道承载能力。线路设备维修的基本任务是保持线路设备完整和质量均衡，使列车能以规定速度安全、平稳和不间断地运行，并尽量延长线路设备使用寿命。

线路设备大修应贯彻"运营条件匹配，轨道结构补强，修理周期合理，线路质量均衡"的原则，坚持全面规划、适度超前、区段配套的方针，并应采用无缝线路。线路设备维修应贯彻"预防为主，防治结合，修养并重"的原则，按线路设备技术状态的变化规律和程度，进行综合维修、经常保养和临时修补，有效地预防整治线路病害，有计划地补偿线路设备损耗，以取得较好的技术经济效益。

线路设备大修应由大修设计和施工专业队伍承担，采用必要的施工机械和运输车辆，并安排与施工项目相适应的施工天窗。线路设备维修应实行天窗修制度，并实行检修分开的管理体制。

线路设备修理应采用新技术、新设备、新材料、新工艺和先进的施工作业方法，优化劳动组织，提高劳动生产率和施工作业质量，降低成本，另外还要改进检测方法，推进信息化技术，健全并严格执行安全管理和检查验收制度。

一、线路设备大修

（1）线路大修。

当线路上的钢轨疲劳伤损，轨型不符合要求，不能满足铁路运输需要时，必须进行线路大修。

线路大修分为普通线路换轨大修和无缝线路换轨大修。无缝线路换轨大修按施工阶段可分为铺设无缝线路前期工程和铺设无缝线路。

（2）成段更换再用轨（整修轨）。

（3）成组更换道岔和岔枕。

（4）成段更换混凝土枕。

（5）道口大修。

（6）隔离栅栏大修。

（7）其他大修（以上未涵盖的线路设备大修项目列入其他大修）。

（8）线路中修。

在线路大修周期内，当道床严重板结或脏污，其弹性不能满足铁路运输需要时，应进行线路中修。石灰岩道砟应结合中修有计划地更换为一级道砟。

在无路基病害，道砟、道床污染较轻且已使用大型养路机械按周期进行修理的区段，通过有计划地进行边坡清筛，可取消线路中修。

二、线路设备维修

1. 综合维修

综合维修指根据线路变化规律和特点，以全面改善轨道弹性、调整轨道几何尺寸和更换、整修失效零部件为重点，以大型养路机械为主要作业手段，按周期、有计划地对线路进行的综合性维修，以恢复线路完好技术状态。

2. 经常保养

经常保养指根据线路变化情况，以保养机械为主要作业手段，对全线进行有计划、有重点的经常性养护，以保持线路质量处于均衡状态。

3. 临时补修

临时补修指以小型养路机械为主要作业手段，及时对线路几何尺寸超过临时补修容许偏差管理值及其他不良处所进行的临时性整修，以保证行车安全和平稳。

目前，各国都在着重研究如何进一步强化线路结构的形式，以减少线路的维修作业量。

复习思考题

1. 铁路线路由哪几部分组成？
2. 什么叫线路的平面和纵断面？它们的组成要素分别是什么？
3. 什么叫缓和曲线？缓和曲线的作用是什么？
4. 在铁路上为什么要设置线路标志？常见的线路标志有哪些？
5. 桥梁由哪几部分组成？隧道由哪几部分组成？
6. 轨道由哪几部分组成？
7. 钢轨的标准长度有几种？
8. 普通单开道岔由哪几部分组成？
9. 什么叫辙叉的有害空间？为了消灭有害空间，可采用什么道岔？
10. 什么叫无缝线路？
11. 什么叫轨距？我国的标准轨距是多少？
12. 什么叫限界？铁路基本限界有哪几种？
13. 机务部门的职责是什么？其基层生产单位叫什么？
14. 线路设备大修有哪些工作？线路设备维修有哪些工作？

第三章 铁路车辆

近代交通运输，由航空、水路、公路、管道和铁路运输体系构成。铁路运输运送旅客和货物的数量相对较大，能源消耗相对较小，通过使用电力，还可以减少对环境的污染。铁路运输的运输工具是铁路车辆。铁路车辆是运送旅客和货物的工具，是必须沿着专门铺设的铁轨运行的车辆。铁路车辆一般没有动力传动装置，需要机车进行牵引才能运行。

第一节 车辆的分类

由于不同的运送对象或其他不同的特殊需求，铁路车辆采用不同的外观和内部结构。铁路车辆按用途分为铁路客车、铁路货车和特种货车。

一、铁路客车

铁路客车可分为运送旅客的车辆、为旅客服务的车辆和特种用途的车辆。

1. 运送旅客的车辆

（1）硬座车：旅客列车中的主要组成部分，车内的主要设备是硬席座椅，每节车厢能够容纳较多的乘客。不同型号的硬座车的定员不同。25T 型硬座车如图 3-1-1 所示。

图 3-1-1 25T 型硬座车

（2）硬卧车：在长途旅客列车中，除配属一定量的硬座车以外，也会配属硬卧车，车内主要设备是硬席卧铺，一般卧铺车内分出若干个敞开式的隔间，每个隔间内卧铺设上铺、中铺和下铺三层，共有 6 个铺位，一般总定员是 66 人。25T 型硬卧车如图 3-1-2 所示。

（3）软座车：与硬座车基本相同，车内主要是软席座椅，座椅的舒适度较好，座椅间距较大，车内内饰也比硬座车讲究，但在旅客列车中编组数量较少。

图 3-1-2 25T 型硬卧车

（4）软卧车：一般编挂在长途旅客列车中，车内主要由卧铺组成，卧铺带有弹簧装置，一般做成封闭包间式（带门），卧铺有上下两层，每个包间定员 4 人，一般总定员是 36 人。

（5）合造车：一辆车上同时设有两种及两种以上用途的车内设备的车辆，如软硬座合造车，行李邮政合造车等。

（6）双层客车：设有上下两层客室的座车或卧车，定员量较单层客车大，运输效率相对较高。

2. 为旅客服务的车辆

（1）餐车：为旅客在旅途中提供餐食的车辆。车内设有厨房、餐桌、储藏室等设备，有的餐车上还设有小卖部或酒吧间。

（2）行李车：为旅客提供行李托运和包裹运送的车辆，车内设有专为工作人员办公和休息的空间。

3. 特种用途的车辆

（1）邮政车：邮政车是用于铁路提速列车邮件运输的专用车辆，如图 3-1-3 所示。邮政车要求适应的气候环境较宽，且满足不同列车编组的要求。邮电部门要求尽量增加装载量，以适应邮件装卸作业、翻仓作业及分拣作业，还要求改善邮运员的工作和生活条件。

图 3-1-3 邮政车

（2）空调发电车：我国客运列车发电车一般都主要用于为列车空调、通风、照明灯设备提供电力，所以也叫空调发电车，如图 3-1-4 所示。发电车的能源是柴油，柴油箱一般悬挂在发电车底部。为客运列车（非机供车）发电的车辆，运行时一般挂在列车尾端或者是最前端。

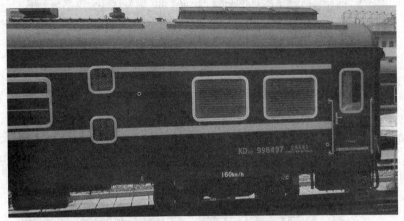

图 3-1-4　空调发电车

（3）公务车：供国家机关人员到沿线检查工作时办公用的专用车辆，如图 3-1-5 所示。

图 3-1-5　公务车

此外还有医疗车、文教车、轨道检测车、隧道摄影车、限界检查车等特殊用途的车辆。

二、铁路货车

铁路货车主要用于运送货物。由于运送的货物类型存在差异，因此需要不同样式的货车来运送它们。

铁路货车按照用途可分为通用货车、专用货车和特种货车。

1. 通用货车

通用货车可装载的货物类型较多，主要有以下三种类型。

（1）敞车：车体两侧和端部均设有侧墙和端墙，无车顶，适用于运输煤炭、钢材、木材和集装箱等不怕湿损的货物，也可运输怕潮湿的货物（需在其上方加盖防水篷布），因此敞车通用性较强。目前敞车的主力车型就是 C_{80} 系列，图 3-1-6 所示为 C_{80} 型敞车。

图 3-1-6　C_{80} 型敞车

（2）棚车：设有车顶、门窗、侧墙和端墙及换气设备，能够运输贵重的、怕湿损和日晒的货物，如粮食、布匹，也可运输大牲畜，在特殊情况下还可运输兵员或旅客，图 3-1-7 所示为 P_{70} 型棚车。

图 3-1-7　P_{70} 型棚车

（3）平车：底架承载面是一个平面，通常两侧设有柱插，用来装运集装箱、钢材、工程机械设备、汽车、拖拉机等，如图 3-1-8 所示。

图 3-1-8　平车

2. 专用货车

专用货车是专门运输某些种类货物的货车。主要有以下几种类型。

（1）罐车：车体是一个卧放的圆筒形罐体，如图3-1-9所示。主要用来运送液体、液化气体或者粉末颗粒类货物。按货物品种可分为：水泥罐车、轻油罐车、重油罐车、液化气罐车等，这些罐车在结构上会有所不同，因此罐车的通用性较差。

图3-1-9 罐车

（2）保温车：又叫冷藏车，是运送蔬菜、鲜果、鱼和肉等易腐货物的车辆，如图3-1-10所示。易腐货物需要在运送过程中保持一定的温度、湿度和通风条件，因此保温车的车体装有隔热材料，车内设有制冷装置、加热装置、测温装置和通风装置等，具有制冷、升温和保温三种性能。保温车车体的涂装一般是银灰色，以利于阳光反射，减少热辐射。我国自制的保温车有机械保温车和冰箱保温车两大类。机械保温车按结构可分为单节机械保温车和机械保温车组。

图3-1-10 保温车

（3）煤车：主要用于运送煤炭，有固定的侧墙、端墙和卸货用的特殊车门，如图3-1-11所示。

（4）矿石车：主要用于运送各种矿石、矿粉，如图3-1-12所示。有的车体可以借助液压或空气压力的作用向任一侧倾斜，并能够自动开启侧门，把货物卸下来，此种车辆也称为自翻车。

图 3-1-11　煤车

图 3-1-12　矿石车

（5）长大货物车：具有装货范围广、运输货物长度或宽度尺寸大的特点，主要运送质量特大或长度特长的货物。长大货物车分为落下孔车和钳夹车两种类型。

（6）集装箱车：车体上设有固定集装箱的设备，用于运输集装箱的车辆。有单层集装箱车和双层集装箱车。

（7）毒品车：专门运送有毒物品的车辆，如运输农药等。

3. 特种货车

特种货车是具有特殊用途的货车车辆，主要有以下几种类型。

（1）试验车：为科学技术试验研究使用的车辆，一般车内配备试验用的仪器设备，如图 3-1-13 所示。

图 3-1-13　试验用红外线检测车

（2）救援车：当线路上发生事故或有大的障碍物时，前去抢修事故的列车称救援车。它由起重吊车、修理车、工具车、宿营车及工程材料车等组成，并配备有一定数量的救援人员，停放于指定车站，发生事故时，可随时主动进行抢修，如图 3－1－14 所示。

图 3－1－14　救援车

（3）除雪车：用于清除积雪，来保障铁路列车的运行安全，如图 3－1－15 所示。

图 3－1－15　除雪车

（4）检衡车：检衡车是用于鉴定轨道平衡性能的车辆，是供铁路车辆称重用的衡器，设有砝码或同时设有操作机器，如图 3－1－16 所示。

图 3－1－16　检衡车

（5）双层凹底运输汽车专用车：主要用于轻型客车、SUV、MPV、皮车等高度较高汽车和各种微型、小型汽车的铁路运输。车体采用凹底全钢铆焊结构，设有一体式端门和升降装置；上下层底架的端部均设有可翻转的一体式渡板，供装卸汽车使用，并配有汽车紧固装置、随车辅件等，如图 3－1－17 所示。

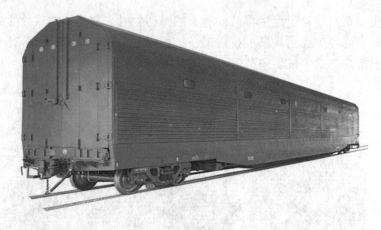

图 3-1-17　双层凹底运输汽车专用车

（6）大吨位预制梁运输专用车，如图 3-1-18 所示。常见的车型为 DL_1 型大吨位预制梁运输专用车，该车适用在中国标准轨距铁路上运行，用于运输时速 200 km、跨距 32 m、自重 148 t 以下预制梁的专用车组。

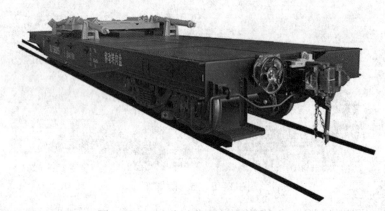

图 3-1-18　大吨位预制梁运输专用车

（7）驮背车：也称驮背运输车，它利用自身结构即可旋转升降，公路货车可自行上下铁路车辆实现装卸，铁路既有平地面站场提供电源即可满足作业要求，可整列车不摘钩同时装卸作业，基础设施投入小，作业效率高，灵活性好，特别适合我国现阶段公铁联运门到门运输的发展需要，已成为铁路货运新的增长点，如图 3-1-19 所示。

图 3-1-19　驮背车

第二节 车辆代码和车辆标记

为了便于对客车和货车车辆的识别与管理，必须对使用中的每一辆车都进行编码，且每一辆车的编码都是唯一的。

一、车辆代码

车辆的代码分为车种、车型和车号。车种代码原则上是由汉语拼音名称中的一个或两个大写字母构成，具体见表 3-2-1，客车一般用两个字母，而货车仅用一个字母。车型代码须与车种代码组合到一起连用，是为了区分同一种车型的不同结构、不同载重量等而设定的，一般由 1~2 个数字构成，必要时后面还要加大写拼音字母。为实现全路车辆的计算机动态管理，中国铁路总公司对车号进行了统一的编码。车号代码一般为数字。一辆车的代码是该车的重要标识，必须涂刷在车辆显眼的位置。

表 3-2-1 车种代码

客车			货车		
顺号	车种	代码	顺号	车种	代码
1	硬座车	YZ	1	敞车	C
2	硬卧车	YW	2	棚车	P
3	软座车	RZ	3	平车	N
4	软卧车	RW	4	罐车	G
5	行李车	XL	5	冷藏车	B
6	邮政车	UZ	6	集装箱车	X
7	餐车	CA	7	矿石车	K
8	公务车	GW	8	长大货物车	D
9	卫生车	WS	9	毒品车	W
10	一等软座车	RZ1	10	粮食车	L
11	二等软座车	RZ2	11	特种车	T
12	二等软座行李车	RXL2	12	家畜车	J
13	双层内燃动车组硬席	SNYZ	13	守车	S
14	双层软座车	SRZ	14	水泥车	U

二、车辆标记

车辆标记就是标明在铁路车辆的一定位置上，用以表示产权、类型，车号、基本性能、配属及使用中注意事项等的符号。

为满足使用、检修、管理、统计上的需要，每一铁路车辆都应具有中华人民共和国国家标准《铁道车辆标记 一般规则》（TB/T 1.1—1995）中所规定的各种标记。

1. 运用标记

（1）自重、载重及容积：自重是车辆本身的质量，车辆因定期检修或加装改造而使得车辆本身全部质量发生 100 kg 以上变化时应修改自重标记；载重为车辆允许的最大载重量，均以 t 为单位；容积是车辆内部的空间的容积，单位为 m³。

容积标记应按下列要求涂打。

棚车、保温车、通风车、家畜车等涂打容积和（长×宽×高）的标记；敞车、煤车涂打容积和（长×宽）标记；平车、矿石车仅涂打（长×宽）标记；罐车涂打容积及容量计表 XB – 编号标记（XB 表示新的容量计表）。粘油罐车在有走行板一端的罐体端部 2/3 高度处，涂打 XB – 编号。

（2）车辆全长与换长：车辆全长是指车辆两端钩舌内侧面间的距离，以 m 为单位；换长是车辆长度换算标记，车辆全长除以 11，所得之值即为该车辆的长度换算数值，小数点后保留一位小数，再对第二位小数进行修约。

（3）车辆定位标记：用阿拉伯数字 1 或 2 进行标记，用来区分车辆的 1、2 位端，一般货车涂在车体两侧的端下角，客车涂在脚蹬外侧面和车内两端端墙上部。

（4）表示车辆（主要指货车）设备用途及结构特点的各种标记。

①"人"字标记。

具备输送人员功能的棚车应涂打"人"字标记。

②"环"字标记。

具有拴马环或其他运马装置的货车应涂打"环"字标记，涂打在车体两侧外墙板性能标记下方。

③"关"字标记。

货车活动墙板及其他活动部分翻下超过车辆限界的，应在其相应部位涂打"关"字标记。

④"特"字标记。

运输特殊货物的车辆应涂打"特"字标记。涂打在车体两侧外墙板性能标记下方。

⑤"超"字标记。

货车某部分结构超出车辆限界时，应在该部分明显处涂打"超"字标记。

⑥"禁止上驼峰"标记。

禁止上驼峰的货车应涂打"禁止上驼峰"标记。涂打在车体两侧外墙板性能标记下方。

⑦"卷"字标记。

须在指定部位卷扬捣车时，应在其相应部位涂打"卷"字标记。

⑧"顶车"标记。

须在指定部位顶车时，应在指定顶车部位涂打"顶车"标记。

⑨"吊装"标记。

须在指定部位吊装作业时，应在其相应部位涂打"吊装"标记。

⑩"集中载重"标记。

标明货车中部一定尺寸范围内允许承受装载重量的标记。载重大于（或等于）60 t 的平车、长大货物车和需要标明集中载重的货车应涂打"集中载重"标记。"集中载重"标记涂打在车底架侧梁中部。

⑪ 罐车货物品名标记。

罐车应在罐体两侧1、4位端性能标记上方涂打装载货物的品名或种类，并附加汉语拼音字。

⑫ 罐车"进气压力"标记。

粘油罐车在罐体两侧1、4位端性能标记下方应涂打表示加温套允许"进气压力"标记。

⑬ 罐车"容量计表"标记。

罐车应在容积标记下方涂打"容量计表"标记。"容量计表"标记表示铁路罐车容积表号的号码。除规定的淘汰型罐车和路用水槽车外，罐车还应在一位端板上涂上"容量计表"标记。端板上的"容量计表"标记为200号字。

⑭ "危险"标记。

装运酸、碱类及液化气体等罐车的运输危险品的车辆应在罐体（或车体）四周涂打色带，色带的颜色等按《危险货物运输规则》中的有关规定涂打，色带中都留一空白处，涂打红色"危险"字样。

⑮ 毒品车标记。

毒品专用车应在车门左侧涂打毒品车标记。

⑯ "危险请勿动"标记。

守车和装有紧急制动装置的特种车辆应在紧急制动阀手把旁安装"危险请勿动"铭牌。"危险请勿动"铭牌应用铭板制造，字和边框的深度为 0.1～0.2 mm。铭牌上标记颜色应醒目，汉字和汉语拼音字母分别采用 15 号和 8 号字。

（5）客车车种汉字标记及定员标记：为了便于旅客对车辆进行识别，在客车侧墙上的车号前必须用汉字涂刷上车种名称，如硬卧 YW25G46190。有车门灯的客车还可以在车门灯玻璃上涂刷车种汉字名称，以便旅客夜间识别。在客车客室内部端墙上方还设有特制标牌，标明车号及按座席或铺位计算的可容纳的定员数，如：

YW25G46190
定员：66人

2. 产权标记

（1）国徽标记：凡是参加国际联运的客车必须在车体两侧外墙板上安装国徽标记。

（2）路徽标记：凡属于中国铁路总公司的客车，均应在车体两端外端墙板左侧涂打 4 号路徽。我国路徽标记为"Ω"，含有人民铁道之意。在货车侧梁适当部位还应安装人民铁道路徽的产权牌。

（3）路外厂矿企业自备车辆的产权标志：我国各路外厂矿企业的自备车因运送货物或委托路内厂、段检修而需在正线上行驶，为避免铁路运输部门混淆使用，必须有明显的产权标志。一般在侧墙上或其他相应的部位用汉字涂刷"××企业自备车"字样，并注明该企业所在地的特殊到站。

（4）配属标记：客车所属站、段的简称。有固定配属的货车，应涂打负责管理和保养的所属铁路局和车辆段的简称，如京局京段表示北京铁路局北京车辆段。

3. 制造标记

在每辆车上有一块金属制的制造厂铭牌，是为了标明车辆制造单位和年月。货车制造厂铭牌安装在侧梁外侧。

此外，车辆的主要零部件，如车轮、车轴、转向架、车钩及制动阀等，在其上均有该零部件生产厂家的规定标记，这些标记在发生事故后被作为追查责任的依据。

4. 检修标记

车辆进行检修时，须在规定的位置涂打检修单位的简称和本次及下次检修的日期，以便明确其检修责任。

（1）定期检修标记：分为厂修标记和段修标记两种，涂打在两侧墙（或侧梁）左下角。

（2）辅修标记、临修标记：有时以表格形式涂打。

（3）快速客车检修标记：包括 A5、A4、A3、A2 和 A1 标记，见表 3-2-2。各修程完毕后，在车辆二、三位端涂打定检标记。定检标记位置：车体端梁向上延 800 mm 处为表格框下线位置，车体侧墙向内延 300 mm 处为表格线右线位置。定检标记规格：外框表格线宽 3 mm，框内表格线宽 2 mm，表格线及字体为白色，字号为 40 号，字体为大宋体，如图 3-2-1 所示。

表 3-2-2　检修标记

修程	时间	检修局段，厂
A1		
A2		
A3	03-01	郑郑
A4	00-06	浦厂
A5		

图 3-2-1　客车检修标记

第三节　车辆方位和技术参数

为了正确确定车辆配件故障的位置，便于进行维修，有必要统一规定车辆方向及配件位置的称呼。

一、车辆方位

1. 车辆的方向

车辆位于平直线路时，沿车辆前后的连接牵引方向叫做车辆纵向，而与车辆纵向垂直的水平方向叫做车辆横向。

2. 车辆的位置

规定以制动缸活塞杆推出方向的车端为一位端，相反的方向为二位端。在车辆的一位端设有人力制动机。有多个制动缸的情况下则以人力制动机安装的位置为一位端。

3. 车辆上零部件位置的称呼方法

车辆上的车轴、车轮、轴承、车钩、转向架、底架各梁和其他零部件位置的称呼方法，是由一位端数起，顺次数到二位端；如果零部件位置是左右对称的，则站在二位端处，面向一位端，由一位端开始从右向左按顺序数到二位端，如下图 3-3-1 所示。

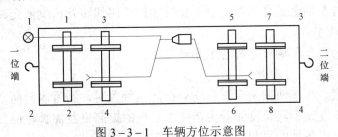

图 3-3-1　车辆方位示意图

4. 列车中车辆前后左右的称呼方法

编挂在列车中的车辆，其前后左右的称呼方法是按照列车运行方向来规定的，其前进的一端称为前部，相反的一端称为后部，面向前部站立而定出其左右。

5. 车辆的轴距与定距

车辆的轴距分为全轴距和固定轴距两种。

（1）全轴距：一辆车最前位和最后位的车轴中心线间的水平距离叫做全轴距。

（2）固定轴距：同一转向架最前位和最后位车轴中心线间的水平距离叫做固定轴距。一般，客车固定轴距距离为 2 400～2 700 mm，货车固定轴距距离为 1 650～1 800 mm。

一辆车底架两心盘中心间的距离叫做车辆定距。

二、车辆技术参数

车辆技术参数是指车辆技术规格的一些指标，是从总体上表示车辆性能及结构的一些数字，一般分为车辆技术经济指标和车辆主要尺寸两类。

1. 车辆技术经济指标

车辆技术经济指标中的自重、载重、容积等已在本章第二节中做了阐述，此外还有以

下几项。

1）自重系数

$$货车的自重系数 = 自重/额定载重$$
$$客车的自重系数 = 自重/定员数$$

自重系数是能够反映车辆技术经济合理性的一个指标。在保证车辆的强度、刚度和使用寿命的前提下，自重系数越小就越经济。对于客车，在保证旅客的安全、舒适的条件下，应尽量降低自重系数。

2）比容积

比容积是指货车每吨载重量所占的货车的容积，即比容积 = 容积/额定载重。

3）最高试验速度

安全及结构强度等条件所允许的车辆最高运行速度。

4）最高运行速度

车辆以该速度在连续运行时，状态足够良好。

5）轴重

轴重是指车辆总重与全车轴数之比，即轴重 =（自重 + 载重）/轴数。轴重一般不允许超过铁路线路及桥梁所容许的上限值。

6）每延米轨道载重量

指车辆总重与车辆全长之比，其值不允许超过铁路线路及桥梁所允许的上限值。

2. 车辆主要尺寸

车辆尺寸分为货车车辆尺寸和客车车辆尺寸。

1）货车车辆主要尺寸参数

（1）车辆长度。车辆两端两个车钩均处在闭锁位置时，钩舌内侧面之间的距离（单位为 m）称为车辆长度。车辆长度随着生产技术水平的提高日益加长，但受到车辆在曲线上的偏倚量和生产运用条件的限制，一般车辆长度都在 26 m 以下。

（2）车辆宽度与最大宽度。车辆宽度指车辆两侧的最外凸出部位之间的水平距离。车辆最大宽度指车辆侧面的最外凸出部位与车体纵向中心线间的水平距离的两倍。

（3）车辆高度与最大高度。空车时，车体或罐体上部外表面至轨面的垂直距离为车辆高度。车辆最大高度指空车时车辆上部最高部位至轨面的垂直距离。

（4）车体内部主要参数。

① 车体内长：车体两端墙板内表面间的水平距离。

② 车体内宽：车体两侧墙板内表面间的水平距离。

③ 车体内侧面高：由地板上平面至侧墙上侧梁的上平面间的垂直距离。

④ 车体内中心高：由地板上平面至车顶中央部内表间的垂直距离。

（5）地板面高度。指空车时，底架地板（或木地板）上表面至轨面的垂直距离（不包括木地板覆盖物的厚度）。对于通用货车车辆的地板面高度有一定范围的要求，货车地板面高度应与高站台高度相适应，以便于装卸货物。

（6）车钩中心线高度。指空车时车钩中心线至轨面的垂直距离。这是保证各车辆之间和车辆与机车之间能够连挂运用的最重要尺寸。我国客货车辆车钩中心线高度标准均为 880 mm。

2）客车车辆主要尺寸参数

（1）车辆长度。客车不受纵向外力影响、两车钩均处在闭锁位时，两端车钩钩舌内侧面连接线间的水平距离。

（2）车辆宽度。客车两侧的最外凸出部位之间的水平距离。

（3）最大宽度。客车侧面的最外凸出部位与车体纵向中心线间的水平距离的两倍。

（4）车辆高度。空车时，车体上部外表面至钢轨水平面的垂直距离。

（5）最大高度。空车时，车辆上部最高部位至钢轨水平面的垂直距离。

（6）车体长度。车体两外端墙板（非压筋处）外表面的水平距离。

（7）底架长度。底架两端梁外表面间的水平距离。

（8）车钩中心线高度。空车时，车钩中心线至钢轨水平面的垂直距离。

第四节　车辆构造

铁路车辆种类很多，但其构造基本相同，一般由车体、转向架、车钩缓冲装置、制动装置和车辆内部设备五个基本部分组成。

一、车体

车体是车辆的主体，是供旅客乘坐或载货的容器，其钢结构形式因车辆用途不同而异。车体一般由底架、侧墙、端墙、地板和车顶等部分组成。

二、转向架

转向架是车辆的走行部分，它的功能是支承车体、转向和制动，保证车辆能在轨道上平稳运行，主要由轮对、摇枕、侧架、摇枕弹簧减振装置及基础制动等部分组成。我国车辆的走行装置多数都是由两台相同并独立的二轴转向架组成的。图3-4-1所示转向架为K2转向架。

图3-4-1　K2转向架（货车）

三、车钩缓冲装置

车钩缓冲装置具有使车辆相互连接，传递牵引力，以及缓和列车运行中的冲击力等作用，被安装在车辆底架上中梁两端的牵引梁内。该装置由车钩、钩尾销、钩尾框、从板及缓

冲器等组成，如图 3-4-2。车钩具有锁闭、开锁和全开三个作用位置，以完成车辆的连挂和分离作用。

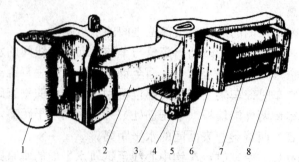

图 3-4-2　车钩缓冲装置示意图

1—钩舌；2—钩身；3—钩尾；4—钩尾销；5—钩尾框；6、8—从板；7—缓冲器

四、制动装置

车辆上能够产生制动力实现制动作用的装置称为车辆制动装置。制动装置是保证列车安全运行所必不可少的装置。由于整个列车的惯性很大，不仅要在机车上设置制动装置，还必须在每辆车上也设置制动装置，这样才能使运行中的车辆按需要减速或在规定的距离内停车。车辆上的制动装置是通过列车主管中空气压力的变化而使制动装置产生相应动作的。制动装置通常包括空气制动系统、人力制动机和基础制动装置。

（1）空气制动系统一般由制动阀、制动缸、副风缸、制动主管、折角塞门、截断塞门及远心集尘器等组成。

（2）人力制动机是利用人力操纵产生制动作用的一种装置，一般用于调车作业或对停放线路上的车辆施以就地制动以防溜逸，也作为一种辅助装置以备急用。人力制动机一般分为手制动机和脚踏式制动机。

（3）基础制动装置是指由制动缸活塞推杆到闸瓦或闸片之间所使用的一系列杠杆、拉杆、制动梁、吊杆等各种零部件组成的机械装置。它把制动缸活塞上的压力空气的推力增大适当倍数，平均地传递给各块闸瓦或闸片，使其转变为压紧车辆踏面或制动盘的压力，从而阻止车轮转动，产生制动作用。

五、车辆内部设备

货车车辆内部设备比较简单，如保温车设有升降温设备，罐车设有装卸油设备等。

客车车辆内部设备主要有为了旅客的舒适而提供的必要设备，如电茶炉、空调、卧铺、硬座、照明设备等。

第五节　车辆检修制度及 5T 检测系统

车辆检修制度就是规定在什么情况下对车辆进行检修及修理后车辆应达到何种状态的一种技术制度。

一、车辆检修制度

目前我国铁路车辆的检修制度是以计划预防为主，状态修为辅的检修制度，即在计划预防修的前提下，逐步扩大实施状态修、换件修和主要零部件的专业化集中修。计划预防性检修制度分为定期检修和日常维护两大类。定期检修是规定车辆每运行一定时间（或里程），就要对车辆的全部或部分零件进行一定程度的检修。日常维护是对在运行中车辆的易损零件和由于特殊情况造成的故障进行维修，以确保车辆正常运行和安全。

车辆检修制度分为货车检修制度和客车检修制度。

1. 货车检修制度

1）定期检修

定期检修分为厂修、段修、辅修和轴检四级修程。

厂修的目的是恢复车辆的基本性能，使其接近新造车的水平。厂修在车辆造修工厂（或具备厂修资质的车辆段）内施行。厂修时，须对车辆进行全面分解，彻底修理，有时还会进行局部技术改造。

段修在车辆段进行。段修时要对车辆全面检查，重点分解，消除隐蔽故障，修理易损零件，防止损伤扩大，保持下次厂修之前各部状态、性能良好，以延长车辆配件的使用寿命，保证车辆运行安全。

辅修主要是对制动和轮轴等关键部位进行分解检修，并对其他部分做辅助性修理，使车辆能正常使用。

货车定期检修周期表见表 3-5-1。

表 3-5-1　货车定期检修周期表

车种、车型		厂修	段修	辅修
棚车	P_{60}、P_{13}、P_{61} 型普碳钢车	5 年	1 年	6 个月
	P_{65}、P_{65S} 型行包快运车	6 年	1 年	
	P_{62}	6 年	1.5 年	
	其他型耐候钢棚车	9 年	1.5 年	
敞车	C_{16}、C_{16A}、C_{62A}（车号为 44 字头）	5 年	1 年	
	C_{61Y}、C_{63}、C_{63A}、CF、C_{5D}	6 年	1 年	
	C_{62A}（车号为 45 字头）	6 年	1.5 年	
	C_{61}、C_{76A}、C_{76B}、C_{76C}	8 年	1 年	
	其他型耐候钢敞车	9 年	1.5 年	
罐车	酸碱类罐车、液化石油气罐车、液氯罐车等	4 年	1 年	
	其他型罐车	5 年	1 年	
矿石车	K_{13}、K_{18}、K_{18F}、KF_{60} 型普碳钢车	5 年	1 年	
	其他型耐候钢矿石车	8 年	1 年	
水泥车	U_{15}、U_{60}、U_{60W}	5 年	1 年	
	U_{61W}、U_{61WZ}	9 年	1.5 年	

续表

车种、车型		厂修	段修	辅修
冰冷车	普碳钢车	4 年	1 年	6 个月
	耐候钢车	6 年	1 年	
集装箱平车		6 年	1.5 年	
平车（含 NX 系列）、家畜车、粮食车、守车、长钢轨车、60 t 的凹型车		5 年	1 年	
毒品车		10 年	1 年	
1996 年以后生产的 D_{22G}、D_{12}、D_{10}（经轴承密封改造）		9 年	3 年	
厂、段修周期原分别为 9 年、1.5 年的不常用专用车		10 年	2 年	
其他型不常用的专用车、载重 90 t 以上的车辆		8 年	2 年	

2）货车的日常维护

货车的日常维护分为列车检修和临修。列车检修主要是对到达和始发列车进行技术检查，发现故障尽可能利用技术检查的时间来修复。临修则是指将在技术检查中发现的个别工作量大的故障从列车中摘下，并送往站修所进行修理。

2. 客车检修制度

1）定期检修

客车检修以客车质量可靠性为基础，以使用效率为优先，建立了以走行公里为主、时间周期为辅的计划预防维修制度，充分满足铁路运输需要。

（1）构造速度≤140 km/h 的客车，有厂修、段修和辅修三级修程，见表 3−5−2。

表 3−5−2　构造速度≤140 km/h 的客车的厂修、段修和辅修三级修程

序号	车型	车种	厂修周期	段修周期	辅修周期	备注
1	22（23）型	部属客车、公务车、试验车、文教车、维修车、特种车等不常用车	（240±60）万 km 或距新造或上次厂修 10 年	（60±20）万 km 或距上次段修及以上各修程 2.5 年	（20±2）万 km 或距上次辅修及以上各修程 8 个月	比照 25 型客车
		其他	（240±60）万 km 或距新造或上次厂修 8 年	（60±20）万 km 或距上次段修及以上各修程 2 年	（20±2）万 km 或距上次辅修及以上各修程 8 个月	
2	25、25A、25B、25 型、双客	所有	（240±60）万 km 或距新造或上次厂修 10 年	（60±20）万 km 或距上次段修及以上各修程 2.5 年	（20±2）万 km 或距上次辅修及以上各修程 8 个月	

（2）构造速度≤160 km/h 的客车，有 A1、A2、A3、A4、A5 五级修程。

① A1 级：安全检修，周期为运行 20 万 km（±2 万 km），或运行不足 20 万 km 但距上次 A1 级以上各修程时间超过 1 年者。

② A2 级：40 万 km 段修，周期为运行 40 万 km（±10 万 km），或运行不足 40 万 km 但距上次 A2 级以上各修程时间超过 2 年者。

③ A3 级：80 万 km 段修，周期为运行 80 万 km（±10 万 km），或运行不足 80 万 km

但已做过一次 A2 级且距上次 A2 级修程超过 2 年者。

④ A4 级：大修，运行超过 240 万 km（±40 万 km）或距新造或上次 A4 级修程超过 10 年者。

⑤ A5 级：运行 480 万 km（±24 万 km）或距上次 A4 级修程超过限定时间者（常用客车 8 年，不常用客车可延长到 10 年）。

2）客车的日常维护

客车的日常维护工作包括库列检、客列检、乘检作业。

客车的日常维护主要是进行库列检作业，要充分利用客车在库内停留时间，认真对车辆进行检查，排除故障，以保证列车往返运行区间不会因为车辆故障而发生晚点或事故。

客列检是指在旅客列车途经的旅客列车检修所对客车车辆进行重点检查处理，消除危及行车安全的故障，保证旅客列车的运行安全。

乘检是指在旅客列车配属固定人员、固定车组的乘务组，采用包乘负责制，能够随时随地检修车辆，消除故障，保证行车安全。

为适应车辆部门和谐快速发展的需求，提升技术装备现代化水平，提高检修质量，保障铁路车辆安全运行，引入了 5T 检测系统。该系统采用智能化、网络化、信息化技术，实现了地面设备对客货车车辆运行安全的动态检测、联网运行、远程监控、信息共享，提高了铁路车辆运行安全防范能力。

二、5T 检测系统

5T 检测系统是指地对车安全监控预警体系，由五个系统组成：红外线轴温探测系统、货车运行故障动态图像检测系统、货车滚动轴承早期故障轨边声学诊断系统、货车运行状态地面安全监测系统、客车运行安全监控系统。

1. 红外线轴温探测系统

利用轨边红外线探头，对通过车辆每个轴承温度实时检测，并将检测信息实时上传到分局车辆运行安全检测中心，进行实时报警。通过配套故障智能跟踪装置，实现了车次、车号跟踪，以及热轴货车车号的精确预报。重点探测车辆轴承温度，并对热轴车辆进行跟踪报警，重点防范热切轴事故。红外线轴温探测系统实现了联网运行，每个探测站接车和轴温探测信息都可以直观显示，实现跟踪报警。

2. 货车运行故障动态图像检测系统

采用高速连续数字照相技术、大容量图像数据实时处理技术和精确定位技术，利用轨边高速摄像头，对运行货车的隐蔽故障和常见故障进行动态检测，及时发现货车运行故障，重点检测货车走行部、制动梁、悬吊件、枕簧、大部件、钩缓等安全关键部位，重点防范制动梁脱落事故，防范摇枕、侧架、钩缓等大部件裂损、折断，防范枕簧丢失和窜出等危及行车安全的隐患。货车运行故障动态图像检测系统的实施，实现了列检作业从人控向机控、室外向室内、静态检测向动态检测的大变革。特别是随着列检布局的调整和列检保证区段的不断延长，列检安全责任更重、要求更高，采用该系统，将对提高列检作业质量，改变作业方式产生深远的影响。

3. 货车滚动轴承早期故障轨边声学诊断系统

利用轨边噪声采集阵列，实时采集运动货车滚动轴承噪声，通过数据分析，及时发现

货车轴承早期故障。重点防范切轴事故，安全防范关口前移，对轴承故障进行早期预报。货车滚动轴承早期故障轨边声学诊断系统向前方列检预报轴承故障，同时通过全路联网运行，对全路轴承故障进行预警。

4. 货车运行状态地面安全监测系统

利用设在铁路正线直线段上的轨道测试系统，动态监测轮轨间的动力学参数，实现了对货车的运行状态分级评判；货车运行状态地面安全监测系统同时兼有车轮擦伤及超偏载监测功能，重点防范货车脱轨事故，防范车轮踏面擦伤、剥离，防范货物超载、偏载等行车安全隐患。货车运行状态地面安全监测系统对运行品质不良货车实施联网跟踪报警，向前方列检预报车轮踏面擦伤，预警货物超载。

5. 客车运行安全监控系统

通过车载系统对客车运行安全关键部位进行实时监测和诊断，通过无线、有线网络，将监测信息向地面传输、汇总，形成实时的客车安全监控运行图，使各级车辆管理部门及时掌握客车运行安全状况。重点监测时速 160 km 及以上客车轴温、制动系统、转向架安全指标、火灾报警、客车供电、电器及空调系统运行安全状况。全线实现时速 160 km 及以上客车运行安全实时监控。重点防范客车热轴事故，防范火灾事故，防范走行部、制动部、供电、电器及空调故障。

复习思考题

1. 铁路车辆是如何分类的？常用的车种有哪些？
2. 铁路车辆自重、载重、全长、换长、轴重的含义是什么？
3. 什么是车辆定距、固定轴距和全轴距？
4. 铁路车辆一般由哪几个部分组成？
5. 车钩缓冲装置由哪几个部分组成？其作用是什么？车钩有哪三种作用位置？
6. 车辆制动装置的作用是什么？由哪些部分组成？
7. 搜集关于驮背车的相关资料，简述利用驮背车进行运输的意义。
8. 简述5T检测系统的组成和作用，5T检测系统对铁路检修的意义是什么？

第四章 高速铁路牵引供电系统

电气化铁道要在沿线设置一套完善的、不间断地向电力机车提供电能的设备，这套供电设备构成的系统称为牵引供电系统。牵引供电系统包括牵引变电所、接触网、馈电线、钢轨和回流线。

第一节 牵引变电所

牵引变电所是牵引供电系统的核心部分，它承担从电力系统接受电能，并按照电力牵引供电的标准要求进行电能变换，再将电能馈送到接触网上供电力机车取用的功能。牵引变电所在接受与馈送电能的过程中有不同的供电方式，在电能的变换过程中有不同的变电形式。

1. 牵引变电所的类型与主要电气设备

在电能变换过程中，按照采用的变压器种类及接线的形式不同，可以将牵引变电所分为若干种类型。

1）三相牵引变电所

牵引变电所内采用三相变压器，是我国电气化铁道目前采用最多的形式。变电所内变压器的接线为Y/△－11 的形式，其优点是变压器次边能提供三相电源，供电可靠，操作简单，对电力系统的负序电流影响小；缺点是变压器容量不能充分利用，设备多，维修量大。

2）单相牵引变电所

牵引变电所内采用单相变压器，变压器的接线可分为纯单相接线和 V 形接线两种。纯单相接线采用一台单相牵引变压器供电，变压器容量利用率为 100%，可以减小变压器的设计容量。纯单相接线牵引变电所的优点是设备简单，维修方便，造价及运营费用低；缺点是没有三相电源，且对电力系统会产生严重的不对称影响。V 形接线采用两台单相变压器供电，它除具有纯单相接线的优点外，还可以提供三相电源。

3）其他接线形式的牵引变电所

由于电气化铁道的牵引负荷是移动的，所以要求变压器的接线方式应尽量满足电力系统中的负荷平衡。为此，国外相继出现了几种新型接线方式，比较典型的有斯柯特（Scott）接线和伍德布里奇（Wood—Bridge）接线，它们都能把对称三相电压变成对称两相电压，把单相牵引负荷较对称地分配给三相电力系统。特别是当变电所两个供电分区上的负荷电流相等时，三相电力系统则完全对称，这就降低了三相电力系统的不对称度。

牵引变电所主要设备有牵引变压器（有多种接线方式）、断路器（SF6、真空、少油、油断路器)、隔离开关、避雷器、避雷针、电压互感器、电流互感器、功补偿装置及调压装置等, 如图 4-1-1 所示。

(a) 牵引变压器

(b) 高压断路器

(c) 高压隔离开关

(d) 互感器

图 4-1-1 牵引变电所主要电气设备

为减少牵引供电系统对电力系统电能质量的影响, 高速铁路普遍采用大容量、高电压的电源为牵引变电所供电。高速铁路多采用 AT 供电方式。高速铁路开关设备采用 GIS 组合电器是大趋势。

2. 供电方式

由于牵引变电所的特殊地位, 其供电方式包括两方面: 一是电力系统对牵引变电所的供电方式, 二是牵引变电所对牵引网的供电方式。电力系统对牵引变电所的供电方式是指电力网或发电厂对牵引变电所送电所采用的方式, 其供电方式与当地电力系统的分布状况、发电厂和区域变电所的位置及容量有关。

目前我国电力系统向牵引变电所的供电, 大多采用 110 kV 的输电线, 供电方式主要有环形供电、两边供电、一边供电和辐射形供电。

牵引变电所对牵引网的供电方式是根据牵引变电所的分布情况、供电长度、线路情况及供电的可靠性而定的, 通常可分为单边供电和双边供电两种, 如图 4-1-2 和图 4-1-3 所示。

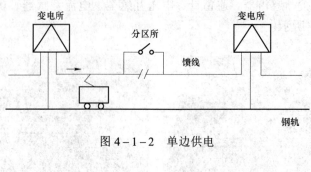

图 4 - 1 - 2 单边供电

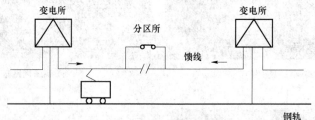

图 4 - 1 - 3 双边供电

为提高牵引供电系统的灵活性、可靠性，两相邻牵引变电所之间的接触网从中间部分断开，设供电分区。单边供电是每个供电分区的接触网只能从一端的牵引变电所获得电能，双边供电是供电分区间的接触网可以同时从两个牵引变电所供电。单线或复线铁路均可实行单边供电或双边供电。

第二节 接 触 网

接触网担负着把电能直接供给电力机车使用的重要任务，它的质量和工作状态将直接影响着电气化铁道的运输能力。

接触网是露天设备，无备用，接触网上的负荷是随着电力机车沿接触线运动而变化的。为保证接触网有良好的工作状态，接触网要满足以下几个方面的要求。

（1）接触网在机械结构上要有良好的稳定性和弹性，以保证在高速运行和恶劣的气象条件下电力机车的正常取流。

（2）接触网设备对地绝缘要安全可靠，设备安装应便于带电作业的进行。

（3）接触网设备、零件要具有足够的耐磨性和抗腐蚀能力。

（4）接触网结构、设备要尽量简单，零件互换性好，便于施工、维修。

总之，要求接触网无论在任何气象条件下，都能处于良好的工作状态，满足电力机车在线路上安全、高速运行的要求，并且结构合理，投资小，便于新技术的应用。

一、电流制

电流制是指电气化铁道接触网上所用电能的电流种类。电流制经历了从直流到交流、从低频到工频的发展过程，目前世界上主要应用的有四种电流制。

1. 直流制

直流制是以直流电源经接触网供电给电力机车。

2. 三相交流制

三相交流制是应用两根接触导线和一根钢轨形成的三相供电系统。

3. 低频单相交流制

低频单相交流制采用低于工业频率的单相交流电源进行供电。

4. 工频单相交流制

工频单相交流制是采用工业频率的单相交流电源供电的制式，供电电压为 25 kV。我国 1958 年开始修建的第一条电气化铁道线（宝鸡—凤州）应用了这种制式，并沿用到现在，是我国电气化铁道唯一的一种电流制形式。

二、接触网组成

接触网是沿铁路线上空架设的向电力机车供电的特殊形式的输电线路，由接触悬挂、支持装置、定位装置、支柱与基础几部分组成，如图 4-2-1 所示。

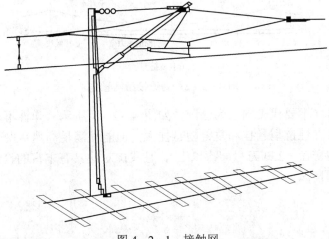

图 4-2-1　接触网

1. 接触悬挂

接触网的分类大多以接触悬挂的类型来区分。本书所讲的接触悬挂的分类是对接触网的每个锚段而言的。接触悬挂的种类较多，一般根据其结构的不同分成简单接触悬挂和链型接触悬挂两大类。

简单接触悬挂（以下简称简单悬挂）是由一根接触线直接固定在支柱的支持装置上的悬挂形式。国内外对简单悬挂做了不少研究和改进。我国现采用的带补偿装置的弹性简单悬挂在接触线下锚处装设了张力补偿装置，以调节张力和弛度的变化；在悬挂点上加装 8～16 m 长的弹性吊索，通过弹性吊索悬挂接触线，这就减少了悬挂点处产生的硬点，改善了取流条件；另外适当缩小跨距，通过增大接触线的张力来改善弛度对取流的影响。

链型接触悬挂（以下简称链型悬挂）的接触线是通过吊弦悬挂在承力索上的。承力索悬挂于支柱的支持装置上，使接触线在不增加支柱的情况下增加了悬挂点，通过调整吊弦长度，使接触线在整个跨距内对轨面的距离保持一致。链型悬挂减小了接触线在跨距中间的弧度，改善了弹性，增加了悬挂重量，提高了稳定性，可以满足电力机车高速运行取流的要求。

高速接触网悬挂方式主要有三种，即简单链型悬挂、弹性链型悬挂和复链型悬挂，其结构如图 4-2-2 所示。国外经验表明，三种悬挂方式均能满足时速 300 km 以上高速运营要求。

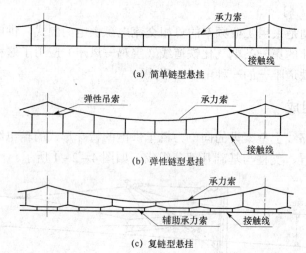

(a) 简单链型悬挂

(b) 弹性链型悬挂

(c) 复链型悬挂

图 4-2-2　高速接触网悬挂

简单链型悬挂（主要代表国家为法国，如图 4-2-3 所示）弹性不均匀度较大，动态接触力标准偏差较弹性链型悬挂和复链型悬挂大，但能够满足高速弓网受流要求，接触网可达到预期的使用寿命（250 万弓架次以上），且我国对此具有丰富的设计、施工及运营经验，更适合我国国情。

图 4-2-3　简单链型悬挂

弹性链型悬挂（主要代表国家为德国，如图 4-2-4 所示）因在悬挂点处增加了一根弹性吊索，可改善接触网的弹性不均匀性，但接触网动态抬升量较大，导线容易产生疲劳，且弹性吊索安装、调整工作量大，事故抢修难度也较大。

图 4-2-4 弹性链型悬挂

复链型悬挂（主要代表国家为日本，如图 4-2-5 所示）的性能最为优越，接触网弹性最为均匀，接触线的动态抬升量也最小，最适合于高速运行，但因增加了一根辅助承力索，结构变得更为复杂，施工及运营维护不方便，事故抢修难度大。

图 4-2-5 复链型悬挂

2. 支持装置与定位装置

支持装置用以支持接触悬挂，并将其负荷传给支柱或其他建筑物。支持装置包括腕臂、平腕臂、悬式绝缘子串、棒式绝缘子及其他建筑物的特殊支持设备。

定位装置包括定位管和定位器，其作用是固定接触线的位置，使接触线在受电弓滑板运行轨迹范围内，保证接触线与受电弓不脱离，并将接触线的水平负荷传给支柱。定位器有直管定位器、弯管定位器。提速后采用带减振阻尼装置的多功能定位器，它改善了受电弓的取流特性。

3. 支柱与基础

支柱是接触网中最基本、应用最广泛的支撑设备，用来承受接触悬挂与支持装置的负荷。接触网支柱，按其使用材质分为预应力钢筋混凝土支柱和钢支柱两大类。

预应力钢筋混凝土支柱，简称为钢筋混凝土支柱，采用高强度的钢筋，在制造时预先使钢筋产生拉力，相比于普通钢筋混凝土支柱，它在同等容量情况下具有节省钢材、强度大、支柱轻等优点。钢筋混凝土支柱本身是一个整体结构，无须另制基础，其结构如图 4-2-6 所示。

图 4-2-6　钢筋混凝土支柱

钢支柱以角钢焊成架结构，具有支柱轻、强度高、抗碰撞、安装运输方便等优点，其结构如图 4-2-7 所示。根据安装使用地点不同，钢支柱的型号规格及外形结构也不同。

图 4-2-7　钢支柱

复习思考题

1. 简述牵引供电系统组成及作用。
2. 牵引变电所主要电气设备有哪些？
3. 牵引供电系统的供电方式有哪些？
4. 简述接触网的组成部分及各部分的作用。
5. 简述高速接触网悬挂的方式及特点。

第五章 机　车

　　机车是一种有动力的铁路车辆，也被称为火车头、机关车、机车头等。机车为铁路运输提供牵引动力，牵引没有动力的车辆沿着钢轨运行。车辆在车站转线及货场取送车辆等调车作业，也要由机车完成。

　　机车的种类很多，按运用形式可分为客运机车、货运机车和调车机车，各类机车为适应不同需求具有不同特点，如客运机车速度快，货运机车牵引力大，调车机车机动灵活；按牵引动力类型可分为蒸汽机车、内燃机车和电力机车。在现代铁路运输中，蒸汽机车由于热效率太低及使用限制性，已经退出了历史舞台。

第一节　机车发展简史

一、机车的产生与发展

1. 蒸汽机车的诞生

　　1804 年，英国人德里维斯克改进瓦特的蒸汽机，造出了一台货运蒸汽机车。他把这种蒸汽机车装在铁路马车上，制造出了最早的蒸汽火车，如图 5-1-1 所示。

图 5-1-1　世界上最早的蒸汽火车

　　1825 年，世界上第一条铁路在英国正式通车，蒸汽机车开始大显身手，同时也宣告了世界上第一列火车的正式问世。通车当天，英国人史蒂文森亲自驾驶自己设计制造的机车，拉着 550 名乘客，从达灵顿出发，以 24 km/h 的速度驶向斯托克顿。

2. 蒸汽机车的发展与落幕

　　1829 年，史蒂文森和他的儿子共同制造了"火箭号"蒸汽机车（如图 5-1-2 所示），并参加了一次比赛，获得了冠军。此后，火车便受到人们的重视，在世界各国相继发展起

来。在 1830 年最后 4 个月中，利物浦—曼彻斯特铁路共运载旅客 7 万人次。截止到 1832 年，英国已拥有 24 条商用铁路，最兴旺的一条年运载 35 万人次旅客，以及 70 万 t 货物。在美国，仅 1832 年就建造了 17 条新铁路。到 1936 年，美国已有长达 2 649 km 的铁路，铁路运载旅客超过 10 万人次。

(a) 伦敦科学博物馆馆藏

(b) 复原的"火箭号"

图 5-1-2 史蒂文森的"火箭号"

中国在 1881 年唐胥铁路通车时成功试制了一台轴式为 0-3-0 型的蒸汽机车，机车全长 5.69 m，命名为"中国火箭号"，如图 5-1-3 所示，后因中国工人在机车两侧各刻了一条龙，又名"龙号"机车。

图 5-1-3 "中国火箭号"机车

蒸汽机车虽然经过了 100 多年的发展，但是其运用热效率只有 6% 左右，加上保养维修量大，污染严重，日运行里程短，牵引力和功率不及内燃机车和电力机车等问题，最终美国于 1960 年、英国于 1968 年、法国于 1972 年、日本于 1975 年、德国和苏联均于 1977 年相继停止使用蒸汽机车。20 世纪 70 年代末，世界上仍然使用蒸汽机车作商业运作的国家已寥寥无几。到了 20 世纪末，蒸汽机车在北美洲及欧洲基本上已被完全淘汰，只在特别为铁道迷及游客安排的路线上行走。

在中国，某些地区煤炭的价格比石油低很多，使蒸汽机车仍然有使用价值。中国曾经是全球最后一个制造大型蒸汽机车的国家，1988 年才停止生产蒸汽机车，1992 年停止使用蒸汽机车。蒸汽机车逐渐完成了它的历史使命，以慢慢的速度向博物馆开去，铁路运输开始了内燃机车和电力机车的新时代。

3. 内燃机车的诞生与发展

世界上第一台内燃机车，是德国和瑞士的公司于 1912 年试制成功的，如图 5-1-4 所示。

图 5-1-4　世界上最早的内燃机车

随后的十几年，欧美国家相继开始内燃机车的研制。1923 年美国通用电气公司和美国机车公司研制成功电力传动柴油机车。1924 年，苏联用一台 735 kW 的潜水艇柴油机，制成了一台电力传动内燃机车，并交付铁路使用。同年，德国用柴油机和空压缩机配接，利用柴油机排气余热加热压缩空气代替蒸汽，将蒸汽机车改装成为空气传动内燃机车，如图 5-1-5 所示。1925 年，美国将一台 220 kW 电传动内燃机车投入运用，从事调车作业。

图 5-1-5　空气传动内燃机车

20 世纪 30 年代，内燃机车进入试用阶段，直流电力传动、液力变扭器等被广泛采用，并开始在内燃机车上采用液力耦合器和液力变扭器等液力传动装置的元件，但内燃机车仍以调车机车为主。20 世纪 30 年代后期，出现了一些由功率为 900~1 000 kW 单节机车多节连挂的干线客运内燃机车，如图 5-1-6 所示。

图 5-1-6 多节连挂内燃机车

第二次世界大战以后，因柴油机的性能和制造技术迅速提高，配置直流电力传动装置和液力传动装置的内燃机车发展迅速，内燃机车的数量也急剧增长。随着科学技术的不断发展，内燃机车也不断进行技术升级，装车功率也越来越大。20 世纪 60 年代，大功率硅整流器研制成功，并应用于机车制进，出现了交一直流电力传动的内燃机车；20 世纪 70 年代，出现了交一直一交电力传动内燃机车；20 世纪 80 年代以后，大功率交流传动技术在内燃机车上广泛应用，性能优越的交一直一交电力传动内燃机车逐步得到发展，使内燃机车的技术水平有了很大提高。内燃机车相较于电力机车，存在单车功率低、不节能环保等方面的缺点，进入 21 世纪以后，内燃机车在干线上的应用范围逐步缩小，机车保有量也逐步减少。图 5-1-7 所示机车为时速 200 km 的英国 68 型内燃机车。

图 5-1-7 时速 200 km 的英国 68 型内燃机车

4. 电力机车的诞生与发展

电力机车的出现比内燃机车要早几十年，1835 年荷兰的斯特拉廷和贝克尔两人，就试制了以电池供电的两轴小型铁路电力机车。1842 年苏格兰人戴维森首先造出一台用电池供电的标准轨距电力机车。1879 年，德国人西门子设计制造了一辆小型电力机车，如图 5-1-8 所示，机车电源由外部 150 V 直流发电机供应，通过两轨道中间绝缘的第三轨向机车输电，能运载 20 名乘客，时速 12 km。1880 年，爱迪生发明的电力机车通过地下导线为机车供应电力，试运行取得了成功，如图 5-1-9 所示，运行速度达到了惊人的 64 km/h。

图 5-1-8　电力牵引客运列车

图 5-1-9　爱迪生进行电力机车试验运行

1881 年，德国试验成功以高压输电线供电的电力机车供电系统，将电力机车的供电线路由地面转向空中，有了目前通用的接触网供电方式。接触网给机车供电的电流制，分为直流制和交流制两种（交流制又分单相交流、三相交流）。在电力机车发展初期，主要是采用直流制电力机车，另外也有一部分三相交流制和单相低频制电力机车，但受当时科学技术水平的制约，直流制电力机车供电电压不高，三相交流制接触网设备过于复杂，单相低频制电力机车又需要单独的供电电网，因此电力机车初期发展较慢。

1890 年，英国伦敦首次用电力机车在 5.6 km 长的一段地下铁道上牵引车辆，开始了电力机车的运营。

1973—1974 年，爆发石油危机之后，各国对铁路电力和内燃牵引重新进行了经济评价，电力牵引更加受到青睐。这时候，半导体技术和微机控制技术的突破和发展推动了新型电力机车的问世。1979 年，第一台 E120 型大功率采用异步电动机驱动的交—直—交电力机车在德国诞生，开创了电力机车发展的新纪元。

随着既有电力机车的更新换代和高速铁路的蓬勃发展，干线电力机车的研制已从直流传动转向交流传动。20 世纪 90 年代，欧洲、日本等国的主要机车制造厂商停止了直流传

动电力机车的生产，交流传动电力机车成为世界电力机车发展的主流，世界先进国家新造的大功率电力机车几乎都采用了三相交流传动技术，单轴功率达到 1 000～1 600 kW 的大功率客货通用型 GTO 变频调速电力机车被广泛投入使用，交—直型电力机车被三相交流传动技术所取代。

21 世纪，各主要机车制造企业完成了第二代交流传动机车（GT0）至第三代交流传动机车（IGBT）的转变。微机控制、网络传输、模块化等技术在机车上普遍应用，新型电力机车速度早已超过 200 km/h，牵引吨位也超过了 2 万 t。

二、我国国产机车的发展

1. 国产蒸汽机车简介

蒸汽机车曾经是我国铁路运输中的主要牵引动力，从 19 世纪末至 20 世纪末都在使用蒸汽机车。2005 年 12 月 9 日，在内蒙古大板附近的铁道边上，最后一列蒸汽机车执行完任务后，见证了蒸汽机车退出历史舞台的最后一刻。

1881 年唐胥铁路通车时，中国工人凭借时任工程师的英国人的几份设计图纸，利用矿场起重锅炉和竖井架的槽铁等旧材料，试制成功了一台 0-3-0 型蒸汽机车。这就是中国历史上制造的第一台机车。

新中国成立前，中国大地上行驶着英、美、德、法、日、比、俄等国生产的各种蒸汽机车，被人们誉为"万国机车博览会"。据 1949 年《铁道月刊》第 188 期记载：当时全国共有 4 069 台蒸汽机车，其中有 8 个国家、30 多家工厂生产的 198 种型号。

1952 年，四方机车车辆厂制造出了中国第一台解放型蒸汽机车，如图 5-1-10 所示。其后，四方、大连、唐山、大同等机车车辆厂陆续生产了近万台蒸汽机车。蒸汽机车一度成为中国铁路运输的主要牵引动力。1988 年 12 月 21 日，大同机车厂停止蒸汽机车生产，标志着中国蒸汽机车制造史的结束。随着科学技术的进步，蒸汽机车已被内燃机车、电力机车、动车组取代。

图 5-1-10　解放型蒸汽机车

2. 国产内燃机车发展情况简介

我国内燃机车经历了 60 多年的发展历史，经过了早期试制、定型生产、自主开发、采用先进技术开发新型内燃机车等几个阶段，累计生产了四代、200 多种型号的 18 000 多台内燃机车（至 2009 年年末）。内燃机车产品，也经过了试制产品、第一代产品、第二代产品、第三代产品四个阶段，目前正在开发生产第四代产品。

1）内燃机车的早期引进和研制

新中国成立前，我国只有少量的内燃机车营运。1925 年，上海上南汽车股份有限公司购进两辆 1 米窄轨铁道汽油机车，这是中国最早使用的小型内燃机车。

1929 年，在东北开始使用电传动内燃机车。1933 年，满铁大连沙河口铁道工厂（后来的大连机车车辆厂，以下简称大连厂）试制出 100 W 及 150 W 两种内燃机动车，此后大连厂又试制成功多种型号的内燃机车。据 1943 年年末统计，东北满铁拥有 4 台标准轨内燃机车和 185 台窄轨内燃机车。

新中国成立时，从旧中国接管了 46 台内燃机车。

2）国产内燃机车的发展

20 世纪 50 年代初期，我国从苏联、匈牙利等国家进口了少量内燃机车。20 世纪 50 年代中期，随着世界铁路内燃化进程的加快和中国铁路运输的迅猛发展，为满足对牵引动力现代化的迫切要求，我国开始自己设计生产内燃机车。时至今日，中国内燃机车设计生产已经经过了五个发展阶段。

（1）内燃机车的早期试制。新中国成立初期，内燃机车的研制主要是仿制国外的产品。1958 年，北京长辛店机车车辆工厂（北京二七机车工厂，简称二七厂）仿匈牙利 ND$_1$ 型机车，试制出新中国第一台内燃机车——建设型直流电传动调车内燃机车；戚墅堰机车车辆工厂（简称戚墅堰厂）试制出先行型直流电传动客运内燃机车和先锋型液力传动内燃机车；大连厂仿苏联 T33 型直流电传动干线内燃机车，试制出巨龙型干线客货运内燃机车；青岛四方机车车辆工厂（简称四方厂）设计试制出东风型液力传动内燃动车。1959 年，四方厂设计试制出卫星（NY$_1$）型液力传动内燃机车。遗憾的是，这段时间生产的几种型号的内燃机车均由于性能不过关而未能批量生产。

自 1959 年开始，大连厂和大连热力机车研究所（大连内燃机车研究所，简称大连所）联合对巨龙型机车进行了一系列的试验改进，1964 年试制成功并投入批量生产，后正式命名为东风型内燃机车，如图 5-1-11 所示，这是我国主型内燃机车东风系列的首代产品。

图 5-1-11 东风型内燃机车

（2）国产第一代内燃机车设计生产。国产第一代内燃机车为由东风、东风$_2$、东风$_3$型组成的东风系列电传动内燃机车和东方红＜1＞型液力传动内燃机车，如图5-1-12所示。虽然都是仿制产品，但当时是中国内燃机车的主型机车，为中国铁路以后内燃化的发展及内燃机车的设计制造奠定了坚实基础。

图5-1-12　东方红＜1＞型液力传动内燃机车

（3）国产第二代内燃机车开发生产。自1965年开始，中国进入了自行设计和研制国产第二代内燃机车的新阶段，开发出了东风$_4$系列、东风$_7$系列和东风$_8$系列等电传动机车，以及东方红系列和北京系列等液力传动机车。

1974年，大连厂开始批量生产东风$_4$型内燃机车，如图5-1-13所示，这是我国首个装载V型增压大功率柴油机的车型。1982年，东风$_{4B}$型电传动内燃机车被设计试制出来，经过试验改进，于1984年投入了批量生产。由东风$_4$、东风$_{4B}$、东风$_{4C}$等组成的东风系列内燃机车，是中国铁路运用数量最多的主型干线内燃机车，它们在之后几十年里一直是我国主要干线运用机车，时至今日还在使用。

图5-1-13　东风$_4$型内燃机车

（4）国产第三代内燃机车的开发生产。自 1984 年开始，国内各内燃机车工厂和研究所，以发展重载货运和准高速客运为中心，在提高内燃机车的技术水平、产品质量，以及经济性、耐久性和可靠性等方面进行了大量研究开发，从国外引进了许多先进技术，开发出了采用微机控制的国产第三代内燃机车。

1989 年 1 月，大连厂在 GE 公司协助下试制成功了两台东风$_6$型（曾称东风$_{4D}$型）机车。该机车采用了微机控制系统、自动检测系统、交—直电传动装置等先进电气系统，用于干线货运和客运。1991 年，制成了第一台国产化的东风$_6$型机车。

1996 年，大连厂开发出东风$_{4D}$型提速客运内燃机车。该机车最高速度开始为 132 km/h，后来提高到 145 km/h 和 170 km/h。这种车型后来成为我国主型客运牵引机车，在客运大提速中发挥了至关重要的作用。

第三代机车中还有东风$_{8B}$、东风$_{10D}$、东风$_{11}$等车型。

图 5-1-14　东风$_{4D}$型内燃机车

（5）国产第四代内燃机车开发生产的起步和发展。经过多年的探索研究和孜孜不倦的努力奋斗，21 世纪中国的机车制造和研发水平已经站在了世界的前列，国产第四代内燃机车不论在技术水平，还是产品性能上都已经达到了世界一流。第四代内燃机车主要采用交—直—交电传动、微机控制、柴油机电子喷射、客运机车牵引电动机架悬、货运机车径向转向架等新技术，满足了高速、重载的运输要求。

第四代内燃机车代表产品包括东风$_{8CJ}$、东风$_{8DJ}$（如图 5-1-15 所示）、HX$_N$5、HX$_N$3 型内燃机车，以及出口到澳大利亚的 SDA1 和 4400HP 等机型。

和电力机车相比，内燃机车有着运营成本高、效率低、速度慢等劣势，在干线机车中逐步被电力机车取代。但内燃机车也具有运行稳定，机动灵活，受环境影响小等优势，在调车作业，非电气化线路运用，特殊环境运用等方面仍发挥着重要作用。

3. 国产电力机车发展情况简介

1）早期引进与尝试

我国最早使用的电力机车是 1914 年抚顺煤矿使用的 1 500V 直流电力机车。1958 年年底，湘潭电机厂试制出了中国第一台电力机车，即 6Y$_1$型干线电力机车。1961 年，中国第

一条电气化铁路——宝鸡到凤州线建成，由于 $6Y_1$ 型机车性能不过关，国家从法国阿尔斯通公司进口了部分 $6Y_2$ 型电力机车。

图 5-1-15 东风$_{8DJ}$型内燃机车

图 5-1-16 $6Y_1$ 型电力机车（1958 年）

2）韶山系列电力机车的开发

通过对 $6Y_1$ 型电力机车长达 10 年的研究，并随着中国半导体工业技术的发展，我国从1968 年开始研制生产韶山$_1$ 型电力机车。截止到 1989 年停止生产，总共制造了 826 台韶山$_1$型电力机车，成为中国电气化铁路干线的首批主型机车。

此后我国开始不断进行电力机车的研制，开发出韶山系列电力机车。1969 年，设计试制出了第一台韶山$_2$ 型电力机车，但由于个别技术不能配套，未能批量生产。1978 年，研制成功了韶山$_3$ 型电力机车，截止到 1997 年年底，共生产了 987 台，成为中国第二种主型电力机车。

改革开放之后，铁路运输负荷十分沉重，在一些主要干线上由于列车牵引吨数和货车轴重受到设备方面的限制，运输能力严重不足。1985 年，研制成功了韶山$_4$ 型八轴货运电力机车，它是国产电力机车中功率最大的一种（6 400 kW），成为中国重载货运的主型机车。1993 年，针对早期韶山$_4$ 型电力机车的主要问题，进行了重大改进，研制了韶山$_4$ 改进型电力机车，如图 5-1-17 所示，其质量、可靠性与韶山$_4$型电力机车相比有较大提高。截至 2006 年，累计生产了 1 419 台韶山$_4$改进型电力机车。

图 5-1-17　韶山$_4$改进型电力机车

1990 年以后，我国又陆续研制成功了韶山$_5$型电力机车、韶山$_6$型电力机车和韶山$_7$型电力机车；1994 年研制成功了时速为 160 km 的准高速四轴电力机车——韶山$_8$型电力机车；1998 年研制成功了韶山$_9$型电力机车，并针对 2004 年第五次铁路大提速，在韶山$_9$型电力机车的基础上又发展了韶山$_9$改进型电力机车，如图 5-1-18 所示。至此，中国干线电力机车已基本形成了四、六、八轴和 3 200 kW、4 800 kW、6 400 kW 功率系列。

图 5-1-18　韶山$_9$改进型电力机车

韶山型电力机车是从新中国成立初期到高铁时代这几十年期间电力机车的领头羊兼主力军，曾为中国铁路运输立下汗马功劳，是中国科学家电力机车研制和电气化铁路建设的多年成果，在全国六次铁路大面积提速时期起到了举足轻重的作用。不过，由于新一代的火车技术全面推广普及并投入使用，韶山型电力机车逐渐被和谐型电力机车取代，现已全部停产，但部分还能运作的机车仍在国铁线上运营。

3）和谐系列电力机车的开发

和谐系列电力机车是中国南车股份有限公司和中国北车股份有限公司（现合并为中国中车股份有限公司）与国外企业合作，并国产化的新一代交流传动货（客）运机车。标记为和谐1型、和谐2型、和谐3型（其中1代表株洲厂；2代表大同厂；3代表大连厂）。

（1）和谐1型电力机车。和谐1型电力机车（代号 HX_D1）于2006年11月8日出厂，如图5-1-19所示，在出厂初期，媒体曾称之为"神龙号"，是中国铁路既有机车中功率最大的交流电传动电力机车，后在 HX_D1 型八轴电力机车的基础上研制了 HX_D1B 型六轴电力机车。2009年6月，参考上述两种车型中国自主设计制造了 HX_D1C 型电力机车，其国产化率达90%以上。2012年，又新推出了专用于准高速客运的 HX_D1D 型电力机车，其最大运营速度达160 km/h。

图5-1-19 HX_D1 型电力机车

（2）和谐2型电力机车。和谐2型（代号 HX_D2）电力机车由大同厂与法国阿尔斯通公司联合开发，为干线货运用八轴大功率交流电传动电力机车，如图5-1-20所示。

图5-1-20 HX_D2 型电力机车

该电力机车在阿尔斯通公司的 PRIMA 系列电力机车的基础上研制，根据中国铁路线路的具体情况设计而成，是中国铁路机车技术现代化的重要产品之一。后大同厂又与阿尔斯通公司合作生产了 HX_D2B 型电力机车。

（3）和谐 3 型电力机车。大连厂于 2002 年 9 月与日本东芝成立合资公司，合作研制了和谐 3 型（代号 HX_D3）电力机车。首辆国产化机车于 2006 年 12 月 8 日出厂并交付使用。

HX_D3B 型电力机车由大连厂与加拿大庞巴迪公司联合研制，如图 5-1-21 所示，其设计以庞巴迪公司的 IORE Kiruna 机车为基础，以大连厂为主进行设计、生产，由庞巴迪公司提供技术支持和设备供应。该机车提高了防寒性能，适合在中国北方使用。

图 5-1-21　HX_D3B 型电力机车

第二节　内　燃　机　车

内燃机车是以内燃机为动力，通过传动装置驱动车轮的机车。内燃机车的燃油在气缸内燃烧，燃油的化学能转变为热能，然后由气缸、活塞、连杆、曲轴转变为曲轴输出的机械能，再经传动装置转变为适合牵引特性要求的机械能，最后驱动机车动轮在钢轨上转动产生牵引力。内燃机车的热效率在 30%左右，是各类机车中效率较高的一种。

一、内燃机车的分类

1. 按用途分类

（1）货运机车：机车具有较大的牵引力，用以牵引吨位较大的货物列车。

（2）客运机车：机车具有较快运行速度和较大起动加速度，用以牵引速度较快的旅客列车。

（3）调车机车：用于车列的解体、编组和牵出、转线，其工作特点是频繁地起动和停车。

（4）通用机车：客货两用的内燃机车，既能适应货运工况，又能适应客运工况。

（5）内燃动车组：用于牵引近郊旅客列车和中短途高速旅客列车，其两端为具有动力装置的动车，中间为由专用客车统一编组成的轻快车组。

（6）小型机车：用于厂矿内部运输，以及森林铁路、地方铁路。

2. 按传动形式分类

（1）机械传动内燃机车：其结构简单、传动效率高，但功率利用系数小，换挡时功率中断，易引起冲动，传动装置如图5-2-1所示。

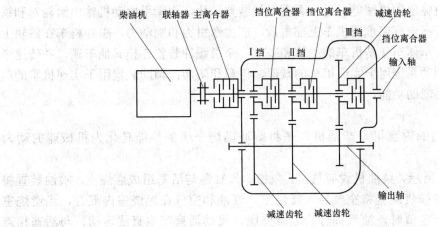

图5-2-1 机械传动内燃机车的传动装置

（2）液力传动内燃机车：其优点是重量轻，耗铜少，牵引性能好，但也存在整个运用范围内平均效率较低，制造工艺要求较高等缺点，传动装置如图5-2-2所示。

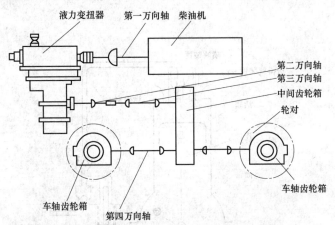

图5-2-2 液力传动内燃机车的传动装置

（3）电传动内燃机车：其优点是牵引特性好，效率高，运用可靠，缺点是重量重，耗铜多，目前运营的内燃机车基本上都采用这种传动形式，传动装置如图5-2-3所示。

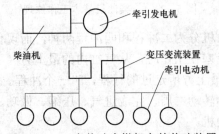

图5-2-3 电传动内燃机车的传动装置

二、内燃机车的基本结构

内燃机车一般由柴油机、传动装置、走行部、车体车架、牵引缓冲装置、制动系统和辅助装置组成。柴油机是内燃机车的动力核心，将燃油的化学能最终转变为机械能输出；传动装置将柴油机输出的机械能通过一系列电气装置转化，由牵引电动机输出给轮对和铁轨，牵引机车运行；走行部承受机车上部重量，产生牵引力和制动力，引导机车在铁轨上运行并通过弯道；车体车架是机车的主体和基础；牵引缓冲装置连挂其他车辆，并传递牵引力和制动力；制动系统用于实现机车的减速、停车和防溜；辅助装置用于实现机车的散热、润滑、照明等辅助功能。

1. 柴油机

内燃机车采用的内燃机是柴油机，是将柴油燃烧产生的热能转化为机械能的动力机械装置。

如图5-2-4所示，柴油机设有气缸，气缸、气缸盖与活塞组成燃烧室，喷油装置将燃油喷入气缸，进排气装置将空气导入燃烧室，燃油和空气在燃烧室内混合，当燃烧室压力和温度达到一定值时，油气混合物燃烧膨胀，推动活塞产生直线运动，与活塞相连的连杆和曲轴将活塞的直线运动转化成旋转运动，产生输出力矩。整个过程先是将燃油蕴含的化学能通过燃烧转变为热能，再通过膨胀做功和曲柄连杆机构将热能转化为机械能进行输出。燃烧后的废气通过进排气装置排出后，再重复燃烧做功过程，实现柴油机的工作循环。

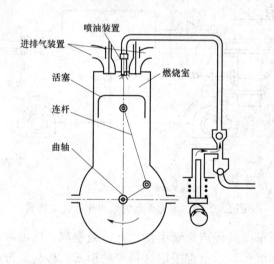

图5-2-4　柴油机基本工作原理

按工作循环形式，柴油机分为二冲程和四冲程两种，而现代铁路用内燃机车都是采用四冲程柴油机。柴油机的活塞在工作时，从气缸内的最上方（上止点）滑行至最下方（下止点），或从最下方滑行至最上方所走过的行程，叫一个冲程。如图5-2-5所示，活塞往复四个行程，柴油机的曲轴转动二周，完成进气、压缩、做功、排气这样一个工作循环的柴油机，就叫做四冲程柴油机。

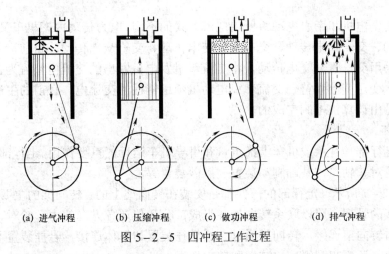

(a) 进气冲程	(b) 压缩冲程	(c) 做功冲程	(d) 排气冲程

图 5-2-5 四冲程工作过程

进气冲程：活塞自上止点滑行到下止点，在配气机构的作用下打开了进气阀，新鲜空气便进入进气阀并充满气缸。

压缩冲程：活塞由下止点回行至上止点，此时两个进气阀都是关闭的，进入气缸的空气由于活塞回行而被压缩，压缩结束后，气缸内空气的压力和温度都达到了很高的程度。

做功冲程：当活塞行至上止点时，由喷油器喷入气缸内的雾化燃料与高温高压的空气相遇后立即燃烧而放出热能，而高温高压的燃气推动括塞向下移动，使热能转化为机械能，经过连杆的传递，使曲轴旋转对外做功。这个冲程也叫燃烧膨胀冲程。

排气冲程：在做功冲程末期，即活塞到达下止点前，排气阀在配气机构作用下开启，将已经做过功的废气排入大气，此时缸内压力亦迅速下降；在活塞由下止点回行到达上止点后，排气阀关闭，同时进气阀又再次打开，新鲜空气进入气缸，于是，又开始了一个新的工作循环。

2. 传动装置

传动装置是将柴油机输出的机械能传递给动轮。铁路用内燃机车采用两种传动装置，即电力传动装置和液力传动装置。液力传动内燃机车已经不再使用，几乎所有机车都采用电力传动。

电力传动装置在把柴油机机械能传递给走行部的过程中，既要保证柴油机的功率得到充分发挥，又要使机车具有良好的牵引性能和速度范围。牵引发电机在柴油机的带动下产生电流，经过中间电气装置处理后，驱动牵引电动机运转，带动轮对旋转，如图 5-2-6 所示。

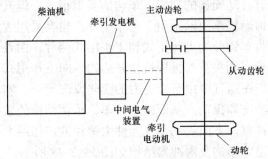

图 5-2-6 电力传动装置工作原理

111

根据牵引发电机和牵引电动机所用电流方式的不同,电力传动内燃机车又可分为四类:直—直电传动、交—直电传动、交—直—交电传动、交—交电传动。目前运营的大功率内燃机车主要采用交—直—交电传动,将交流牵引发电机发出的交流电整流为直流电后再逆变为交流电,变压变流为符合交流牵引电动机牵引特性的交流电。目前的主流机车的变压变流过程都是由计算机控制完成的。

3. 走行部

机车的走行部具有承载机车上部重量和引导机车运行的重要作用。走行部包括转向架、悬挂装置、轮对、轴箱、基础制动装置、撒砂装置等。

如图 5-2-7 所示,走行部的部件都是安装在转向架上的,转向架的主要部件是构架,构架是转向架的骨架,用以联系转向架各组成部分和传递各方向的力;轮对、轴箱通过一系悬挂装置与转向架连接,转向架通过二系悬挂装置与车体连接,悬挂装置不但要传递牵引力和制动力,还要起到缓冲、减振和转向作用。

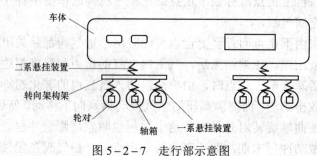

图 5-2-7 走行部示意图

转向架上的制动缸到闸瓦之间的一套装置称为基础制动装置,这种基础制动装置为独立作用式单边闸瓦制动,就是每个车轮都由一个制动缸带动一块闸瓦来制动。

每个转向架的四角都装有一套撒砂装置,当司机按下操纵台上的撒砂开关时,砂就撒在车轮运行方向前的轨面上,以提高轮轨之间的摩擦系数,防止车轮空转。

4. 牵引缓冲装置

内燃机车牵引缓冲装置,包括车钩、缓冲器及车钩复原装置三部分,被安装在车底架两端的牵引梁内,其用途是将机车、车辆连挂成列车并使其保持一定的距离,在列车运行中传递牵引力或制动力,缓和及衰减列车运行中牵引力的变化和因制动力前后不一致而引起的冲击和振动。

车钩是机车牵引装置中的主要部件之一,我国机车、车辆上采用的车钩是现代各国普遍采用的自动车钩,具有自动连接的功能。车钩的类型很多,但其作用原理基本相同,结构也大同小异。目前,内燃机车上除采用 3 号车钩外,也有采用大型货车用的 13 号车钩。根据车钩开启方式,可将车钩分为上作用式和下作用式两种。由设在钩头上部提升机构开启的,叫上作用式;由设在钩头下部推顶机构开启的,叫下作用式;前者开启比较轻便。

缓冲器用来减小列车在运行中由于牵引力的变化或在起动、制动及调车挂钩时机车、车辆相互碰撞而引起的冲击和振动,从而减小机车、车辆结构的破损和货物的损伤,提高列车运行的平稳性。缓冲器一方面借助弹性元件来缓和冲击作用力,另一方面在弹性元件变形过程中吸收冲击能量。车钩及缓冲器结构如图 5-2-8 所示。

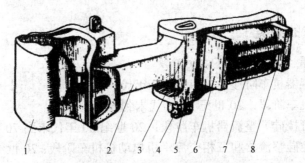

图 5-2-8 车钩及缓冲器结构示意图

1—钩舌；2—钩深；3—钩尾；4—钩尾销；5—钩尾框；6—前从板；7—缓冲器；8—后从板

5. 制动系统

内燃机车制动系统又称为制动机，有空气制动、电空制动、动力制动及手制动几种形式。

空气制动和电空制动是主要的制动形式。空气制动机在司机室内设操纵手柄，在车底设总风缸，同时还设有中继阀、分配阀、作用阀等部件。司机在司机室通过手柄控制制动机管路和气缸中的压缩空气，进而控制制动缸的进气和排气，制动缸通过基础制动装置实现对机车轮对的摩擦制动。空气制动机还设有列车管，连接全列的车辆，控制全列的制动。

电空制动机将电空阀引入到空气制动中，用电气设备来控制空气管路，实现制动效果。相对于空气制动电空制动更快捷，制动力实施更准确。现代机车将计算机引入到了制动系统中，由计算机控制的电空制动机自动化程度更高，制动实施更加精确。

动力制动是利用牵引电动机的可逆性，当机车需要减速时，将牵引电动机切换到发电机工况，产生一个相对行驶方向的反向力矩，达到减速的目的。

手制动机一般用来进行防溜作业，当机车停车后，使用手制动机将闸瓦贴紧轮对，实现防溜的作用。

国产内燃机车已经进入了由计算机控制的大功率交流传动时代，与过去相比其机车速度更快、牵引力更大，运营效率和机车质量也更加稳定。未来随着电力机车的应用越来越广，内燃机车势必要压缩应用范围，但内燃机车自身有着机动灵活、运行稳定的特点，未来还是能够在铁路运输牵引中占据一席之地的。

第三节　电力机车

作为牵引动力装置，电力机车与内燃机车不同，其本身并没有设置原动机。作为一种能量转换装置，电力机车将从接触网接入的电能转化为机械能，实现牵引动力输出。相对于内燃机车，由于不设置原动机（柴油机），不受原动机的功率限制，电力机车具有整车功率大，牵引质量大，起动速度快，过载能力强，运行可靠和不污染环境的优点，特别适用于运输繁忙的铁路干线和隧道多、坡度大的山区铁路，是世界各国公认的最佳铁路牵引方式。我国铁路牵引动力现代化的主要方向就是大力发展电力牵引。

一、电力机车的分类

1. 电力机车发展主要包括以下四个阶段。

（1）引燃管整流器机车阶段：20世纪50年代。

（2）硅整流器机车阶段：20世纪50年代末到60年代初。

（3）晶闸管（可控硅）整流器机车阶段：20世纪60年代末到70年代初。

（4）大功率可控硅整流器和三相交流牵引电动机机车阶段：20世纪60年代中期至今。

2. 按用途分类

（1）客运电力机车：用于牵引旅客列车，其特点是运行速度快，但牵引力不大。

（2）货运电力机车：用于牵引货物列车，其特点是牵引力大，但运行速度不太快。

（3）调车电力机车：用于站场上对列车进行编组，其特点是运行速度较慢，牵引力也不大，且机车功率比较低（实际使用很少，多采用内燃机车）。

（4）电动车组：世界各国的高速列车均采用电动车组，其特点是有较大的起动加速度和制动减速度，且运行速度快。

（5）工矿电力机车：用于大型工厂、矿山等的内部运输，其特点是运行速度慢，牵引力的大小则视具体使用情况而定。

（6）城郊电动车组和地下铁道电动车组：其特点是起动加速度和制动减速度较大，而且起动和制动频繁。

3. 按供电电流制及所采用的牵引电动机型式分类

1）直流电力机车

牵引运行时，由电网获得直流电，使直流电牵引电动机工作，驱动机车运行。该机车优点是结构简单，控制方便，易于维修，也比较可靠，而且容易实现再生制动；缺点是接触网电压不高（一般为1 500～3 000 V），送电距离受限且变电所数目多，接触网结构复杂、笨重。

2）交流电力机车

按接触网的供电频率不同分为单相低频制和单相工频制两种。

（1）单相低频电力机车的牵引电动机是单相电机，机车直接从接触网获取单相低频交流电使牵引电动机运转，牵引机车运行。这种供电系统的电压一般为11～15 kV，有效地克服了直流制电力牵引的不足，而且单相整流子牵引电动机性能也适合铁路运输的要求。

缺点是其供电频率与工业用电不同，因而需要建造专用的发电厂，或在工业电力系统与铁道供电系统之间设置复杂的变频设备。

（2）最初的单相工频交流制被应用于整流器式电力机车上，机车由接触网接入单相交流电，经机车内的整流器整流后，供给直流或交流牵引电动机进行工作，接触网供电电压一般为20～25 kV。这种机车既采用了高压交流供电，又采用了性能良好的牵引电动机，且供电系统与工业系统的频率相同，故具有更大的优越性，目前干线电力机车都采用这种形式。

二、电力机车的工作原理

1. 电气化铁道牵引供电系统工作原理

将电能从电力系统传送到电力机车的电力设备，总称为电气化铁道的供电系统。牵引供电系统主要包括牵引变电所和接触网两部分。

如图 5-3-1 所示，发电厂发出的电流，经升压变压器提高电压后，由高压输电线送到铁路沿线的牵引变电所。在牵引变电所里把电流变换成所要求的电流或电压后，经馈流线转送到邻近区间和站场线路的接触网上供电力机车使用。

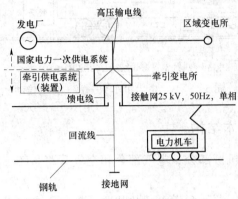

图 5-3-1 牵引供电系统的组成

2. 电力机车工作原理

电力机车运行时，受电弓升起，从接触网上获得 25 kV 单相工频交流电，通过主断路器进入牵引变压器，将接触网的高压交流电变为低压交流电，然后经过硅整流装置将交流电整成直流电，再经平波电抗器滤波后，供给直流牵引电动机，如图 5-3-2 所示；如果采用交流牵引电动机，则把直流电逆变为交流电再供给交流牵引电动机，如图 5-3-3 所示。这两种传动形式与前文内燃机车的交—直电传动和交—直—交电传动形式一样，称为电力机车的交—直电传动和交—直—交电传动。

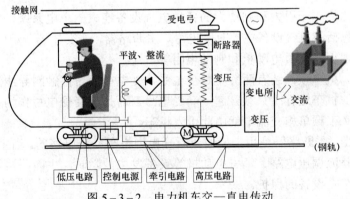

图 5-3-2 电力机车交—直电传动

牵引电动机旋转带动车轴和车轮转动，由于轮轨间的黏着作用从而产生牵引力使列车前进。牵引电动机的转速不同，机车的运行速度就不同。电动机的转向改变，则机车的运行方向也随之改变。

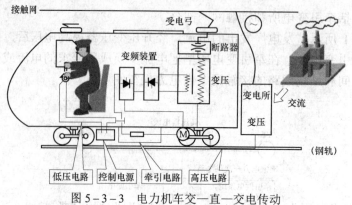

图 5 - 3 - 3　电力机车交—直—交电传动

三、电力机车的基本结构

电力机车在构造上由机械部分、电气部分和空气管路系统三大部分组成。

1. 机械部分

机械部分包括车体、转向架和牵引缓冲装置。车体用来安设司机室和绝大多数的电气设备、辅助机组；转向架则用于承担机车重量，产生、传递机车牵引力，并使机车在线路上行驶；牵引缓冲装置则是连挂机车与列车的装置。电力机车的机械部分与内燃机车结构基本一致，此处不做详细阐述。

2. 电气部分

电气部分包括牵引变压器、整流硅机组、牵引电动机、辅助电动机组和牵引电器等，其功能是将来自接触网的电能转变为牵引列车所需要的机械能，以及实现机车的控制。按功能划分，电力机车的电气部分包括主电路、辅助电路和控制电路三条电气回路，机车上所有的电气设备都在这三条电气回路中。

1）主电路

主电路将产生机车牵引力和制动力的各种电气设备连成一个电系统，实现机车的功率传输。主电路中包括的电气设备主要有受电弓、主断路器、主变压器（牵引变压器）、整流调压线路、电抗器柜、牵引电动机和制动电阻等。

（1）受电弓。机车顶部装有两套单臂受电弓，受电弓紧压接触网导线滑行摩擦并从接触网上获得电流。机车运行时只须升起一套受电弓，而另一套受电弓作为备用。接触网上传输过来的 25 kV 工频单相交流电就由此引入机车。

（2）主断路器。主断路器是用来接通或断开电力机车高压电路的。当主电路发生短路、接地时，或者当整流调压电路、牵引电动机等设备发生故障时，主断路器能自动切断机车电源，实现对机车上设备的保护。

（3）主变压器。主变压器又称牵引变压器，它把从接触网上获得的 25 kV 高压电降低为牵引电动机所适用的电压。

2）辅助电路

辅助电路电源来自主变压器的辅助绕组，通过劈相机将单相交流电转变成三相交流电后，将电供给牵引通风机、油泵机组和空气压缩机等辅助电机使用。

3）控制电路

控制电路将主电路和辅助电路中各电气设备的控制电器（包括各种控制开关、接触器、电空阀等）同电源、照明、信号等的控制装置连成一个电系统。

以上三个电气回路在电气方面一般是相互隔离的，但三者通过电磁、电空或机械传动等方式相互联系，配合动作，用低压电控制高压电，以保证操作的安全和实现机车的运行。

3. 空气管路系统

空气管路系统包括空气制动机管路系统、控制气路系统和辅助气路系统三部分，分别用于实现机车的空气制动、机车上各种设备的风动控制，以及向各种风动器械供风。

第四节　机车的运用与检修

一、机务部门

机车的维护、检修和运用是机务部门的基本任务，要求机务部门能够经济、合理地运用机车和认真地检修机车。

铁路沿线负责机车运用和检修工作的基层生产单位是机务段。全路所有的机车分别配属于各个机务段，并由它们来组织和计划本段所属机车的运用和检修工作，同时也负责组织机车乘务人员的工作。此外，在机车交路的折返点，还设有机务折返段，一般不配备机车和检修设备，只供机车进行整备作业和折返前乘务人员临时休息之用。

二、机车的整备作业

机车在牵引列车或调车之前，需要被供给必需的物资和做好各项准备工作，这种物资供应和准备工作总称为机车整备作业。

机车整备作业是指铁路机车运行前的各项技术准备工作。机车类型不同，整备作业的内容也不一样。内燃机车整备作业有擦洗机车，补足燃油，补充各种润滑油脂、工作油和柴油机冷却水，补足机车用砂，进行机车检查、给油和自检自修作业，进行机车电气全面试验及制动机系统的机能试验，进行机车无线电话、机车自动信号、自动停车装置或安全监控装置试验等内容。

电力机车由于没有柴油机，整备作业内容除了没有补油补水等内容，其他与内燃机车一样。

三、机车的运用

配属给各机务段的机车，一般被分配在各牵引区段里往返牵引列车，或固定在某个车站上担任调车工作。机车只要离开机务段，就必须受车站有关行车人员的调度和指挥。通俗地说，就是火车开行一段距离后需要更换机车，一台机车只在一定范围内运行。

1. 机车交路

机车担当运输任务的固定周转区段，称为机车交路。机车交路的分类如下。

（1）按机车担当的牵引任务分为：客运机车交路、货运机车交路、补机机车交路、小运转机车交路。

（2）按机车运转制分为：循环运转制交路、半循环运转制交路、肩回式运转制交路、环形运转制交路。

（3）按乘务员换班方式分为：立即折返交路、外段驻班交路、中间站换班交路。

（4）按交路区段长度分为：一般机车交路和长交路。

机车从事列车牵引作业的方式称为机车运转制。如图 5-4-1 所示，机车负责与机务段相邻接区段的列车牵引任务，机车每往返 1 次，除在折返段需要进行整备外，也需要在如机务段进行整备与检查，称为肩回运转制。目前，肩回运转制是我国铁路上采用最多的一种机车运用方式。采用这种方式时，机车都在段内整备，但每次入段整备时间长，效率不高，同时也增加了车站的负担。

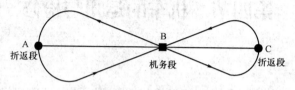

图 5-4-1　肩回运转制交路图

如图 5-4-2 所示，机车负责与机务段相邻 2 个机车牵引区段的列车牵引任务，除在 A 和 B 或 A、B 之一折返段（入库整备）外，每次到达机务段所在站均不入段，直到需要进行检修或临修时才入本段。采用循环运转制时，由于机车很少进机务段，因而提高了机车运用效率，加速了机车的周转，并减轻了车站的负担。但是，循环运转制的采用是受限制的，它只能在有大量不需要改编的中转列车经过的机务段车站上采用，而且还要在车站上增设相应的整备设备。

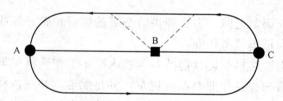

图 5-4-2　循环运转制交路图

2. 乘务制度

乘务制度是机车运用的相关影响因素。通俗地说，乘务制度就是火车司机的工作制度。机车乘务制度基本上分为以下两种。

1）包乘制

固定由 2 到 3 个乘务组值乘一台机车。三班包乘制由三组乘务员固定用一台机车，其优点是乘务员对自己驾驶的机车很熟悉，便于操纵和维修保养。但包乘制在机车运用和乘务员的组织工作方面较复杂，常会因安排不当或运行秩序被打乱而影响机车的运用效率。

2）轮乘制

由各个乘务组轮流值乘该机车。机车乘务组值乘的机车是不固定的，这就可以有效地使用机车和合理安排乘务员的作息时间，以较少的机车或乘务组完成较多的运输任务。当然，该乘务制度对乘务员的驾驶技术要求更高，对机车的保养也要求更严。

四、机车的检修

机车经过一定时期的运行以后，各部分构件都会发生磨耗、变形或损坏。为了保证机车正常工作，延长其使用期限，除机车乘务员的日常检查和保养以外，还必须对机车进行各种定期检修。我国铁路机车采用预防性的定期检修制、换件修和主要零部件的专业化集中修制。

机车的定期检修除大修在机车工厂进行以外，其余的检修一般都在机务段进行。因此，机务段除了机车的整备设备，还设有机车的检修设备。

机车两次相同修程之间的走行公里数或工作时间称为检修周期。各级检修的周期是主要零部件在两次修程间保证安全运用的最短期限。检修周期应根据机车构造特点、运行条件、实际技术状态和生产技术水平来确定。干线客货运机车多按走行公里或时间计算，调车机车一般按时间（日、月或年）计算。机车类型不同，它们的检修周期和检修内容也不一样。

（1）大修：机车的大修是一种全面的恢复性修理，大修后的机车基本上要达到新车的水平，机车大修在工厂进行。

（2）中修：机车按段修规程全面检查修理，中等范围（主要部件）解体检修，恢复机车主要性能。

（3）小修：机车按段修规程全面检查，小范围（关键部件）解体检修，有针对性地恢复机车运行可靠性，有技术诊断条件者，可按其状态进行修理。

（4）辅修：机车按段修规程全面检查，保养清扫，做故障诊断，按状态修理。

中修、小修、辅修在机务段进行，统称段修，按照段修规程要求进行机车检修。

复习思考题

1. 目前电力机车为我国铁路干线主要牵引动力装置，内燃机车的应用越来越少，电力机车会全面取代内燃机车吗？内燃机车会和蒸汽机车一样退出历史舞台吗？试分析上述问题，并为你的观点提供合理的依据。

2. 请用一句话简述内燃机车的工作原理。

3. 请用一句话简述电力机车的工作原理。

4. 请比较轮乘制和包乘制的优缺点，在目前形势下，你认为采用哪种乘务制度更合理？列出理由。

5. 在进行机车检修时，检修文明化是一个基本要求。请查找资料，说明什么是检修文明化，以及它对机车检修有哪些益处。

第六章　动车组

第一节　概　述

动车组，亦称多动力列车组合（multiple unit），它至少有两个动车（有动力的车辆称为动车，没有动力的车辆称为拖车），特点是动力来源分布在列车各个车辆上的发动机上，而不是集中在机车上。动车组的司机驾驶室一般都被大大缩短，放在列车的两端。动车组列车一般是几个动车和几个拖车的组合，只有更快速度试验列车为纯动车组。动车组一般用于高速、准高速、城市轨道交通的车辆上。

动车的技术发展主要表现在功率、速度和舒适性的提高，单位功率重量的降低，以及电子技术的应用等方面。动车组今后还将不断发展，特别是世界各国正在发展市郊铁路与地下铁道过轨互通，构成城市高速铁路网，动车组在其中将会起到主力军的作用。

一、动车组的优点

（1）动车组在两端都有驾驶室，列车掉头时无须先把机车在一端脱钩后再移到另一端挂钩，大大加快了运转的速度，同时减少了车务人员的工作并提高了安全。

（2）动车组比较容易组合成长短不同的列车。有些地方的动车组会先整成一列，到中途的车站分开成数截，分别开向不同的目的地。

（3）动力效率较高，特别是在斜坡上。动车组车卡的重量放置在各个带动力的车轮上，而不会成为拖在机车后面无用的负重。

（4）动车组上的动力轴对路轨黏着力的要求较低，每轴的载重亦较少，因此选用动车组的高速铁路路线，对路线的土木工程及路轨的要求都较低。

（5）电力动车组因为有较多的电动机，所以再生制动能力良好。对于停站较多的近郊通勤铁路、地下铁路，这一优点特别明显。

（6）因为动车组运转快、占地小，行走市郊的通勤铁路很多都是动车组。轻便铁路、地下铁路使用的亦几乎全是动车组。

二、动车组分类

1. 按动力配置分类

1）动力集中型

动力集中型的动车组严格上来说只能算是普通的"机车＋车辆"模式的翻版再升级，如图 6-1-1 所示。

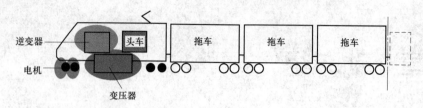

图 6-1-1　动力集中型

动力集中型的动车组优点是动力装置集中安装在 2～3 节车上，检查维修比较方便，电气设备的总重量小于动力分散的电动车组。动力集中布置的缺点是动车的轴重较大，对线路不利。

2）动力分散型

一个动车组内不一定每个车辆都带有发动机。动车组内没有动力的车辆称为拖车。有些动车组内完全没有拖车，或拖车数量很少，发动机分布在组内不同的车辆上，这一类型称为动力分散型，如图 6-1-2 所示。

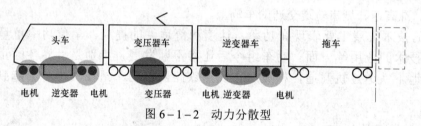

图 6-1-2　动力分散型

2. 按动力装置分类

动车组可以是由柴油发动的内燃动车组（diesel coach set，DMU），内燃动车组可由柴油发动机通过齿轮带动，亦有电传动力柴油动车组。内燃动车组按传动方式又分为电力传动和液力传动两种；电动车组按电流制又分为直流和交流两种。

更常见的动车组是由接触网供电的电动车组。

3. 按转向架连接方式分类

按转向架连接方式动车组可以分为独立式和铰接式，如图 6-1-3 和图 6-1-4 所示。

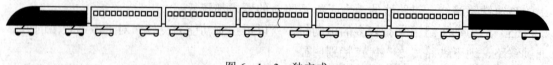

图 6-1-3　独立式

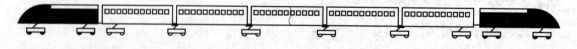

图 6-1-4　铰接式

4. 按用途分类

绝大多数型号和数量的动车组都被用于客运领域，货运的很少。

第二节　动车组的发展

一、国外动车组发展历程

德国是世界上最早制造和运用动车组的国家。1903 年 7 月 8 日，德国首先运行了"4动 2 拖"编组的动车组列车。同年 8 月 14 日，又运行了由接触网供电的动车组，这是世界上第一列由接触网供电的单相交流电动车组。同年 10 月 28 日，德国西门子公司制造的三相交流电动车组进行高速试验，首创时速 210.2 km 的历史性纪录。

目前，世界其他国家的铁路系统中，使用动车/动车组较多的有日本、荷兰、英国、法国、德国等。这些国家的高速动车组有其各自的特点。

1. 日本高速动车组

日本的高速列车以动力分散为主，具有大编组、高功率、小轴重的特点。1964 年 10 月，日本先于其他国家开通了世界第一条高速铁路——东海道新干线（东京—新大阪的高速客运专线），最高运行时速为 210 km。此后，日本又相继修建了山阳、东北、上越、北陆新干线高速铁路和山形、秋田两条小型新干线，新干线高速铁路总长度为 2 049.1 km，小型新干线长度为 275.9 km。

随着新干线网络的不断扩大，为了在不同的线路条件下提高列车运行速度和乘客的舒适度，降低列车对环境的影响，相关企业与研究机构在 0 系、100 系、200 系、100N 系列车的基础上先后开发了 300 系、400 系、500 系、700 系、800 系、E1 系、E2 系、E3 系、E4 系等新干线列车和 WIN350 系、300X 系、STAR21 系、FASTECHE954 系等试验列车，共有 20 余种新干线用电动车组投入运用或试验。其最突出的特点是从 0 系开始，新干线所采用的高速列车均是以动力分散型高速动车组形式投入运用的。其中，0 系、100 系、200系、100N 系和 400 系采用交–直电传动系统，其他列车则采用交–直–交电传动系统，见表 6–2–1。

表 6–2–1　日本动车组类型

车型	0 系	100 系	300 系	500 系	700 系	E1 系	E2 系	E3 系	E4 系
编组	16M	12M4T	10M6T	16M	12M4T	6M6T	6M2T	4M1T	4M4T
车长/m	400.3	402.1	402.1	404	404.7	302.1	201.4	107.65	201.4
空车重/t	896	857	630	620	628	692.5	365.9	219.7	424
定员/人	1 398	1 321	1 323	1 324	1 323	1 235	629	270	1 634
高运行速度/（km/h）	220	230	270	300	270	240	275	275	240
总功率/kW	11 840	11 040	12 000	18 240	13 200	9 840	7 200	4 800	6 720

2. 法国高速动车组

法国是世界上从事提高列车速度研究较早的国家，1955 年即利用电力机车牵引创造了331 km/h 的世界纪录，在日本建成东海道新干线之后，他们开始从更高起点研究开发高速铁路并确定了适合本国国情的速度目标值。其目标是要研制一种高性能、高速度并面向大众的新型列车，建造一条高质量的铁路新线，向旅客提供一种安全、舒适、快速的出行方式，解决铁路干线运输能力饱和问题，并获得显著的经济效益。基于上述考虑，1976 年法国开始了东南线高速铁路（TGV）的建设，从此以后，TGV 高速铁路系统走上了迅速发展的道路，在技术、经济、商业等方面都取得了巨大的成功。法国所用动车组类型见表 6 - 2 - 2。

表 6 - 2 - 2　法国动车组类型

车型	TGV - PSE	TGV - A	TGV - R	TGV - TGV - R TMST	AVE	TGV - AVE PBKA	TGV - K（韩国）	TGV - 2N
编组	L + 8T + L	L + 10T + L	L + 8T + L	L + 9T + 9T + L	L + 8T + L	L + 8T + L	L + 18T + L	L + 8T + L
车长/m	200.12	237.59	200.20	393.72	200	200	387.43	200.19
车重/t	418	479	416	787	420	418	774	424
定员/人	368	485	377	794	329	377	1 000	545
高运行速度/（km/h）	270	300	300	300	300	300	300	300
轮周额定功率/kW	6 800	8 800	8 800	12 200	8 800	8 800	13 200	8 800
电机型式	直流电机	交流同步电机	交流同步电机	交流同步电机	交流同步电机	交流同步电机	交流异步电机	交流同步电机

继 TGV 之后，法国阿尔斯通公司又研发了新一代高速列车 AGV，速度可达到 350 km/h，超过原 TGV 列车的水平。AGV 是阿尔斯通公司针对单层高速铁路推出的车辆，采用动力分布式列车设计，设备分散在列车底部且每节车厢自带动力，与日本的新干线及德国的ICE-3（Velaro）类似，以期获得更多的室内空间，但仍采用关节式转向架，然而法国国家铁路公司（SNCF）并未采购任何 AGV 车辆。双层动力集中式的最新车辆则为 RGV2N2，SNCF 大量采购了该车辆用来行驶跨国路线。

3. 德国高速动车组

ICE（inter city express）是以德国为中心的一系列高速铁路系统与相对应的高铁专用列车系列，由西门子为首的开发团队设计制造，由德国联邦铁路公司营运，其服务范围除涵盖德国境内各主要城市外，还跨越邻近国家，行经多个城市。

德国的高速铁路技术储备不亚于法国，1988 年他们电力牵引的行车试验速度突破400 km/h 大关，达到 406.9 km/h。但是德国的实用性高速铁路直到 20 世纪 90 年代初才开始修建，原因是政府及公众的错误性认识。德国客运量最集中的地区城市密布，高速公路已经发达完善，再修建高速铁路显然达不到吸引客流的目的。因此，虽然高速铁路的优越性无论从东方的日本还是从近邻的法国都已经被证明，但是他们对发展高速铁路的争论还是持续了十几年。德国的高速铁路，一条是 1991 年 6 月建成通车的曼海姆至斯图加特线；一条是 1992 年建成的汉诺威至维尔茨堡线。高速铁路上开行的 ICE 城际高速列车，时速250 km。自 1993 年以来，ICE 高速列车已进入伯林。ICE 也穿过德国与瑞士的边界，实现了苏黎世至法兰克福等线路的国际直通运输。德国所用动车组类型见表 6 - 2 - 3。

表 6-2-3　德国动车组类型

车型	ICE/V	ICE1	ICE2	ICE3	ICEM
编组	2L3T	2L12T	1L7T	4M4T	4M4T
车长/m	114	357.92 14T:410.70	205.40	200.00	200.00
车重/t	300	782 14T:826	410	410	436
定员/人	87	669 14T:759	391	415（441）	404（431）
高运行速度/（km/h）	300	280	280	330	330（220）
总功率/（kW/列）	8 400	9 600	4 800	8 000	8 000（交） 4 300（直）
电机型式	感应电机	感应电机	感应电机	感应电机	感应电机

二、国内动车组发展

我国的动车组列车分为三大级别：高速动车组（时速 250 km 及以上，标号 G），一般动车组（时速 160 km 和 200 km，标号 D），低速动车组（时速 140 km，用于适应城市轻轨）。

1."先锋号"动车组

中国"先锋号"动车组是南京浦镇车辆厂负责总体研制的我国第一列交流传动动力分散电动车组，首列电动车组命名为"先锋号"。它的时速有多个级别，是动车组的探索形态，故名先锋，如图 6-2-1 所示。

图 6-2-1　"先锋号"动车组

早期的"先锋号"动车组速度为 120～140 km/h，在贵阳一都匀等铁路运营试验。后来，常规的"先锋号"动车组，列车运营速度达 200 km/h，最高试验速度达 250 km/h。

2. "蓝箭号"动车组

中国"蓝箭号"动车组是动力集中式电动车组，它是为了实现中短距离大城市间的快速铁路旅客运输而设计制造的，该车采用 CW－200 转向架，构造速度 200 km/h，如图 6－2－2 所示。该动车组分 VIP 豪华空调软座车和一等空调软座车两个车种。

2012 年 11 月 21 日，鉴于"蓝箭号"车底走行公里已达到一定标准，需要下线对其技术状态进行性能评估，为保证旅客安全，贵阳至六盘水城际列车将更换为 S25K 型空调车底载客运行。自此，"蓝箭号"正式"退役"。

图 6－2－2 "蓝箭号"动车组

3. "中华之星"动车组

"中华之星"动车组为我国京沈快速客运通道的主型列车，以及未来高速铁路的中短途高速列车和跨线快速列车。列车最高运营速度可达 270 km/h，是当时我国商业运行时速最快的电动车组。2002 年 11 月 27 日，"中华之星"动车组在秦沈客运专线进行了综合试验，成功创造了中国铁路的最快速度 321.5 km/h，如图 6－2－3 所示。

图 6－2－3 "中华之星"动车组

4. CRH 系列动车组

2007 年，中国铁路第六次大提速上线运行的动车组名称为和谐号，即 CRH 动车组系列。CRH 是 China Railway High – speed（中国铁路高速）的缩写，有 CRH1、CRH2、CRH3、CRH5、CRH6 多种型号。这些型号动车组（除 CRH6 外）分别从日本、德国、法国等国引进了先进技术，消化吸收并国产化，成为具有中国自主知识产权的动车组产品系列。

1）CRH1 型动车组

CRH1 型动车组及其原型车如图 6 – 2 – 4、图 6 – 2 – 5 所示。

图 6 – 2 – 4　CRH1 型动车组

图 6 – 2 – 5　原型车（Regina）

全列编组 8 辆，如图 6 – 2 – 6 所示，定员 668 人，见表 6 – 2 – 4，其中：一等座车 144 人，二等座车 524 人。一等座车座席按 2 + 2 形式设置，二等座车座席按 2 + 3 形式设置。5 号车是二等座车并设有酒吧/餐厅区，客室座席按 2 + 3 形式设置，酒吧/餐厅区设站席 9 个，餐席 24 个。5 号车设有残疾人设施，包括 2 个残疾人轮椅位和 1 个残疾人卫生间。3 号车、6 号车为吸烟车厢，其他车厢禁止吸烟。车厢两侧各设有两个侧门，全车侧门集中控制。

表 6 – 2 – 4　CRH1 型动车组人员配置

顺号	01	02	03	04	05	06	07	00
席别	一等座车	二等座车	二等座车	二等座车	酒吧座车	二等座车	二等座车	一等座车
定员	72	101	101	101	19	101	101	72

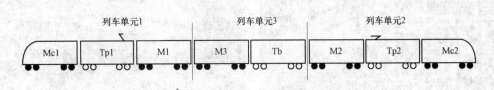

Mc-动力车　　Tp、Tb-拖车
图 6 – 2 – 6　CRH1 型动车组动力配置

2）CRH2 型动车组

CRH2 型动车组及其原型车如图 6 – 2 – 7 和图 6 – 2 – 8 所示。

图 6-2-7 CRH2 型动车组

图 6-2-8 原型车（E2-1000 型）

全列编组 8 辆，如图 6-2-9 所示，定员 610 人，见表 6-2-5，其中：一等座车 51 人，二等座车 559 人。7 号、0 号车设有残疾人设施，包括残疾人座椅、卫生间和多功能室。5 号车是二等座车并设有酒吧/餐厅区，酒吧/餐厅区设站席 4 个，餐席 16 个。3 号、6 号车为吸烟车厢，其他车厢禁止吸烟。

表 6-2-5 CRH2 型动车组人员配置

顺号	01	02	03	04	05	06	07	00
席别	二等座车	二等座车	二等座车	二等座车	酒吧座车	二等座车	一等座车	二等座车
定员	55	100	85	100	55	100	51	64

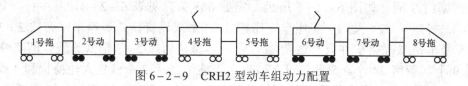

图 6-2-9 CRH2 型动车组动力配置

3）CRH3 型动车组

CRH3 型动车组及其原型车如图 6-2-10 和图 6-2-11 所示。

图 6-2-10 CRH3 型动车组

图 6-2-11 原型车（Velaro-E 型）

全列编组 8 辆，如图 6-2-12 所示，定员 600 人，见表 6-2-6，其中：一等座车 56 人，二等座车 544 人。4 号车是二等座车与餐车的合造车。1 号、0 号车靠司机室区域设一等座区。部分一等座区设旋转座椅。各车客室内禁止吸烟，通过台设有吸烟处。

表 6-2-6 CRH3 型动车组人员配置

顺号	01	02	03	04	05	06	07	00
席别	二等座车	二等座车	二等座车	酒吧座车	一等座车	二等座车	二等座车	二等座车
定员	73	87	87	50	56	87	87	73

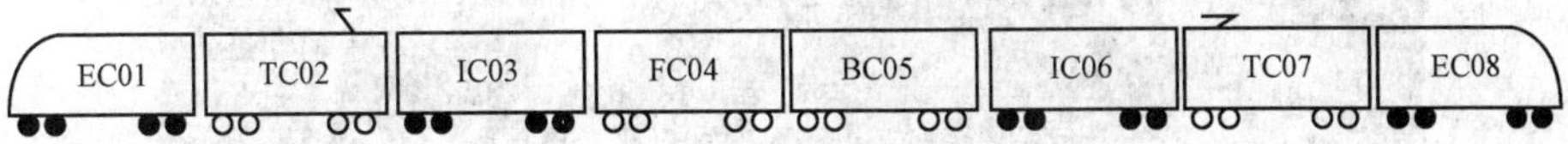

EC01 TC02 IC03 FC04 BC05 IC06 TC07 EC08

图 6-2-12 CRH3 型动车组动力配置

4）CRH5 型动车组

CRH5 型动车组及其原型车如图 6-2-13 和图 6-2-14 所示。

图 6-2-13 CRH5 型动车组

图 6-2-14 原型车（SM3 型）

全列编组 8 辆，如图 6-2-15 所示，定员 622 人，见表 6-2-7，其中：一等座车 60 人，二等座车 562 人。6 号车是二等座车并设有酒吧/餐厅区。酒吧/餐厅区设站席 9 个，餐席 16 个。7 号车设有残疾人设施，包括 1 个可供残疾人使用的座位和 1 个残疾人卫生间。各车客室内禁止吸烟，通过台设有吸烟处。

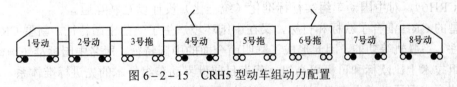

1号动 2号动 3号拖 4号动 5号拖 6号拖 7号动 8号动

图 6-2-15 CRH5 型动车组动力配置

表 6-2-7 CRH5 型动车组人员配置

顺号	01	02	03	04	05	06	07	00
席别	二等座车	二等座车	二等座车	二等座车	二等座车	酒吧座车	二等座车	一等座车
定员	74	93	93	93	93	42	74	60

5）CRH6 型动车组

CRH6 型动车组是由中国中车青岛四方机车车辆股份有限公司和中车南京浦镇车辆有限公司共同研制开发的 CRH 系列电力动车组，如图 6-2-16 所示。CRH6 型动车组适用于城市间及市区和郊区间的短途通勤客运，满足载客量大、快速乘降、快启快停的运营要求。构造速度在 140 km/h 至 200 km/h 之间。

图 6-2-16 CRH6 型动车组

时间：2012 年在青岛下线，2014 年投入运营。

目标变化：CRH6 开始是作为城际动车组的，后来下延出 CRH6S。

编组类型：采用 6 辆、8 辆、16 辆、20 辆编组。

时速类型：根据运输距离、站点和乘客群的不同，该系列动车组分为时速 200 km、时速 160 km 和时速 140 km 三种速度级别类型。时速 200 km 的 CRH6 A 型动车组最高运营速度 250 km/h；时速 160 km 的 CRH6F 型动车组最高运营速度 200 km/h，以站站停模式运营。

5. 中国标准动车组

中国标准动车组（CEMU），指形成中国标准体系的动车组（在 254 项重要标准中，各种中国标准占 84%），其功能标准和配套轨道的施工标准都高于欧洲标准和日本标准，具有鲜明而全面的中国特征；也指在面对多样化 CRH 的环境里（四大引进类型和中国自主设计的 CRH6），对中国动车组实行标准化（统一化）设计以互联互通。

旧型的 CRH 混合了欧标和日标，又在中国环境产生了一些中国特征。新型 CRH 增加了兼容性、不脱轨等功能，因此形成了鲜明而全面的中国特征，冠名中国标准（华标），它在动车组技术上比欧标和日标更高级，代表目前世界动车组技术的先进标准体系。

它首次实现了动车组牵引、制动、网络控制系统的全面自主化，标志着我国已全面掌握高速铁路核心技术，高速动车组技术实现全面自主化。

英文代号：超越 CRH 系列，因此采用 CR（中国铁路）代号，三种时速等级为 CR400/300/200，持续时速为 350 km、250 km、160 km。开车 17 分钟后，时速可达到 350 km。

中文型号：复兴号动车组列车。

正式运行：2017 年 6 月 26 日京沪高铁首发。两个型号分别是 CR400AF（头部玻璃平，侧面有一条凸尖线）和 CR400BF（头部玻璃凸、侧面比较平缓），如图 6-2-17 所示。

图 6-2-17 标准动车组复兴号

6. 动车组编号

（1）动车组的代码组成如图 6-2-18 所示。

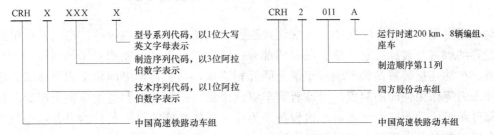

图 6-2-18 动车组代码组成

（2）各型动车组技术序列代码。

BST 动车组定为"1"；四方股份动车组定为"2"；唐山工厂动车组定为"3"；长客股份动车组定为"5"。

（3）各型动车组的制造序列代码。

按不同的技术序列单独排，顺序由 001～999 依次排列。

（4）各型动车组的型号系列代码。

该代码按动车组的速度等级、车种确定：

A——运行时速 200 km、8 辆编组、座车；

B——运营时速 275 km、8 辆编组、座车；

C——运营时速 300 km、8 辆编组、座车；

（5）动车组编组中的车种代码。

一等座车 ZY；

二等座车 ZE；

软卧车 RW；

硬卧车 YW；

餐车（含酒吧车）CA；

二等座车/餐车 ZEC；

餐车卧车合造车 CW。

（6）动车组编组中的顺位代码。

以两位阿拉伯数字表示，位置排列编号自首车起从"01"开始顺序排列，尾车的排列编号为"00"。

示例（如图6-2-19所示）：

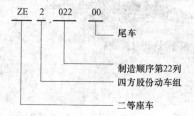

图6-2-19　动车组编组中的顺位代码组成

第三节　动车组系统组成

动车组主要由车体、转向架、车端连接装置、制动装置、车内设备、电气系统组成。车体是容纳旅客，装载行包、整备品等的部分；转向架是车辆上能相对车体回转的一种走行装置；车端连接装置是将车辆与车辆之间互相连接，具有传递纵向牵引力及缓和列车运行中冲击力等作用性能的装置，可改善列车纵向平稳性；制动装置是由车辆上起制动作用的零部件所组成的一整套装置；车内设备是为旅客提供必要的舒适条件的设备；电气系统包括车辆上的各种电气设备及其控制电路。

一、车体

车辆中供司机驾驶和旅客乘坐的部分称为车体，同时，又是安装与连接其他设备和部件的基础。动车组的车体是由底架、侧墙、车顶、前端墙（或车头）、后端墙，以及波纹地板或空心型材加强的地板构成的一个带门窗切口的薄壁筒形整体承载结构，如图6-3-1所示。

图6-3-1　动车组车体仿真图

首先，车体结构应具有足够的强度，以承受车辆运行时的各种载荷作用，为使车体轻量化，高速动车组车体通常采用铝合金和不锈钢材料制造；其次，为了防止车体弯曲振动影响舒适度，要提高车体结构的刚度，以防止车体结构固有弯曲振动频率的降低；再次，车体结构须具有隔音、隔热、耐腐蚀等性能，同时对高速列车而言，须考虑高速运行时的空气动力学影响，故对其头部车体结构有两个基本要求，即流线型外形和整列车的车体全部为密封型结构。

二、转向架

转向架作为一个独立的走行装置，具有支承车体，承受车辆的全部重量（转向架除外）及作用在车辆上的其他方向的作用力（如横向风力、离心力、纵向车辆牵引力和列车冲击力等），并引导车辆在线路上运行的作用，以保证安全运行和满足旅客的舒适性要求。

转向架主要由轮对、轴箱、构架、弹簧悬挂装置、驱动装置和基础制动装置等部分组成。图 6-3-2 所示各器件为 CRH5 型动车组转向架的组成部分。

轮对：轮对直接向钢轨传递车辆重量，通过轮轨间的黏着产生牵引力或制动力，并通过轮对的回转实现车辆在钢轨上的运行。

轴箱：联系构架和轮对的活动关节，它除了能保证轮对进行回转运动外，还能使轮对适应线路等条件，相对于构架上下左右和前后活动。

构架：转向架的骨架，承受和传递垂向力及水平力。

弹簧悬挂装置：用来保证一定的轴重分配，缓和线路不平顺对车辆的冲击并保证车辆的运行平稳性。

驱动装置：将动力装置的功率最后传递给轮对。

基础制动装置：将制动缸传来的力增大若干倍后传给执行机构进行制动。

图 6-3-2　CRH5 型动车组转向架组成部分

三、车端连接装置

车端连接装置的作用是连接机车车辆和缓和列车的纵向冲击力。最初的车端连接装置只是一副简单的挂钩，并无缓冲装置可言，至今仍能从欧洲铁路的链子钩上发现它的影子。为减轻车辆冲击，开始采用带缓冲装置的连接装置。随着车端连接装置性能的不断提高，其型式也不断变化。至今，已形成了型式齐全，能适应各种机车车辆需要的车端连接装置。车端连接装置主要由车钩缓冲装置、电气连接器和密闭式风挡等组成。

1. 全自动车钩

全自动车钩安装于动车头部，如图 6-3-3 所示，能够通过车钩连挂面的凸锥和凹锥实现刚性、无间隙的连接，也能够实现动车组之间机械、风和电力的自动连接。全自动车钩具有自动对中装置，能够上下左右摆动一定的角度，还采用了气液缓冲器，吸收能量能力强，乘坐舒适度好。

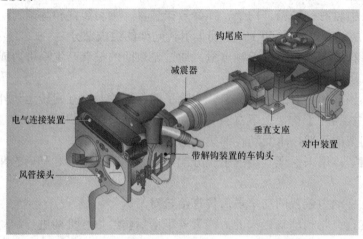

图 6-3-3　全自动车钩

2. 半自动（半永久）车钩

半自动车钩用于列车编组内的各节车厢间。车钩用机械方式将一节车厢连接到另一节车厢上，连接应为刚性连接，无松动。车钩中心线高 940 mm，连挂时须由人将两钩用连接螺栓锁死，解编时反之。

A 型和 B 型两种车钩分别装于车辆的 I 位端和 II 位端，A 型车钩钩身前部上方有一支撑座，此支撑座用于支撑列车风挡，B 型车钩则无此结构，因此编组内车辆的 I 位端和 II 位端不能随意互换，如图 6-3-4 所示。

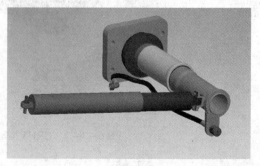

(a) A 型车钩　　　　　　　　　　　　　　(b) B 型车钩

图 6-3-4　半自动车钩

3. 过渡车钩

过渡车钩主要用于动车组的救援，以及需要与其他装有 15 号车钩的车辆连挂等情况，要求其在没有永久变形的情况下能够承受 300 kN 的拉伸和压缩载荷，如图 6-3-5 所示。过渡车钩有两种类型：轻型过渡车钩装置和重型过渡车钩装置。轻型过渡车钩装置用于回送速度不大于 120 km/h 的情况，轻型过渡车钩装置平时存放于动车组车底架上，可由双人不借助任何工具在 15 分钟内安装完毕。重型过渡车钩装置用于回送速度不大于 200 km/h 的情况，重型过渡车钩装置平时存放于车间，可借助提升工具在 1 h 内安装完毕。

图 6-3-5　过渡车钩

4. 风挡

贯通道装置位于两节车厢的连接处，是连接车辆通道的重要组成部分。贯通道装置由风挡（如图 6-3-6 所示）、内饰板和渡板组成。它具有防雨、防风、防尘和隔音的功能，能保证乘客安全方便地从一个车厢进入到另一个车厢。

图 6-3-6　风挡

目前，中国既有线路上运行的客车所采用的风挡装置总共有三种：铁风挡、橡胶风挡及折棚式密接风挡（简称折棚风挡）。其中，铁风挡的密封性、安全性、保温性及隔热性都是最差的。相比而言，橡胶风挡的密封性能得到了较大程度的提高，具有良好的纵向伸缩性和横向、垂向弹性，能适应车辆通过曲线和缓冲振动。随着中国客车运行速度的不断提高，折棚风挡在提速客车上得到了大量的应用。折棚风挡和橡胶风挡相比，密封性能进一

步提高，较好地解决了传统列车连接处噪声大、灰尘多、气密性差，以及保温、隔热不良等问题。

四、制动装置

动车组运行速度快，给列车的制动能力、运行平稳性等方面提出了一系列问题。因此，高速动车组必须装备高效率和高安全性的制动系统，为列车正常运行提供调速和停车制动的手段，并在意外故障或其他必要情况下使列车具有尽可能短的制动距离。此外，高速运行的动车组对制动系统的可靠性和舒适度也提出了更高的要求。

动车组制动系统的性能和组成与普通的旅客列车完全不同，它是一个能够提供强大制动能力并能更好利用黏着的复合制动系统，包含多个子系统，主要由电制动系统、空气制动系统、防滑装置、制动控制系统等组成，制动时采用电制动与空气制动联合作用，且电制动优先的原则，其原理如图6-3-7所示。

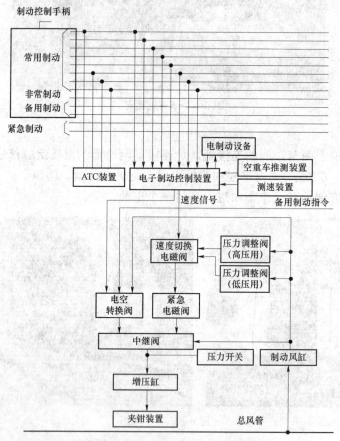

图6-3-7 制动系统控制原理图

动车组的制动机采用微型计算机控制，可为确保列车正点运行精确提供所需的制动力。动车组制动系统对制动力的精确计算，电制动和空气制动的合理分配，可使不同的运行方式达到最佳的组合效果；同时，制动指令传递的同步性好，各车制动的一致性也好。

五、车内设备

车辆设备是指服务于乘客的车内固定附属装置，如车内电气、供水、通风、取暖、空调、照明、座席、车窗、车门、行李架、旅客信息服务系统等。

六、电气系统

车辆电气系统包括车辆上的各种电气设备及其控制电路，按其作用和功能可分为主电路系统、辅助供电系统和电子控制电路系统 3 个部分。

主电路由牵引电机及与其相关的电气设备和连接线组成，其作用是将电网的电能转变为车辆运行所需的牵引力，在电气制动时将车辆的动能转换为电制动力，是车辆上的高压、大电流、大功率动力回路。动车组牵引传动原理图如图 6-3-8 所示。

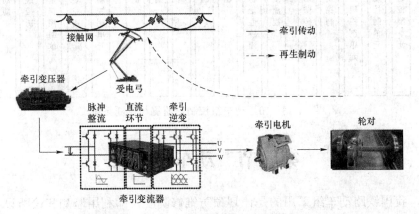

图 6-3-8　动车组牵引传动原理图

辅助供电系统是动车组列车运行不可缺少的部分，起着第二电源的作用，该系统采用干线供电方式，电源贯穿全列车，主要为空调、冷却风机、压缩机、照明、控制、广播、列车无线等设备提供交流或直流电源，核心电源设备为辅助变流器，其原理如图 6-3-9 所示。辅助变流器分单辅助变流器和双辅助变流器。

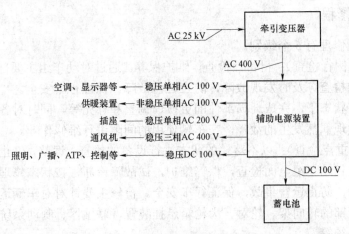

图 6-3-9　动车组辅助供电系统原理图

电子控制电路分为有接点的直流电路和无接点的电子电路。电子控制电路的作用是控制主电路和辅助电路各电器的工作，通过司机操纵主控制器和各按钮使列车正常运行或由列车自动运行控制系统控制运行。图 6 - 3 - 10 所示为动车组控制、监测与诊断系统。

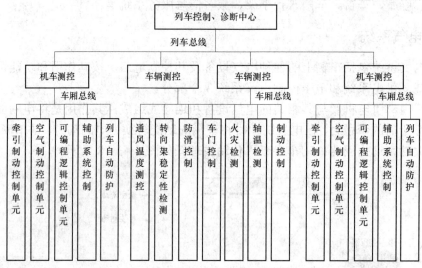

图 6 - 3 - 10　动车组控制、监测与诊断系统

第四节　动车组检修

目前，我国铁路动车组采用的是计划预防维修制度，即利用监测和诊断设备，对动车组进行定期的检查和调整，恢复动车的性能，防止故障的发生。运行检修在动车组运用所内进行，定期检修在动车段（检修基地）内进行。

检修基地担负动车组的所有定期维修作业，以及日常整备、维修和临时性的维修工作。检修基地功能先进，设备齐全，维修能力大。

运用所主要负责高速动车组的日常整备和日常维修工作，以及其他临时性的维修工作。

一、检修修程

动车组定期修理有 5 个级别。

一级检修（例行检查）：日常性检查、维护保养。通过对动车组主要部分进行外观、动作状态及性能的检查，及时发现故障，防止运营故障，保证行车安全。

在运行整备状态下，完成耗损部件的更换、调整和补充等，同时对各部分的状态和性能进行检查，发现偶然发生的故障，在车辆使用的间隙进行维修作业。

二级检修（重点检查）：以不落轮的状态进行设备的检查、调整，停止车辆的使用以进行维修作业；进行动车组全面检查，保养维护，做故障诊断，按状态修理；尽量及时发现并消除潜在故障，防止运营事故，保证行车安全。检修主要针对对车辆运营安全至关重要的部位，如走行部的转向架、轮对、齿轮箱悬挂装置、联轴器、制动系统的空气压缩机机组、车门控制系统等。

三级检修（重要部件分解检修）：对重要的大部件进行细致的分解检修，如转向架；对易损件进行更换。需要列车解体，架车检查和修理。

四级检修（系统全面分解检修）：是恢复性检修，对各系统进行解体检修，并对车体涂漆。

五级检修（整车全面分解检修）：对全车进行解体检查，较大范围更新零部件，并对车体涂漆。检修后接近新车水平。

运行过程中的检查由乘务员和机械师进行。

一级、二级属运行检修（维护性质），三级、四级、五级属定期检修。

二、检修周期

指相同修程之间的间隔时间或使用期限，级别越高，周期越长，见表 6-4-1。

表 6-4-1　各型号动车组检修周期

	CRH1	CRH2	CRH3	CRH5
一级	运行里程 4 000 km 或 48 h	运行里程 4 000 km 或 48 h	运行里程 4 000 km 或 48 h	运行里程 4 000 km 或 48 h
二级	15 天	3 万 km 或 30 天	2 万 km	6 万 km
三级	120 万 km	45 万 km 或 1 年	120 万 km	120 万 km
四级	240 万 km	90 万 km 或 3 年	240 万 km	240 万 km
五级	480 万 km	180 万 km 或 6 年	480 万 km	480 万 km

三、检修作业方式与检修工艺流程

1. 检修作业方式

动车组检修有一个非常重要的目标是在确保其安全性和舒适性的前提下，提高检修的作业效率，最大限度地压缩检修停时，以提高动车组的使用效率和效益。

（1）换件修。无论低级修程，还是中、高级修程，对在检修中出现故障的零部件，都要采取更换同样零部件的方式进行维修。拆下的部件可送到制造工厂或其设立的派出机构进行检修，修竣后并经过检验才能继续装车使用。

（2）集中修。动车组的定期检修都集中安排在检修基地，运用所仅承担日常的例行检查和部分临修作业，动车组的大部件或关键部件的检修集中在相应的制造工厂或其设立的派出机构。

（3）状态修。动车组一些设备（如旅客服务性设施）采用状态修的方式，随检随修，始终保持其技术状态良好。对于部分设备或部件，按照使用寿命的界定，在不能适应使用要求情况下，在其发生故障前予以更换（采用监视型的状态修）。

（4）均衡修。为减少大修检修停时，通过换件的方式将部分部件安排在运行过程中或其他较低级修程中进行，以减少大修时的工作量，尽可能压缩动车组在修时间。

2. 检修工艺流程

（1）D1、D2 级检修。工艺流程：轮对踏面诊断、吸污作业、车体清洁、检修及故障处理、必要的检测、存放。

（2）D3 级检修。工艺流程：增加转向架分解检修流程和牵引系统部分分解检修流程，必要时要进行车体的气密性试验。

（3）D4、D5 级检修。工艺流程：车体清洗、吸污作业、高压试验、拆解编组、设备拆卸、部件检修、检测和调试、车体检修、气密性试验、单元（车）试验、恢复编组、整列调试及试验。

复习思考题

1. 什么是动车组？动车组是如何进行分类的？
2. 国产动车组主要有哪些类型？
3. 动车组主要由哪些部分组成？各部分的功能是什么？
4. 动车组的检修修程有哪些？

第七章　铁路车站

第一节　概　述

一、区间、分界点及区段

1. 区间与分界点

为了保证行车安全和必要的铁路通过能力,铁路上每隔一定距离需要设置一个车站(有时为线路所),车站(线路所)把铁路线分割成若干个长度不等的段落,每一段落则称为区间,而车站(线路所)就成为相邻区间之间的分界点,如图 7-1-1 所示。可见,区间和分界点是组成铁路线路的两个基本环节。

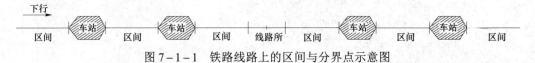

图 7-1-1　铁路线路上的区间与分界点示意图

车站设有正线、到发线、牵出线、调车线、货物线及站内指定用途的其他线路,所以车站是有配线的分界点;此外,自动闭塞区段上色灯信号机将两站区间划分为多个闭塞分区,所以,色灯信号机是无配线的分界点,而线路所也未设配线,所以也是无配线分界点。

车站与车站之间的区间称为站间区间,车站与线路所之间的区间称为所间区间,自动闭塞区段上色灯信号机之间的段落称为闭塞分区。

2. 区段

区段通常是指两相邻技术站间的铁路线路,如图 7-1-2 所示,它包含了若干个区间和分界点。区段的长度一般取决于牵引动力的种类或路网状况。

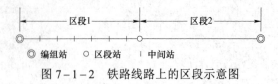

图 7-1-2　铁路线路上的区段示意图

二、车站的作用与分类

(一)车站的作用

车站是铁路运输的基层生产单位,它是铁路为国民经济和人民群众服务的窗口,如旅客乘降、购票,行包的托运交付、保管,以及货物的承运、装卸、交付和保管。车站也是铁路运输生产过程的中枢环节,铁路运输有关的各种作业都必须在车站办理,如列车的通过、接发、会让和越行，列车的解体和编组，机车换挂、检修和整备，机车和列车乘务组更换，车辆检修等。为了完成上述作业，车站须设有相关的各项技术设备，如客货运业务设备、运转设备、机车和车辆检修设备，以及信号设备、联锁设备、闭塞设备、通信设备等。

（二）车站的分类

铁路车站通常可按技术作业性质、业务性质、所担负的任务量及地位等进行分类。

1. **按技术作业性质分类**

1）中间站

在铁路区段内，为提高区间通过能力及满足客、货运业务需要而设有配线的中间分界点称为中间站。中间站除办理列车的通过、会让和越行外，还办理客货运和调车作业等。仅办理列车的会让和越行，必要时可兼办理少量旅客乘降作业的车站，在单线铁路上称为会让站，在双线铁路上称为越行站。

2）区段站

区段站，是铁路网上牵引区段的分界点，其主要任务是为邻接的铁路区段供应及整备机车或更换机车乘务组，并为无改编中转货物列车办理规定的技术作业，另外还办理一定数量的货物列车解编作业及客、货运业务。在设备条件具备时，区段站还进行机车、车辆的检修作业。

3）编组站

编组站，是铁路网上办理货物列车解体编组作业，并为此设有比较完善的调车设备的车站。编组站解体和编组直达、直通、区段、摘挂及小运转等各种货物列车，同时还对机车进行整备和检修，并对车辆进行日常维修和定期检修。

中间站、区段站、编组站在铁路线路上的分布如图 7-1-2 所示。

2. **按业务性质分类**

1）客运站

客运站，是专门办理旅客运输业务的车站，通常设置在客流较大的大中城市。它的主要任务是：组织旅客安全、迅速、准确、方便地上、下车；办理行包、邮件的装卸搬运；组织旅客列车安全、正点到发和客车车底取送；为旅客提供舒适的服务条件。

2）货运站

货运站，是专门办理货物装卸作业及货物联运或换装的车站，也办理少量的客运或货车中转作业。通常设置在大城市、工矿、林区、口岸等有大量货物到发、装卸的地点。

3）客货运站

客货运站，是既办理旅客运输业务又办理货物装卸作业的车站。全路多数车站属于这类。

3. **按所担负的任务量及地位分类**

此外，按照车站所担负的任务量及在国家政治、经济中的地位，车站共分为特等站、一等站、二等站、三等站、四等站、五等站 6 个等级。

在日常运营管理过程中，车站也可以按照隶属关系分为直属站和非直属站，直属站是直属各个铁路局集团有限公司直接管理的车站，这类车站的数量不多，但往往是规模较大，或者是地位较高的车站。非直属站是不直属各个铁路局集团有限公司直接领导的车站，这

类车站的数量较多，归属于各个铁路局集团有限公司下的车务段或者直属站领导。

三、车站线路种类与线间距

（一）线路种类

铁路线路按照用途分为正线、站线、段管线、岔线、安全线、避难线。

1. 正线

正线是指连接车站并贯穿或直股伸入车站的线路。正线可分为站内正线和区间正线。贯穿或直股伸入车站的正线为站内正线，连接车站的正线为区间正线。

2. 站线

站线包括以下几类。

（1）到发线是指供列车到达和出发使用的线路。

（2）调车线是指供列车编组与解体作业使用的线路。

（3）牵出线是指设在调车场的一端，并与到发线相连接，专供列车解体、编组及转线等牵出使用的线路。

（4）货物线是用以办理装卸作业的线路。

（5）站内指定用途的其他线路，是指机车走行线、机车等待线、驼峰迂回线、车辆站修线、加冰线、换装线、存车线、轨道衡线、货车洗涮线、救援列车停留线等。

3. 段管线

段管线是指机务、车辆、工务、电务、供电等段专用并由其管理的线路。

4. 岔线

岔线是指在区间或站内接轨，通向路内外单位的专用线路，路内外单位指厂矿企业、港湾码头、砂石场、货物仓库等。

5. 安全线

安全线是为防止列车或机车车辆从一进路进入另一列车或机车车辆占用的进路而发生冲突的一种安全隔开设备。

6. 避难线

避难线是在长大下坡道上能使失控列车安全进入的线路。

如图 7-1-3 所示，O 站的 Ⅱ、Ⅲ、Ⅳ道为正线，1、5、6、7、8、9、10 道为到发线，11、12、13、14、15、16、17 道为调车线，货场内的线路为货物线，18 道为站修线，车辆段、机务段内的线路为段管线，粮 1 线、粮 2 线为岔线，粮 1 线、粮 2 线回站内设有安全线，调车场的两端分别设有一牵出线、二牵出线。

（二）线间距

线间距是指两相邻线路中心线之间的距离。线间距应能保证行车安全和车站工作人员作业时的安全和便利，还要考虑通行超限货物列车和在线路间装设各项行车设备的需要。线间距的确定要考虑机车车辆限界、建筑限界、超限货物装载限界、设置在相邻线路间有关设备的计算宽度和线间办理作业性质等因素。线间距的大小应根据《铁路技术管理规程》有关规定确定，直线部分常用线间距见表 7-1-1，曲线部分的线间距应根据计算适当加宽。

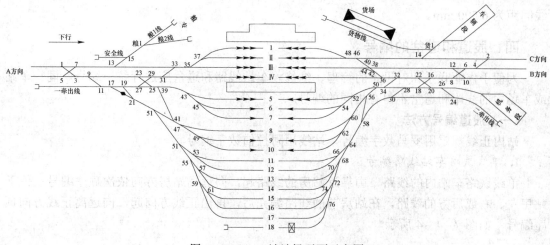

图 7-1-3　O 站站场平面示意图

表 7-1-1　直线部分常用线间距

序号	名称			线路间最小距离/mm
1	区间双线	$v \leqslant 120$ km/h		4 000
		120 km/h$< v \leqslant$160 km/h		4 200
		160 km/h$< v \leqslant$200 km/h		4 400
2	三线及四线区间的第二线与第三线			5 300
3	站内正线			5 000
4	站内正线与相邻到发线	无列检作业		5 000
		$v \leqslant 120$ km/h	一般	5 500
			改建特别困难	5 000
		有列检作业或上水作业 120 km/h$< v \leqslant$160 km/h	一般	6 000
			改建特别困难	5 500
		160 km/h$< v \leqslant$200 km/h	一般	6 500
			改建特别困难	5 500
5	到发线间或到发线与其他线			5 000
6	站内线间设有高柱信号机时，相邻两线（含正线）均须通行超限货物列车			5 300
7	站内线间设有高柱信号时，相邻两线（含正线）只有一条通行超限货物列车			5 000
8	牵出线与其相邻线	调车作业繁忙车站		6 500
		改建困难或仅办理摘挂取送作业		5 000

　　以图 7-1-3 车站为例，Ⅱ、Ⅲ 道属于站内正线，其线间距为 5 000 mm。1 道是到发线，当车站通过的列车 $v \leqslant 120$ km/h 时，若 1 道与 Ⅱ 道间有列检作业，其线间距为 5 500 mm；若无列检作业，其线间距为 5 000 mm。6 道、7 道均为到发线，其线间距为 5 000 mm。当 Ⅱ、Ⅲ 道间设有高柱停机，且均通过超限货物列车时，其线间距为 5 300 mm。当 1、Ⅱ 道间设有高柱停机，且 1 道不通过超限货物列车时，其线间距为 5 000 mm。一牵出线与Ⅳ道

线间距为 6 500 mm。

四、股道和道岔的编号

为便于作业联系和对设备的管理、维修，车站线路和道岔应进行统一编号。同一车站或车场内的线路和道岔不得有相同的编号。

（一）股道编号方法

站内正线规定用罗马数字编号，站线用阿拉伯数字编号。

1. 单线铁路车站线路编号

单线铁路车站内的线路，由靠近站房的线路起，向远离站房方向依次顺序编号；位于站房左、右或后方的线路，在站房前的线路编完后，再由正线方向起，向远离正线方向顺序编号，如图 7-1-4 所示。

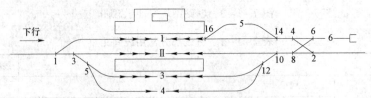

图 7-1-4　单线铁路车站线路及道岔编号

2. 双线铁路车站线路编号

双线铁路车站内的线路，从正线起按列车运行方向分别向外顺序编号，上行编双数，下行编单数，如图 7-1-5 所示。

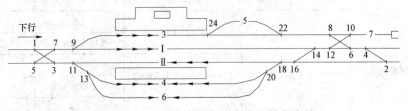

图 7-1-5　双线铁路车站线路及道岔编号

3. 尽端式车站线路编号

尽端式车站，当站房位于线路一侧时，从靠近站房的线路起，向远离站房方向顺序编号，如图 7-1-6（a）所示；当站房位于线路终端时，应面向终点方向由左侧线路起顺序向右编号，如图 7-1-6（b）所示。

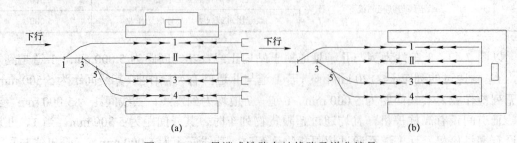

(a)　　　　　　　　　　　　　　　　　(b)

图 7-1-6　尽端式铁路车站线路及道岔编号

4. 多车场车站线路编号

当车站有数个车场时，应分别对每个车场线路进行编号，从靠近站房（信号楼）线路起，向站房（信号楼）对侧由近及远顺序编号，且在线路编号前冠以罗马数字表示车场，如Ⅱ场2道，写为Ⅱ2。当无站房（信号楼）时，应顺公里标前进方向从左向右顺序编号，如图7-1-7所示。

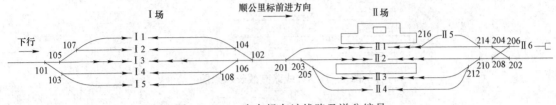

图7-1-7　多车场车站线路及道岔编号

除正线、站线外的其他线路，如段管线、岔线、安全线、避难线等，通常采取该线名称汉字+数字序号的方式编号，如机3线、粮1线，有时直接用该线名称的汉字简称编号，如军专线。

（二）道岔编号方法

对站内道岔进行编号时，应使用阿拉伯数字。

（1）从车站两端由外向内，由主（要进路）向次（要进路）依次编号，上行列车进站端用双数，下行列车进站端用单数，如图7-1-4和图7-1-5所示。

（2）渡线、交分道岔、梯线等处的联动道岔，则应编为连续的单数或双数，如图7-1-4的2、4、6、8号道岔，以及图7-1-5的1、3、5、7、2、4、6、8、10、12、14、16号道岔。

（3）如为尽端式车站，应从进站端向线路终端方向顺序编号，如图7-1-6所示。

（4）当车站有几个车场时，每一车场的道岔必须单独编号。此时道岔号码应使用三位数字，百位数字表示车场号码，个位和十位数字表示道岔号码，应当避免在同一车站内有相同的道岔号码，如图7-1-7所示。

（5）站内道岔一般以车站站舍中心线作为划分上、下行区域的依据，当站房远离车站中心时，应以车站或车场中心线来划分上、下行区域。

（6）站外其他线路的道岔，使用该线名称第一个汉字+数字序号的方式编号，如机1号、煤1号。

（三）车站线路的长度

车站线路的长度分为全长和有效长两种。全长是指线路的实际长度，是指从车站线路一端的道岔基本轨接头至另一端道岔基本轨接头的长度。如为尽头式线路，则指道岔基本轨接头至车挡的长度。线路全长减去该线路上所有道岔的长度即为铺轨长度。确定线路全长主要是为了设计时便于估算工程造价。

线路有效长是指在线路全长范围内可以停留机车车辆而不妨碍道岔转换、信号显示和邻线正常行车的部分，如图7-1-8所示。

线路有效长的起止范围由下列因素确定。

（1）警冲标。它是信号标志的一种，设在两会合线路间距为4m的中间，用来指示机车车辆的停留位置，防止机车车辆的侧面冲撞，如图7-1-9所示。

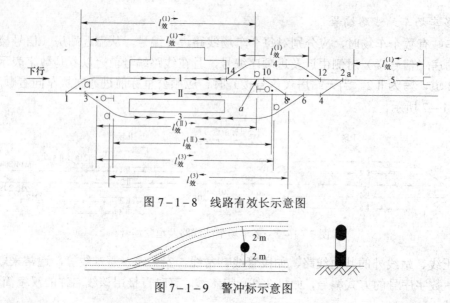

图 7-1-8　线路有效长示意图

图 7-1-9　警冲标示意图

（2）道岔尖轨尖端（无轨道电路时）或道岔基本轨钢轨绝缘接头（有轨道电路时）。

（3）出站信号机（或调车信号机）。

（4）车挡（线路为尽端式线路时）。

根据线路的用途及其连接形式，用上述各项因素就可以确定出线路有效长。

我国铁路采用的货物列车到发线有效长在Ⅰ、Ⅱ级铁路上为 1 250 m、1 050 m、850 m、750 m、650 m；在Ⅲ级铁路上为 850 m、750 m、650 m 或 550 m。开行重载列车为主的铁路，可采用大于 1 050 m 的到发线有效长。

具体采用何种有效长，应根据运输能力的要求、机车类型及牵引列车的长度，结合地形条件，并考虑与相邻线路区段各铁路到发线有效长相配合来确定。

第二节　中　间　站

一、会让站和越行站

在单线铁路上，由于正反方向的列车均在同一线路上运行，会产生先到的列车在本站停车，等待反方向的列车到达本站，两个列车必须在车站上交会，才可继续运行的情况，这个过程叫做会车。同方向运行的两个列车，先到的列车在本站停车，等待后一个列车通过本站或到达本站停车后先开，叫做越行。在我国铁路区段上，用来提高区间通过能力而设置的有配线的分界点，称为会让站和越行站。

1. 会让站

会让站设置在单线铁路上，办理列车的通过、会车、让车，必要时可兼办少量旅客乘降业务，设有到发线、平过道、运转室、通信信号设备等设备。

2. 越行站

越行站设置在双线铁路上，办理同方向列车的越行，有时还办理反方向列车的转线，必要时可兼办少量旅客乘降业务，设有到发线、平过道、运转室、通信信号设备等设备。

二、中间站

中间站是为提高铁路区间通过能力，满足客货运业务需要而设置的车站。中间站是我国铁路数量最多的车站，它遍布于铁路沿线中小城镇和农村，在发展地方工农业生产和沟通城乡物资交流中起着很重要的作用。

1. 中间站的主要作业

（1）列车的通过、到发、会让和越行。在双线铁路上还办理调整反方向运行列车的转线作业。

（2）旅客的乘降，以及行李、包裹的托运、交付和保管。

（3）货物的承运、装卸、保管与交付。

（4）摘挂列车向货场甩挂车辆的调车作业。

有的中间站如有工业企业线接轨、加力牵引起终点或机车折返时，还需办理工业企业的取送车，补机的摘挂和机车整备、转向等作业。在客货运量较大的个别中间站，还有始发、终到旅客列车及编组始发货物列车的作业。

2. 中间站的主要设备

为了完成上述作业，中间站应根据作业性质和工作量大小而设置以下设备。

（1）客运设备：包括售票厅、候车室、行包房等站舍，以及旅客站台、雨棚和跨越设备（天桥、地道、平过道）等，如图 7-2-1 所示。

(a) 中间站雨棚

(b) 中间站售票厅

(c) 中间站站舍

(d) 中间站天桥、站台

图 7-2-1 中间站的主要设备

（2）货运设备：包括货物堆放场、货物站台、货物仓库、雨棚、装卸机械及办公房屋等。

（3）车站线路：包括正线、到发线、牵出线、货物线等。

（4）信号及通信设备。

中间站一般采用横列式布置图。图 7-1-4 和图 7-1-5 分别为单、双线横列式中间站布置图。

第三节 区 段 站

区段站设在铁路网上各牵引区段的分界处，主要任务是为邻接的铁路区段供应及整备机车或更换机车乘务组，并为无改编中转列车办理规定的技术作业，此外还办理一定数量的列车解编作业及客货运业务，有时还办理机车、车辆的检修业务。

一、区段站的作业与设备

（一）区段站的作业

多数区段站位于中等城市，所办理的作业无论从数量上或种类上，都远较中间站繁多。根据区段站所担负的任务，它要办理的作业可以归纳如下。

1. 客运业务

旅客的乘降，行李、包裹、邮件的托运、保管、装卸、交付，为旅客提供住宿、餐饮、卫生、文化服务，旅客列车的上水等。

2. 货运业务

办理货物的承运、保管、装卸、交付作业，有的还办理篷布修理、车辆洗涮作业等。

3. 运转作业

运转作业包括与旅客列车和货物列车有关的运转作业。

（1）与旅客列车有关的运转作业：主要办理旅客列车的接发作业。有的车站还办理局管内或市郊旅客列车的始发、终到作业及个别车辆的甩挂作业。

（2）与货物列车有关的运转作业：到达区段站的货物列车，按它在该站所进行作业性质，可以分为两类，一类是列车到达本站不解体，只做技术检查和机车换挂等作业，然后继续运行的列车，叫做无改编中转列车，另一类是列车到达本站后要解体，车组进入调车场集结编组形成列车后由车站出发，叫做改编列车。区段站主要办理无改编中转货物列车的接发和有关作业。对区段和摘挂列车，要进行解体和编组作业，同时还要办理向货场、专用线取送作业车等作业。有些区段站对部分改编中转货物列车还要办理变更运行方向、变更列车重量或换挂车组等作业。某些区段站还担当少量的始发直达列车的编解任务。

4. 机车业务

机车业务主要是更换货物列车机车和乘务组，当采用循环交路时，在机务段所在的区段站上，列车机车不入段，仅在站内到发线上或其附近进行检查、整备作业。当采用长交路时，有的区段站无须更换机车，仅更换机车乘务组或进行部分整备作业。

5. 车辆业务

进行列车的技术检查和车辆的检修作业。

（二）区段站的设备

相对于中间站，区段站设备的种类比较齐全，设有以下设备。

1. 客运设备

主要有旅客站舍、站前广场、雨棚、天桥、站台、跨越线路设备、上水设备等，如图 7-3-1 所示。

(a) 区段站站舍　　　　　　　　　　(b) 区段站客运雨棚、天桥、站台

图 7-3-1　区段站客运业务设备

2. 货运设备

主要有货场及其有关设备，如装卸线、存车线、货物站台、仓库、雨棚、堆放场及装卸机械等，如图 7-3-2 所示。

(a) 区段站货物站台、雨棚　　　　　　　(b) 区段站货场仓库

图 7-3-2　区段站货运业务设备

3. 运转设备

主要有旅客列车到发线、货物列车到发线、调车线、牵出线（有时设简易驼峰）、机车走行线及机待线等。

4. 机务设备

在机务段（或机务折返段）所在的区段站上，如采用循环交路时，在到发场或其附近设有机车整备设备。采用长交路轮乘制时，可设置机车运用段或机车换乘点。

5. 车辆设备

主要有车辆段、列车检修所（简称列检所）和站修所等。

除上述设备外，还有信号、通信、给水、排水、电力、照明、办公房屋等设备。

二、区段站布置图

区段站内的上述各项设备都是为某项作业服务的，但因车站各项作业间存在紧密联系和相互制约的关系，各项设备相互之间的位置应根据设备本身所完成的作业性质，结合城市规划、地形、地质、水文等因素进行综合考虑，布置时应尽量使列车进路交叉干扰少，在站内的流程最短，从而提高车站通过能力和运输效率，还要考虑车站进一步发展的余地。

区段站常见的布置图有横列式、纵列式及客货纵列式 3 类。

1. 横列式区段站布置图

横列式区段站布置图的特点是，上、下行到发线（场）平行布置在正线一侧，调车场在到发场的一侧，如图 7-3-3 所示。

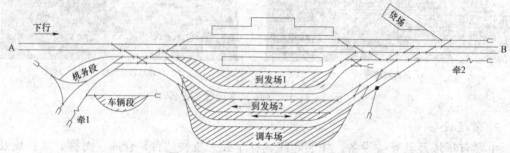

图 7-3-3　横列式区段站布置图

横列式区段站的优点是，布置紧凑，站坪长度短，占地少，设备集中，管理方便，作业灵活性大，对各种不同地形的适应性强。它的缺点是，一个方向的列车机车出入段走行距离长，对站房同侧的货物取送车和正线有交叉干扰。

2. 纵列式区段站布置图

在双线铁路上，当运量较大时，为了减少站内两咽喉区上、下行客、货列车进路的交叉干扰，区段站可采用纵列式布置图。

纵列式区段站布置图的特点是，上、下行到发场分设在正线两侧，并逆行车方向全部错移，在其中一个到发场一侧，设一个双方向共用的调车场，如图 7-3-4 所示。

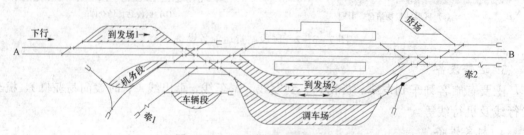

图 7-3-4　纵列式区段站布置图

纵列式区段站的优点是，作业上的交叉干扰较横列式少，机车出入段走行距离短，当机车采用循环运转制时，到发线上的整备设备比较集中，对站舍同侧的支线或工业企业线的接轨也比较方便。它的缺点是，站坪长度长，占地面积大，设备分散，投资大，定员较多，管理不便，一个方向货物列车的机车出入段要横切正线。

3. 客货纵列式区段站布置图

这种区段是客运运转设备（主要指旅客列车到发场）与货运运转设备（主要指货物列车到发场）纵向配列，如图7-3-5所示。

此种图型往往是改建时逐步形成的，故客、货运转设备和机务设备相互位置的配置形式很多，其优缺点与纵列式图型大致相同。

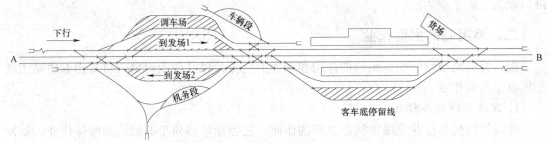

图 7-3-5 客货纵列式区段站布置图

第四节 编 组 站

一、编组站的作用及任务

编组站是铁路网上办理大量货物列车解体和编组作业，并为此设有比较完善调车设备的车站。编组站按照列车编组计划的要求，编解各种类型的列车，而且被编解列车多数是直达列车和直通列车，从而为合理的车流组织服务。从这个意义上讲，编组站实际上就是一个编组列车的工厂。图7-4-1所示为编组站的线路俯视图。

图 7-4-1 编组站线路俯视图

编组站和区段站同属技术站。从技术作业上看，编组站和区段站都要办理列车的接发、解编，机车的换挂，列车的技术检查及车辆的检修等。但是，区段站主要是办理中转列车的作业，解体和编组列车的数量少，而且大多是区段列车或摘挂列车，而编组站的主要作业是大量办理货物列车的解体和编组，而且其中多数是直达列车和直通列车。

编组站通常设在几条主要干线的汇合处，也可以设在有大量装卸作业地点的大城市、港口或大工矿企业附近。

二、编组站的主要作业

根据编组站在路网和枢纽内的作用和承担的任务，以及作业对象，可看出编组站主要办理以下几项作业。

1. 改编货物列车作业

改编货物列车作业是编组站最主要的作业。它包括解体列车的到达和解体作业，始发列车的集结、编组和出发作业。这几项作业的数量多且复杂，是分别在相应的不同地点和车场办理的。

2. 无调中转列车作业

无调中转列车比较简单，其主要作业是换挂机车和列车的技术检查，其作业时间短，办理地点只限于到发场（或专门的通过车场）。

3. 部分改编中转货物列车作业

部分改编中转货物列车作业除进行无改编中转货物列车作业外，有时还要进行变更列车重量、运行方向或进行成组甩挂等少量调车作业。该作业一般在到发场或通过车场进行。

4. 本站作业车作业

本站作业是指车辆在本站及工业企业线或段管线内进行货物装卸或倒装的作业，其作业过程比改编中转列车作业增加了取车、装卸及送车3项，其中重点是取、送车作业。

5. 机务作业

机务作业与区段站相同，包括机车出段、入段、段内整备及检修作业。

6. 车辆检修作业

编组站上的车辆检修作业，包括在到发线上进行的车列技术检查及不摘车检修。在列检或调车过程中发现车辆损坏须摘车倒装后送往车辆段或站修所进行修理（站修），或者根据任务扣车送车辆段维修（段修）。

7. 其他作业

（1）客运作业，主要是旅客乘降。

（2）货运作业，包括货物装卸、换装，冷藏车加冰加盐，牲畜车上水、清除粪便等。

（3）军运列车供应作业。

为了减少对编组站解编作业的干扰，确保主要任务的完成，应尽量不在编组上办理或少办理客货运业务。

三、编组站的主要设施设备

（一）调车设施设备

调车设施设备是编组站的核心，包括调车驼峰、调车场、平面牵出线、辅助调车场等几部分，用于办理列车的解体和编组作业。

编组站的调车设施设备，主要有平面牵出线调车和驼峰调车两种。

平面牵出线是车站的基本调车设施设备，基本上被设于平道上。调车时，车辆溜放的动力是调车机车的推力。牵出线一般设于调车场尾部，适合于车列的编组、转线，以及车辆的摘挂、取送等调车作业。

驼峰是专门用于解体车列的一种调车设施设备，它将调车场始端道岔区前的线路抬到一定高度，主要利用其高度和车辆自重，使车辆自动溜到调车线上。

1. 驼峰的分类

驼峰按每昼夜解体能力和技术装备可分为以下几类。

驼峰按每昼夜解体能力不同，可分为大能力驼峰和小能力驼峰

（1）大能力驼峰。它每昼夜解体能力在 4 000 辆以上，调车线不少于 30 条，设 2 条溜放线，并设有车辆溜放速度、溜放进路自动控制系统及推峰机车遥控系统。

（2）小能力驼峰。它每昼夜解体能力在 2 000 辆以下，调车线不多于 16 条，设 1 条溜放线，宜设置溜放进路自动控制系统、驼峰机车信号设备或机车遥控系统，也可采用简易的现代化调速设备。

驼峰按技术装备不同，可分为简易驼峰、非机械化驼峰、机械化驼峰、半自动化驼峰和自动化驼峰。

2. 驼峰的组成

驼峰范围是指峰前到达场（不设峰前到达场时为牵出线）与调车场头部之间的部分线段。它包括推送部分、溜放部分和峰顶平台，如图 7-4-2 所示。

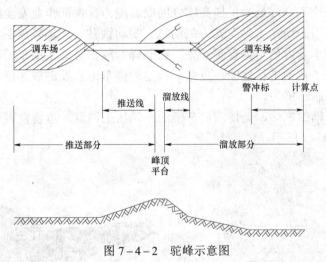

图 7-4-2 驼峰示意图

（1）推送部分，是指经由驼峰解体的车列，当其第一钩位于峰顶平台始端时，车列全长所在的线路范围。其中，由到达场出口咽喉的最外警冲标到峰顶平台始端的线段称为推送线。设置这一部分的目的是使车辆达到必要的高度，并使车钩压紧，以便摘钩。

（2）溜放部分，是指从峰顶至计算点的线路范围。由峰顶到计算点的线路长度称为驼峰的计算长度。其中，由峰顶至第一分路道岔始端的这段线路称为溜放线。

计算点是指在确定驼峰高度时，保证难行车在溜车不利条件下溜到调车场难行线某处

停车或具有一定速度的地点。驼峰调车场调速制式不同，计算点的位置也不同。

（3）峰顶平台，是指连接驼峰推送部分与溜放部分的一段平坡地段，包括压钩坡和加速坡两条竖曲线的切线长，当不包括竖曲线的切线长时称为净平台。

3. 驼峰调速系统

驼峰调速系统是指为调整溜放车辆的速度而设置的一套系统。它包括以下 3 种类型。

（1）点式调速系统。在驼峰溜放部分和调车线内，钩车溜放的调速设备全部采用减速器的调速系统。

（2）点连式调速系统。在驼峰的溜放部分和调车线的始端采用减速器，在调车场内采用连续式调速设备的调速系统。

（3）连续式调速系统。在驼峰的溜放部分和调车线内，钩车溜放的调速设备连续布置在线路上，以实现对车辆的连续调速。

4. 驼峰调速工具

驼峰调速工具用来调控溜放车辆的速度，按其在驼峰调车中的作用可分为间隔制动、目的制动和调速制动。

（1）间隔制动，可保证前后溜放钩车间有必要的间隔距离。该距离能确保道岔来得及转换，使减速器能及时转换制动或缓解的状态，以便车辆顺利通过溜放部分进入调车线。

（2）目的制动，可为调车场内的停车制动创造条件，使车辆能停在调车线内的预定地点，不与停留车辆发生冲撞或相距太远而造成过大的"天窗"。

（3）调速制动，可调整溜放钩车的速度，使车辆在溜入道岔和减速器时不超过容许速度。

驼峰调车场调速工具，是为了提高驼峰的改编能力、保证作业安全所必需的设备。目前，我国铁路上常用的调速工具有人力制动机、制动铁鞋、车辆减速器、减速顶等。在机械化驼峰上，除调车场内使用铁鞋制动外，在驼峰溜放部分均采用车辆减速器。在自动化驼峰上，一般根据车辆的走行性能、重量、预定的停车地点及溜放速度等条件，由自动化装置控制减速器的制动能力。

铁鞋对溜放车辆的制动，是使溜放车辆的车轮压上铁鞋，迫使铁鞋在钢轨上滑行产生制动力，如图 7-4-3 所示。

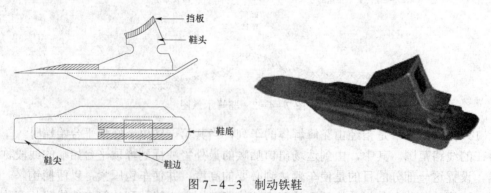

图 7-4-3　制动铁鞋

目前，我国铁路采用的减速器主要有重力式减速器、钳式减速器两种，各种类型的减速器如图 7-4-4 所示。

(a) 压力式钳式减速器

(b) T·JK3－B50 型间隔制动浮轨重力式减速器

(c) T·JK（Y）2－B50 型目的制动浮轨重力式减速器

(d) T·JY3－B50 型间隔制动浮轨重力式减速器

图 7-4-4 减速器示意图

减速顶由吸能帽和壳体（外壳、活塞组合件、密封组合件和止冲装置）等部分组成。减速顶安装在钢轨一侧，减速顶的外形及在线路上的布置如图 7-4-5 所示。

图 7-4-5 减速顶外形及在线路上的布置

减速顶是一种不需要外部能源且可以自动控制车辆溜放速度的调速工具。当车辆的走行速度慢于减速顶的临界速度（事先设定的速度）时，减速顶不起减速作用；当车辆的走行速度快于减速顶的临界速度时，则减速顶对车辆产生减速作用。

减速顶的优点在于灵敏度高、性能良好、维修简便，是一种较好的调速工具。目前我国铁路已在众多编组站上采用减速顶。

（二）行车设施设备

编组站的行车设施设备，即接发货物列车的到发线，用以办理货物列车的到达和出发作业。根据其作业量的大小和不同的作业性质，可设置到发场（或到达场）、出发场（包括

通过车场）。

（三）机务设施设备

编组站的机务设施设备即机务段。编组站一般应设机务段，且机务段的规模一般比较大，供本务机车和调车机车办理检修和整备作业。为了减小另一方向列车机车出入段走行距离，必要时，还可修建第二套整备设备。

（四）车辆设施设备

车辆设施设备，包括列检所、站修所和车辆段。

（五）货运设施设备

编组站一般不设专门的货运设施设备，按照具体情况可设零担中转站台、冷藏车加冰设施设备及牲畜车的上水设施设备。

（六）其他设施设备

1. 客运设施设备

编组站的客运业务很少，一般利用正线办理旅客列车到发（通过）。当旅客列车较多时，也可以设置 1~2 条到发线及 1~2 个旅客站台。

2. 站内外连接线路设施设备

站内外连接线路设施设备包括进出站线路、站内联络线和机车走行线等。

此外、编组站还必须有信号、联锁、闭塞、通信和照明的设施设备。

四、编组站的图型

编组站各设施设备的相互位置是多种多样的，依据编组站各项设施设备相互位置的不同，可构成不同的配置图型。

（一）按照调车设施设备的套数及调车驼峰方向分类

1. 单向编组站

单向编组站只有一个调车场，上、下行合用一套调车设施设备（包括驼峰、调车场、牵出线），其驼峰溜车方向一般顺主要改编车流的运行方向（也称顺向）。

2. 双向编组站

双向编组站有两个调车场，上、下行各有一套调车设施设备。一般情况下，两系统的调车驼峰应朝向各自的上行和下行调车方向。

（二）按照每一套系统内车场的相互位置和数目分类

1. 横列式编组站

横列式编组站，上、下行到发场与调车场并列配置。

2. 纵列式编组站

纵列式编组站，到达场、调车场、出发场等主要车场顺序排列。

3. 混合式编组站

混合式编组站，到达场与调车场纵列，出发场与调车场并（横）列。

我国编组站布置图的基本类型归纳起来有下列 6 种：单向横列式、单向混合式、单向纵列式、双向纵列式，双向混合式、双向横列式。其他类型都是在这些图型基础上派生出来的。

此外，我国铁路现场对编组站图型习惯上称为"几级几场"，如"一级三场""三级

三场""三级六场"。"级",是指同一调车系统中到达场、调车场、发车场纵向排列的数目(纵向数),一级式是指车场横列,二级式是指到达场、调车场顺序纵列,而三级式是指到达场、调车场、发车场顺序纵列。"场",是指车场,车站有几个车场,就称为几场。

图7-4-6所示为单向一级三场横列式编组站布置图。

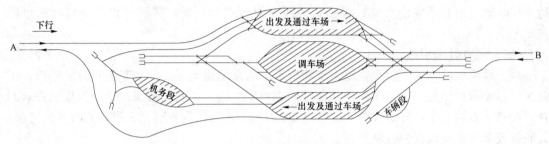

图7-4-6　单向一级三场模列式编组站布置图

这种编组站在作业上的主要特点是,上、下行到发场与共用的调车场平行布置,共用一套调车设备。

采用一级三场的优点有:站坪长度短,投资省;车场较少,布置紧凑,作业灵活,集中管理方便;无上、下行客货列车进路交叉、列车到发及车列转线交叉等。其缺点有:改编列车解体转线困难,改编车流在站内走行距离长,作业效率低。车辆在一级三场编组站的作业流程如图7-4-7所示。

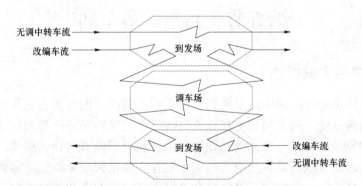

图7-4-7　车辆在一级三场编组站的作业流程

五、编组站的分类

编组站根据其在路网中的位置、作用和所承担的作业量,可分为路网性编组站、区域性编组站和地方性编组站。

(一)路网性编组站

路网性编组站位于路网、枢纽地区的重要地点,是承担大量中转车流改编作业,编组大量技术直达和直通列车的大型编组站。路网性编组站一般衔接3个及以上方向或编组3个及以上去向的列车,编组2个及以上去向的技术直达列车或技术直达和直通列车去向之

和达到 6 个的情况，日均有调中转车达 6 000 辆，设有单向纵列式、双向纵列式或混合式的车场，其驼峰设有自动或半自动控制设备。

（二）区域性编组站

区域性编组站一般位于铁路干线交会的重要地点，它是承担较多中转车流改编作业，编组较多直通和技术直达列车的大中型编组站。它一般衔接 3 个及以上方向或编组 3 个及以上去向的列车；编组 3 个及以上去向的技术直达和直通列车；日均有调中转车达 4 000 辆；设有单向混合式、纵列式或双向混合式的站场，其驼峰设有半自动或自动控制设备。

（三）地方性编组站

地方性编组站一般是位于铁路干支线交汇，铁路枢纽地区，大宗车流集散的港口、工业区，以及承担中转、地方车流改编作业的中小型编组站。它一般编组 2 个及以上去向的直通和技术直达列车；日均有调中转车达 2 500 辆；设有单向混合式、横列式布置的站场，其驼峰设有半自动或其他控制设备。

若在一个铁路枢纽内设有两个以上的编组站，则根据作业分工和作业量，可将其分为如下两类。

1. 主要编组站

主要编组站，主要担当路网上中转车流的改编任务，以解编直达、直通列车为主。

2. 辅助编组站

辅助编组站，协助主要编组站作业，以解编地区小运转车流为主，个别情况也编组少量直达列车。

第五节　高速铁路车站

一、高速铁路车站概述

高速铁路车站是配合高速铁路系统正常运营的火车站，但世界各国几乎都没有对高速铁路车站给以明确规定，只是习惯把高速铁路沿线上的铁路车站统称为高速铁路车站。如果按高速铁路建设模式进行分类，高速铁路包括运输组织模式与修建模式。运输组织模式是指高速铁路是客运专线还是客货混用；列车运行方案是采取全高速旅客列车运行还是高中速旅客列车共线运行，相应的高速铁路车站则有客运站和客货运站之分。修建模式是指高速铁路是采取既有线改造还是新建；线路的走向是采取与既有线并行还是远离既有线新建，相应的高速铁路车站则有新建高铁站和与既有站合设之分。

二、高速铁路车站类型

根据技术作业性质不同，高速铁路车站可分为四种类型，分别是越行站，中间站，枢纽站，始发、终到站。

1. 越行站

越行站不办理客运业务，不设置站台，主要作业有：

（1）办理各种列车在正线的通过作业；

（2）办理列车的待避作业，即速度较快的列车越行速度较慢的列车。

如图 7-5-1 所示，正线 Ⅰ、Ⅱ 道用于办理高速列车通过，3、4 道用于办理列车待避。

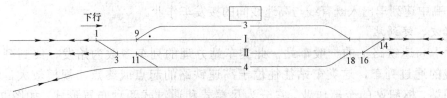

图 7-5-1　高速铁路越行站示意图

2. 中间站

中间站办理的主要作业有：

（1）办理列车在正线的通过作业；

（2）办理列车的待避作业及客运作业；

（3）有立即折返作业的中间站，办理折返列车的停留、始发、终到作业等；

（4）办理始发、终到列车的客运及整备作业；

（5）有综合维修管理区岔线接轨的中间站，在"天窗修"时间内办理维修、检测列车出入中间站的接发车作业；

（6）与既有线有联络线相接的中间站，还办理既有线列车出入中间站作业；

（7）与其他高速铁路衔接的高速接轨站，还办理旅客的中转换乘作业。

中间站的布置图一般有对应式和岛式两种，如图 7-5-2 所示。对应式中间站站台设置在到发线外侧或到发线之间，站台不靠正线。岛式中间站站台设置在正线和到发线之间，站台一侧靠正线，一侧靠到发线。

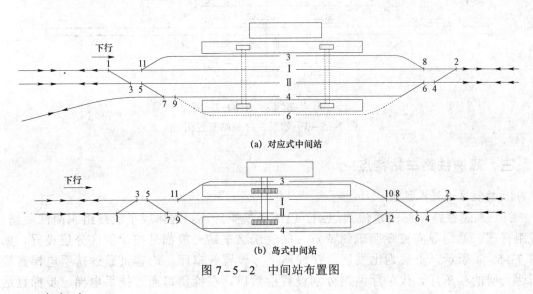

(a) 对应式中间站

(b) 岛式中间站

图 7-5-2　中间站布置图

3. 枢纽站

枢纽站与既有线铁路车站之间一般设有高中速联络线，除办理中间站的作业以外，还须办理以下作业：

（1）有较多的始发、终到作业，终到的高速动车组进入动车所进行检修存放，始发的动车组出动车所进入到发线待发；

（2）中速列车的列检、上水、更换机车作业；

（3）高中速列车出入既有线与高速线间的接发车作业。

4. 始发、终到站

相对于高速铁路上的一般车站，此类车站办理的列车多数为始发、终到列车，也办理跨线的通过列车，这类车站往往位于高速铁路的起点或终点，规模较大，几乎包括了中间站、枢纽站的全部作业。它分为尽端式和通过式两种布置形式，如图7-5-3所示。

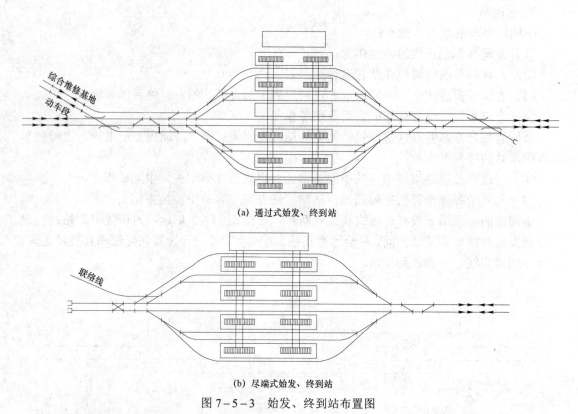

(a) 通过式始发、终到站

(b) 尽端式始发、终到站

图7-5-3　始发、终到站布置图

三、高速铁路车站特点

1. 功能区设置人性化

（1）高速铁路车站注重流线组织，以缩小换乘距离，这体现了流线组织简洁顺畅、短距合理、站内导向直观明确的特点。高速铁路车站一般都是按功能区分层设置，如图7-5-4所示，上层为出发层，在线路上方设置候车厅，旅客可通过扶手电梯直接到达上层的候车厅，候车厅两侧分别设置检票口，在检票口通过扶手电梯、步梯直达站台；下层为到达层，下车旅客通过站台上的通道入口经扶手电递、步梯进入地道，再经通道到达出站口。这样的设置实现了进出站流线的分离，为旅客提供了良好的站内服务。

（2）高速铁路车站功能区较传统铁路车站的功能区设置更为合理，具有舒适的候车环境、方便的信息服务、多样的商业服务，除具备一般的客运服务功能外，还有能够满足旅客休闲娱乐需要的多样化商服功能，始发、终到站商服功能以候车厅为中心布置，餐饮、休闲、购物等功能区一应俱全，如图7-5-4所示。

(a) 候车厅与站台间的通道

(b) 站台与出站口间的通道

图7-5-4　进站出站通道

2. 售票、进站安检、进站检票、出站检票自助化

高速铁路车站的售票、进站安检、进站检票、出站检票作业组织自动水平较普速铁路的一般车站有明显的提升。

（1）售票。本着以人为本、方便旅客的原则，售票厅除设置售票窗口外，还设置足够数量的自动售票机，方便旅客自助购票或互联网购票的取票，如图7-5-5（a）所示。

（2）进站安检。进站口设置了票证人脸合一识别系统，票证人脸合一识别系统可以直接扫描乘客的轮廓、眉骨、嘴唇两边等重要特征，乘客必须保证身份证人像和其面部特征一致，在票证人三合一的情况下方允许乘客继续通过检票闸门。安检处设置安检门，可以有效缩短旅客进站安检时间，提高效率。票证人脸合一识别系统如图7-5-5（b）所示。

(a) 自动售票机

(b) 票证人脸合一识别系统

图7-5-5　售票与票证人脸合一识别系统的自助设备

（3）进站检票。检票口主要分列在候车厅两侧，检票口上方的电子屏幕显示车次名称和开车时间，旅客可根据车票上的信息选择相应检票口就近候车；每个检票口都设有自动检票闸机，上面标有"磁票入口""刷卡区"等字样，车次开检时乘客使用车票或二代身份证检验无误后闸机就会开放，如图7-5-6（a）所示。

（4）出站检票。出站口设置的闸机功能与进站口闸机类似，由电子识别系统自动识别车票中的相关信息是否与当前乘车的信息相符，当票面被损坏或车票过期，或与当前乘车的相关信息不符时，闸机会自动将乘客拦截在外，如图7-5-6（b）所示。

(a) 进站口检票闸机   (b) 出站口检票闸机

图7-5-6　进出站口闸机

3. 与其他交通方式的系统性

大型高速铁路车站在设计时要考虑与城市规划相协调，配合当地城市交通进行规划设置。在设计时要以高速铁路车站为中心，实现城市交通与铁路之间的有机结合、系统优化，使高速铁路车站成为各种交通方式换乘的综合枢纽。高速铁路车站就是不同城市交通方式的汇合、接驳点，以上海虹桥站为例，此处联结了市内公交站、地铁2号线、虹桥机场2号航站楼、长途汽车站，各种交通方式之间设置了换乘通道，通过换乘通道，各种交通工具之间可实现"零换乘"，如图7-5-7所示。

图7-5-7　上海虹桥站

4. 建设时的先进性与文化性

（1）先进性。高速铁路车站在建设时除考虑与城市规划相协调外，还要考虑车站自身

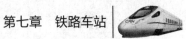

发展，在设计上要体现前瞻性，具有足够的规模适应未来发展需要；要具有完善的安全技术，考虑结构安全、消防安全、交通疏解安全；要体现环保节能理念，采取节能降耗、减振降噪式的设计。

（2）文化性。高速铁路车站在设计时要体现所在城市的地域特征、历史风貌、人文内涵，往往一座高速铁路车站就是一个城市的地标建筑，还会与城市的发展相结合，体现时代特征。图7-5-8所示车站为南京南站与北京南站的设计效果图。

(a) 南京南站东方之冠式设计

(b) 北京南站天坛式设计

图7-5-8　部分车站设计效果图

复习思考题

1. 什么叫区间？什么叫区段？
2. 车站的作用是什么？
3. 车站是如何分类的？
4. 铁路线路分为哪几种？
5. 车站线路如何编号？车站道岔如何编号？
6. 中间站办理的作业有哪些？
7. 中间站的主要设备有哪些？
8. 区段站办理的作业有哪些？
9. 区段站的布置图型有哪几种？各具有什么特点？
10. 编组站办理的主要作业有哪些？
11. 编组站的主要设施和设备有哪些？
12. 编组站的布置图型有哪几种？各有什么特点？
13. 高速铁路车站类型有哪几种？各办理什么作业？

第八章　铁路信号

　　信号是为传递信息所规定的符号。铁路信号是指示列车运行和调车作业的命令，有关人员必须立即执行。铁路信号设备就是车站联锁、区间闭塞等设备的总称，是铁路行车的指挥与控制系统，其装备水平和技术水准是铁路现代化的重要标志。

　　铁路信号与通信设备是铁路主要技术装备之一，其主要作用是保证列车运行与调车作业安全，提高铁路线路通过能力进而提高铁路运输生产的效率，改善相关工作人员的劳动条件。

第一节　铁路信号概述

一、铁路信号的分类

1. 按接收信号的感官分类

分为视觉信号和听觉信号两大类。

视觉信号是以物体或灯光的颜色、形状、位置、数目或数码显示等特征表示的信号，如信号机（如图 8-1-1 所示）、信号旗、信号牌、火炬等表示的信号。

图 8-1-1　视觉信号（信号机）

听觉信号是以不同器具发出的音响的强度、频率、长短等特征表示的信号，如号角、响墩（如图 8-1-2 所示）、机车鸣笛等。

2. 按发出信号的机具能否移动分类

分为固定信号、移动信号和手信号。

1）固定信号

固定信号是铁路信号设备的重要组成部分，是在线路固定地点或机车上安装的信号设备显示的信号，如图 8-1-3 所示，包括地面信号和机车信号。

图 8-1-2　听觉信号（响墩）

图 8-1-3　固定信号

固定信号机按构造和显示方式不同分为臂板信号机（如图 8-1-4 所示）、色灯信号机（如图 8-1-5 所示）和机车信号机。

2）移动信号及手信号

当线路上出现临时性障碍或正在施工，要求列车停车或减速时，须按照规定设置移动信号，安放响墩、信号牌、火炬或用手信号进行防护，以保证行车安全，如图 8-1-6 所示。手信号是有关行车人员手持信号旗或信号灯做出各种规定动作，以表示停车、减速、发车、通过、引导等信号。固定信号是铁路信号的主要信号，移动信号和手信号作为补充和辅助。

图 8-1-4 臂板信号机

图 8-1-5 色灯信号机

图 8-1-6 移动信号及手信号

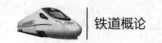

二、铁路信号颜色及其代表的含义

铁路信号通常用不同颜色来显示其意义。我国铁路信号有红、黄、绿三种基本颜色和月白、蓝色、透明几种辅助颜色。固定信号的基本颜色及其意义如下（如图 8－1－7 所示）：

红色——要求停车；

绿色——准许按规定速度运行；

黄色——要求注意或减速行驶。

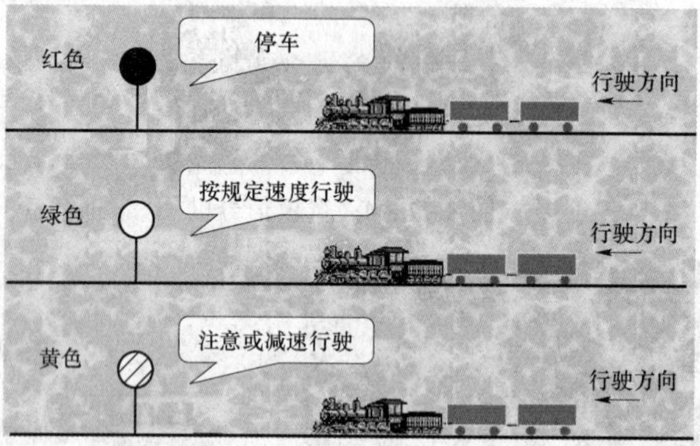

图 8－1－7　信号颜色含义

信号机的图形符号见表 8－1－1。

表 8－1－1　信号机的图形符号

名称	图形符号	名称	图形符号
绿色灯光	○	蓝色灯光	⦿
黄色灯光	⊘	透明灯光	⦶
红色灯光	●	稳定灯光（如绿灯）	
月白灯光	◎	闪光信号（如绿灯）	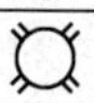

三、设置色灯信号机的总要求

我国铁路采用左侧行车制，如图 8－1－8 所示，规定信号机设置在线路列车运行方向的左侧。在线路旁设置的信号机，不得侵入建筑接近限界；在准许接发或通过超限货物列车的线路旁设置的信号机，不得侵入超限限界。如两线路之间距离不足以装设信号机，可以采用信号托架或信号桥，如图 8－1－9 和图 8－1－10 所示。

1. 进站信号机

1）进站信号机的作用

进站信号机主要用来防护车站，指示进站列车的运行条件，保证接车进路的正确和安全可靠。进路就是在车站内，列车的运行经路或调车作业所走的经路。进路可以分为列车进路和调车进路，如图 8－1－11 所示。其中，列车进路又可分为接车进路和发车进路。每个车站都有若干条进路，可能是平行进路也可能是敌对进路。

图 8-1-8　左侧行车制

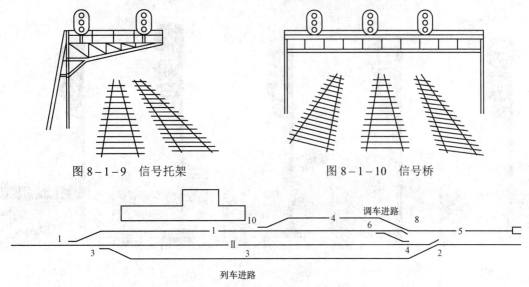

图 8-1-9　信号托架　　　　　图 8-1-10　信号桥

列车进路

图 8-1-11　列车进路与调车进路

进站信号机设置于车站入口距进站道岔尖轨尖端（顺向为警冲标）不小于 50 m 的地点，如图 8-1-12 所示。

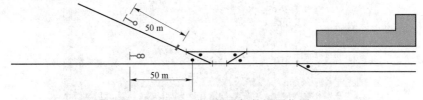

图 8-1-12　进站信号机的设置位置

2）进站信号机的显示含义

进站信号机有黄、绿、红、黄、月白 5 个色灯，可组成如下信号显示。

一个红色灯光：不准列车越过该信号机。

一个黄色灯光（如图 8-1-14（a）所示）：准许列车经道岔直向位置，正线准备停车。

两个黄色灯光（如图 8-1-14（b）所示）：准许列车进入站内到发线停车，如图 8-1-13 所示。

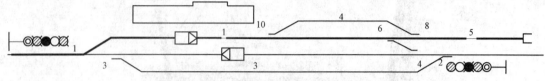

图 8-1-13　进站信号机显示双黄灯的含义

一个绿色灯光和一个黄色灯光（如图 8-1-14（c）所示）：准许列车进入站内下一个车场停车，表示进站信号机处于开放状态，出站信号机处于关闭状态。

一个红色灯光和一个月白色灯光（如图 8-1-14（d）所示）：引导信号，准许引导接车。

一个绿色灯光（如图 8-1-14（e）所示）：准许列车按规定速度经正线通过车站，表示出站或进站信号机处于开放状态，进路上的道岔均开通直向位置。

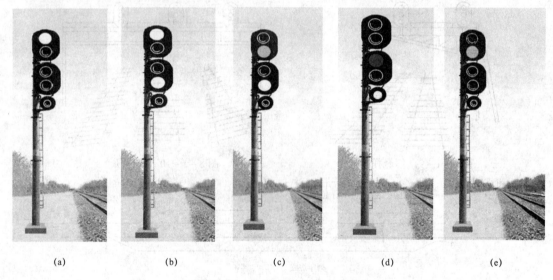

(a)　　　　　　(b)　　　　　　(c)　　　　　　(d)　　　　　　(e)

图 8-1-14　进站信号机的显示

2. 出战信号机

在防护区间，为指示列车可否由车站进入区间而设置出站信号机，如图 8-1-15 所示。

图 8-1-15　出站信号机

1）出站信号机的作用

在人工闭塞区间，指示列车可否发车。保证发车进路上的道岔位置正确，进路上无车，没有建立敌对进路，进路已经锁好，运行安全。

在半自动闭塞区间，指示列车可否占用区间。保证进路和区间无车，进路上的道岔位置正确，没有建立敌对进路，进路已经锁好，运行安全。

在自动闭塞区间，指示列车可否占用站外的第一个闭塞分区。保证进路和第一个闭塞分区空闲，进路上道岔位置正确，没有建立敌对进路，进路已经锁好，运行安全。

2）出站信号机的显示含义

在半自动闭塞区段，出站信号机有高柱、矮柱之分，如图8-1-16所示，显示红、绿两色。在三显示自动闭塞区段，出站信号机有两种形式，如图8-1-17所示。不同的显示组合表示不同的含义。

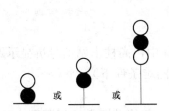
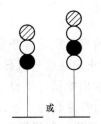

图8-1-16　半自动闭塞区段的出站信号机　　图8-1-17　三显示自动闭塞区段出站信号机

在半自动闭塞区段：

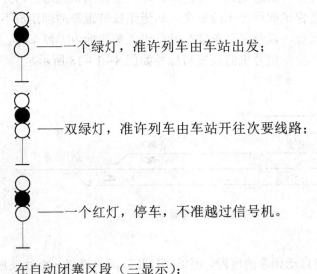

——一个绿灯，准许列车由车站出发；

——双绿灯，准许列车由车站开往次要线路；

——一个红灯，停车，不准越过信号机。

在自动闭塞区段（三显示）：

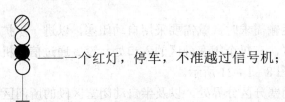

——一个红灯，停车，不准越过信号机；

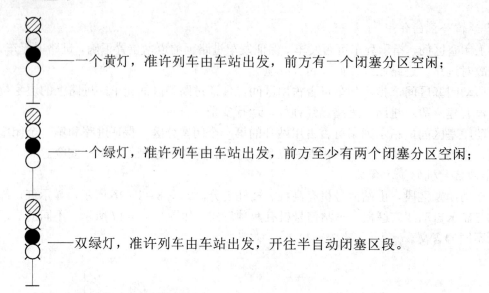

——一个黄灯，准许列车由车站出发，前方有一个闭塞分区空闲；

——一个绿灯，准许列车由车站出发，前方至少有两个闭塞分区空闲；

——双绿灯，准许列车由车站出发，开往半自动闭塞区段。

3）出站信号机的信号显示距离

总体要求出站信号机显示距离不小于 400 m。其中，高柱出站信号机显示距离不小于 800 m，矮柱出站信号机显示距离不小于 200 m（在困难条件下）。

4）出站信号机的位置设置

出站信号机一般设置在与绝缘节同一坐标处,钢轨绝缘节距警冲标距离应不小于 3.5 m 且不大于 4 m。轨道绝缘节距警冲标距离不小于 3.5 m，是因为车辆的最外轮对距车辆端部有一段不大于 3.5 m 的长度。当警冲标与轨道绝缘节对齐时，车轮虽在钢轨绝缘的内方，但车辆端部已越出警冲标外方，不能保证邻线行车的安全。轨道绝缘节距警冲标距离不大于 4 m，是为了不缩短股道的有效长度，以及在列车或车辆已进入警冲标内方停车时，不会因占用道岔区段而影响邻线作业。出站信号机的设置与标号如图 8-1-18 所示。

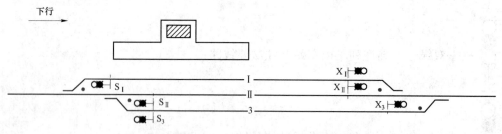

图 8-1-18　出站信号机的设置与标号

3. 通过信号机

为了提高线路的通过能力，在半自动闭塞的区段，可以在较长区间内设置一个线路所，并设置通过信号机，如图 8-1-19 所示。

当半自动闭塞的通过能力不能满足运输需求时，就需要采用自动闭塞，以进一步扩大列车密度。将区间划分成若干个闭塞分区，在每个闭塞分区的入口处，设置通过信号机防护，如图 8-1-20 所示。通过信号机如图 8-1-21 所示。

通过信号机设置在自动闭塞区段的闭塞分区分界处，以及半自动闭塞区段的所间区间的分界处。在确定通过信号机的具体位置时，应综合考虑以下因素：

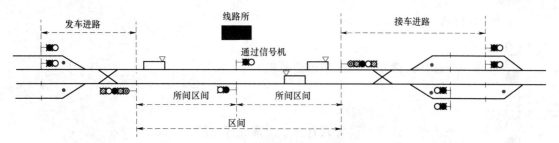

图 8-1-19　半自动闭塞区段通过信号机的配置

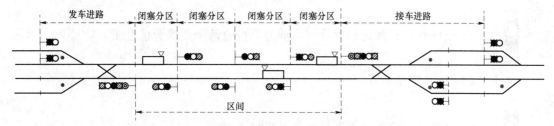

图 8-1-20　自动闭塞区段通过信号机配置

图 8-1-21　通过信号机

（1）避免设在列车停车后、起动时容易发生车钩断裂的地点；

（2）尽量避免设在停车后起动困难的上坡道上；

（3）不能设在隧道内及大型桥梁上。

通过信号机的作用是指示列车能否进入该信号机所防护的闭塞分区或所间区间。一般要求通过信号机的显示距离不小于 1 000 m，在最恶劣条件下不得小于 200 m。

通过信号机的显示含义，在半自动闭塞区段与自动闭塞区段存在一定区别。

半自动闭塞区段：

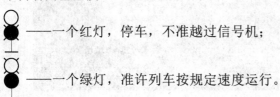

——一个红灯，停车，不准越过信号机；

——一个绿灯，准许列车按规定速度运行。

自动闭塞区段（三显示）：

——一个红灯，停车，不准越过信号机；

——一个黄灯，注意，前方只有一个闭塞分区空闲；

——一个绿灯，按规定速度运行，前方至少有两个闭塞分区空闲。

自动闭塞区段（四显示）：

——一个红灯，停车，不准越过信号机；

——一个黄灯，减速，按规定限速越过该信号机，前方只有一个闭塞分区空闲；

——一个黄灯和一个绿灯，按规定限速越过该信号机，前方有两个闭塞分区空闲；

——一个绿灯，按规定速度运行，前方至少有三个闭塞分区空闲。

4. 遮断信号机

1）遮断信号机的作用

为防护平交道口（铁路与公路的平面交叉点）、桥梁、隧道及塌方落石等危险地点而设置的信号机，叫做遮断信号机，如图 8-1-22 所示。

图 8-1-22　遮断信号机

2）遮断信号机的显示含义

遮断信号机为单显示信号机。

——一个红灯，表明不准列车越过该信号机；遮断信号机不亮灯时，不起信号作用。

为与一般信号机区别开来，遮断信号机采用方形背板的形式，并在机柱上涂有黑白相间的斜线。

5. 预告信号机

1）预告信号机的作用

考虑到地面信号常常受到地形条件和气象条件的影响，以致信号显示距离有时难以满足运营要求，对进站、通过、遮断等绝对信号机，根据实际需要装设了预告信号机，用于预先告诉司机主体信号机的状态。

2）预告信号机的显示含义

预告信号机为二显示信号机，有黄、绿两种色灯。

——一个黄灯，表明主体信号机处于关闭状态；

——一个绿灯，表明主体信号机处于开放状态。

6. 调车信号机

在车站内，为保证列车在站内的行车安全，凡影响列车作业的调车进路，均应设置调车信号机，如图 8-1-23 所示。调车信号机用于指示调车机车能否越过该信号机进行调车作业，分为高柱和矮柱两种形式，如图 8-1-24 所示。

图 8-1-23　调车信号机

图 8-1-24　高柱、矮柱调车信号机

调车信号机有月白、蓝两个色灯。

——一个蓝灯，不准越过该信号机；

——一个月白灯，准许越过该信号机调车；

——一个月白闪光灯，准许平面溜车（平面调车的一种方法）。

7. 驼峰信号机

1）驼峰信号机的作用

在驼峰调车场的峰顶上，用来指示调车机车能否向峰顶推送车列，以及用多大速度推送车列。

2）驼峰信号机的显示含义

驼峰信号机为四显示高柱信号机，从上至下有黄、绿、红、月白四个色灯，如图 8-1-25 所示。

一个黄闪光灯，指示机车车辆减速向驼峰推进；

一个月白灯，指示机车车辆到峰下；

一个月白闪光灯，指示机车车辆去禁溜线；

一个红色灯光，不准机车车辆越过该信号机；

一个绿色灯光，准许机车车辆按规定速度向驼峰推进；

一个绿色闪光灯，机车车辆要加速向驼峰推进。

图 8-1-25　驼峰信号机

3）驼峰信号机的显示距离与位置设置

驼峰信号机的显示距离不能小于 400 m。在整个推峰解体过程中，调车机车位于车列尾部，为让机车司机看清信号显示，在到发线适当位置，可以设置驼峰辅助信号机；若驼峰辅助信号机仍然不能满足要求时，可装设驼峰复示信号机，如图 8-1-26 所示。

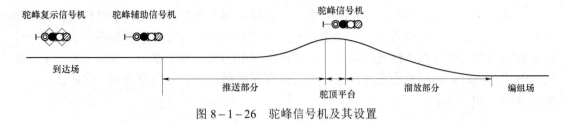

图 8 - 1 - 26　驼峰信号机及其设置

四、信号表示器与信号标志

1. 信号表示器

信号表示器和信号机不同，它没有防护的意义，用来表示与行车有关设备的位置和状态，或表示信号显示的某种附加含义。

我国铁路上采用的表示器有道岔表示器、发车线路表示器、调车表示器、进路表示器、发车表示器等。

1）道岔表示器

图 8 - 1 - 27　道岔表示器

道岔表示器（如图 8 - 1 - 27 所示）的作用是反映道岔所处的状态，便于扳道员确认进路和调车人员办理调车作业。

它的设置位置为接发车进路上的手动道岔处，以及由非联锁区向联锁区的过渡区入口处的电动道岔处。联锁区域内的电动转辙机控制道岔，采用了调车信号机，所以不设置道岔表示器。

道岔处于定位：表示器的鱼尾形黄色标板顺着线路方向显示，白天沿着线路方向看不到该标板，夜间显示一个紫色灯光，如图 8 - 1 - 28 所示。

道岔处于反位：白天为中央划有一条鱼尾形黑线的黄色鱼尾形牌，夜间显示一个黄色灯光，表示道岔位置开通侧向，如图 8 - 1 - 29 所示。

2）发车线路表示器

调车作业虽然要求在站内进行，但是在实际工作中，常因调车工作的实际需求而进行站外调车。

站外调车对车站信号提出了新的要求。可以根据需要设置线群出站信号机，在每一发车线警冲标内方适当地点设发车线路表示器；当线群出站信号机处于开放条件下，哪一个线路表示器亮一个月白色灯光，即表示在该线路停留的列车可以发车；这些并排的发车线路表示器，同时只准一个点亮月白灯，而且只有在线群出站信号机开放后，它才能亮灯，如图8-1-30所示。

图8-1-28　道岔处于定位

图8-1-29　道岔处于反位

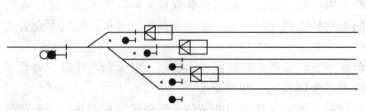

图8-1-30　发车线路表示器

2. 信号标志

信号标志设在铁路沿线，用来表明该地点线路的状况，以便司机和其他有关行车人员能够及时、正确地进行作业。

铁路系统常见的信号标志主要有如下几种。

1）警冲标

警冲标如图 8-1-31 所示。

2）司机鸣笛标

司机鸣笛标设在道口、大桥、隧道或视线不良处前方的 500～1 000 m 处,如图 8-1-32 所示。司机看到该标志时,应鸣笛示警。

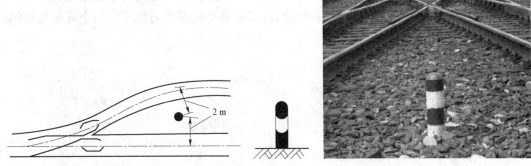

图 8-1-31　警冲标

3）作业标

在营运线路进行施工维护时,为保障维护人员安全和行车安全,需要设置作业标,如图 8-1-33 所示。作业标设在施工线路及其邻线距施工地点两端 500～1 000 m 处,司机见到此标记时须提高警惕并长声鸣笛。

4）站界标

站界标设在双线区间列车运行方向左侧最外方顺向道岔(对向出站道岔的警冲标)外不小于 50 m 处,或邻线进站信号机相对处,如图 8-1-34 所示。

图 8-1-32　司机鸣笛标　　　　图 8-1-33　作业标　　　　图 8-1-34　站界标

5）预告标

预告标设在进站信号机外方 900 m、1 000 m 及 1 100 m 处,如图 8-1-35 所示,但在没有预告信号机及自动闭塞的区段,均不设预告标。在双线区间,当退行的列车看不见邻线的预告标时，须在距站界外 1 100 m 处特设一个预告标。

6）引导人员接车地点标

列车在距站界 200 m 以外，当不能看见引导人员在进站信号机或站界标处显示的手信号时，须在列车距站界 200 m 外能清晰地看见引导人员手信号的地点设置引导人员接车地点标，如图 8 – 1 – 36 所示。

7）接触网终点标

接触网终点标设在站内接触网边界，如图 8 – 1 – 37 所示。电力机车通过接触网获得电动力，一旦脱离接触网将寸步难行。接触网终点标就是提醒电力机车司机不要超越接触网有效区间。

图 8 – 1 – 35　预告标

图 8 – 1 – 36　引导人员接车地点标

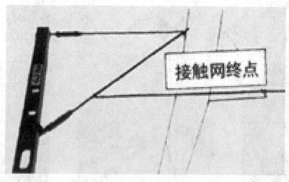

图 8 – 1 – 37　接触网终点标

8）减速地点标

减速地点标设在需要减速地点两端各 20 m 处，如图 8 – 1 – 38 所示。正面表示列车应按规定限速通过地段的始点，背面表示列车应按规定限速通过地段的终点。

9）桥梁减速信号牌

桥梁减速信号牌设在需要限速通过的桥梁两端，上部表示客车限制速度，下部表示货车限制速度，如图 8 - 1 - 39 所示。

　　这么多的标志，铁路有关人员都要牢牢记住，否则就会造成事故，所以标志的设计既要说明问题，也要一目了然，便于记忆。通常都采用白底，少数为黄底、蓝底加黑字或黑色图案。

正面　　　　　　　背面

图 8 - 1 - 38　减速地点标

图 8 - 1 - 39　桥梁减速信号牌

五、其他信号设备

　　其他信号设备还有道岔转换设备、继电器、信号电源屏、控制台等。道岔就是线路的连接与交叉设备，通过它尖轨的位置变换开通直向或侧向线路；尖轨的动作，由道岔转换设备实现。道岔转换设备分为以下两类：

　　手动类，如道岔握柄、转换锁闭器等；

　　电动类，如电动转辙机、电空转辙机、电液转辙机等。

　　1. 道岔转换设备（转辙机）

　　转辙机是用电来转动道岔、锁闭道岔、反映道岔位置的一种信号器材。图 8 - 1 - 40 所示转辙机为 XJD - D 型和 ZD6 - D 型电动转辙机。

　　2. 继电器

　　继电器是自动控制系统中使用的一类电磁开关，是铁路信号设备中使用最多的一种电器设备，如图 8 - 1 - 41 所示。继电器相当于电路中的开关，可以接通和断开电路，通过继电器可以控制道岔的转换，锁闭和解锁进路，控制信号机的开放和关闭等。

　　最简单的一种是直流无极继电器，如图 8 - 1 - 42 所示，其工作原理为：

　　（1）接通电源（合闸），对电磁铁供电，吸动衔铁，带动中簧片，使中接点与后接点断开而与前接点闭合；

　　（2）电源切断后，铁心失磁，衔铁因此自行释放，使中接点断开前接点并和后接点闭合。

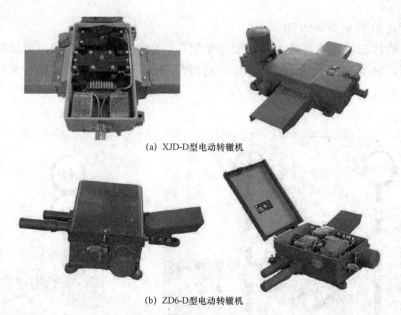

(a) XJD-D型电动转辙机

(b) ZD6-D型电动转辙机

图 8 - 1 - 40　电动转辙机

图 8 - 1 - 41　继电器和组合架

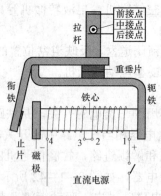

图 8 - 1 - 42　继电器工作原理

3. 信号电源屏

信号电源屏是将为信号供电的部件集中起来，做成带有盘面的金属柜，如图 8 - 1 - 43 所示。将外部电源引入屏内，经稳压、调压、整流后，再输出不同电压的交、直流电，供车站内各类信号、通信设备使用。信号电源屏的实质，就是向车站内信号、通信设备稳定供电。

4. 控制台

控制台是在车站信号楼内，车站值班员用来控制信号机和道岔等行车设备，并反映这些设备状态的工作台，如图8-1-44所示。

图8-1-43 信号电源屏

图8-1-44 控制台

5. 轨道电路

轨道电路是车站内基本设备之一，也是信号联锁的重要室外设备。它是利用铁路的两条钢轨作为导线，两端以钢轨绝缘为分界，与轨道继电器等设备组成的电气回路，如图8-1-45所示。

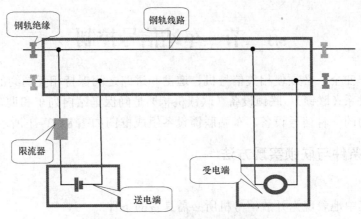

图8-1-45 轨道电路结构图

轨道电路具有能反映线路和道岔区段是否有车占用，传递列车占用信息，向列车传递信息，检查钢轨是否完整等功能。

轨道电路主要由绝缘节、电源、限流电阻、轨道继电器等组成。

（1）当轨道电路区段空闲时，电流从轨道电源正极经过钢轨进入轨道继电器，再经另一股钢轨回到电源负极。这时，轨道继电器衔铁被吸起，接通绿灯回路，信号机显示绿灯，如图 8-1-46 所示。

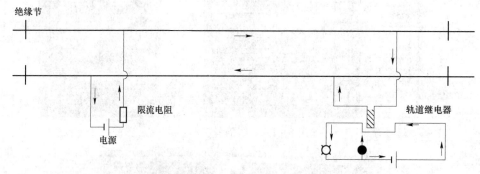

图 8-1-46　轨道电路示意图 1

（2）当轨道电路区段有车占用时，由于机车车辆轮对的电阻很低，轨道电路被短路，轨道继电器衔铁落下，接通红灯回路，信号机显示红灯，如图 8-1-47 所示。

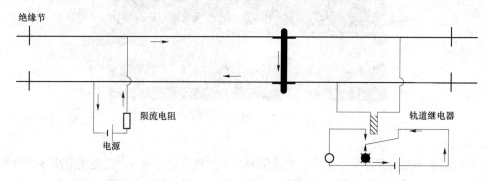

图 8-1-47　轨道电路示意图 2

第二节　车站信号控制

为保证行车安全，必须使相关信号机、道岔和进路之间保持相互制约的关系，这种关系就称为联锁关系（联锁）。联锁设备（联锁机构）是确保车站内列车和调车作业安全，提高车站通过能力的一种信号设备。车站联锁设备组成框图如图 8-2-1 所示。

一、联锁条件与联锁实现方法

1. 联锁条件

联锁条件集中地表现为开放信号机所必需具备的条件：

（1）道岔位置正确就是开放信号时，要求进路上有关的道岔处于开通该进路的位置；

（2）线路空闲就是开放信号时，要求该进路上没有车占用；

（3）没有敌对进路就是开放信号时，要求该进路有关的敌对信号没有开放；

（4）锁闭道岔和敌对信号机就是开放信号后，要求该进路上的相关道岔不能扳动，其敌对信号机不能开放。

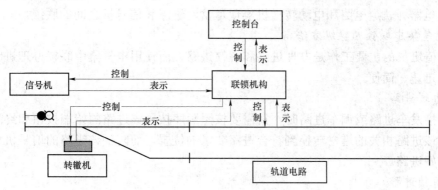

图 8-2-1　车站联锁设备组成框图

2. **实现联锁的基本方法**

目前，实现联锁的基本方法包括机械锁闭法、电锁器锁闭法、电气锁闭法和电子锁闭法四种。根据实现联锁的集中化程度，联锁的方式分为非集中联锁和集中联锁。

（1）非集中联锁方式一般由人力在道岔附近操纵道岔转换设备，分散地利用机械方法和电锁器方法实现，如图 8-2-2 所示。

图 8-2-2　非集中联锁

（2）集中联锁方式是指在车站信号楼中，集中地操纵道岔和信号机的方式。目前，我国已完全采用继电器实现联锁，属于电气锁闭法、集中联锁方式，因此称为电气集中联锁。

二、电气集中联锁

在采用电气集中联锁的车站上，利用色灯信号机和电动道岔，车站值班员可以在控制台上对整个车站或车场内的道岔、信号机进行集中操纵；在联锁区域范围内，股道和道岔

区段上都设有轨道电路，车站值班员可通过控制台直接指挥列车运行和调车工作，并监视现场设备的动作情况。电气集中联锁可以可靠地保证行车和调车作业的安全，提高车站工作效率和改善劳动条件。

1. 电气集中联锁的主要设备与基本原理

电气集中联锁的主要设备有继电器、电动转辙机、轨道电路和控制台。电气集中联锁是利用继电器、轨道电路和电动转辙机实现道岔、进路和信号机之间的联锁。

2. 电气集中联锁的操纵方法

车站值班员的主要工作是办理进路和解锁进路，而使用电气集中联锁办理进路和解锁进路更为迅速、简便。

1）办理进路

办理接发车进路或调车进路时，只需要按照顺序按压该进路的始端按钮和终端按钮，就能将与该进路相关的道岔转换到符合进路要求的位置，而防护该进路的信号机也会自动开放，排好进路。

2）解锁进路

解锁进路分正常解锁和取消进路。正常解锁是当列车或调车通过进路中的道岔区域后，进路中的道岔和经由该道岔的敌对进路就自动解锁。

在进路排好之后，如果列车或调车尚未到达信号机的接近区域时，可以拔出始端按钮，此时信号机自动关闭，进路也自动解锁。

如果列车已接近信号机，拔出始端按钮后信号机自动关闭，但进路无法解锁，则需要办理引导接车。

3. 电气集中联锁的主要优点

（1）由于采用了轨道电路，严格实现了进路控制过程的要求，具有较完善的安全功能，基本上能防止因违章或操作失误而危及行车安全的情况，从而实现了进路办理和解锁的安全性。

（2）采用色灯信号机和电动转辙机，操作人员仅须在控制台上按压按钮就能办理或取消进路，而且采用逐段解锁方式还可大大缩短进路的建立和解锁时间，提高了车站咽喉的通过能力，从而使进路办理和解锁更为快捷。

（3）进路的排列和解锁都是自动进行的，从而改善了和行车有关人员的劳动条件，实现了进路办理和解锁的自动化。

三、计算机联锁

计算机联锁是一种利用计算机对车站值班员的操作命令及现场表示信息进行逻辑运算，从而实现对信号机及道岔等进行集中控制，使其达到相互制约的联锁设备。它实现了从有接点（使用继电器）到无接点的变革，使联锁设备更加小巧而可靠。

1. 计算机联锁的硬件设备

硬件设备包括控制盘、显示器、打印机、主机、现场信号设备、传输通道及电源等，如图 8-2-3 所示。

2. 计算机联锁软件设备

软件设备一般应包括操作输入、状态输入、联锁处理、控制（命令）输出、表示输出、诊断与其他系统联系等模块。

操作输入模块将操作人员的操作信息输入到计算机中。

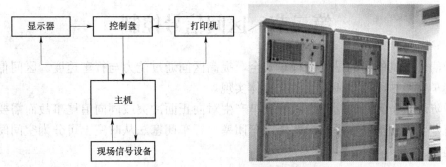

图 8-2-3　计算机联锁系统

状态输入模块将室外监控对象的状态信息输入到计算机中。

联锁处理模块是实现联锁的部分，它是整个软件的核心。

控制输出同状态输入、联锁处理三个模块构成了联锁程序。

表示（信息）输出模块将各种表示信息转送给控制台或显示器。

诊断模块是检测计算机内部故障的。

其他系统联系模块是用来与调度集中系统、计算机检测及车站管理系统取得联系的。

它们不仅应具有高度的可靠性，而且应具有高度的安全性，特别要有通用性，以适应各种结构和不同规模的车站。

3. 计算机联锁操作

计算机联锁操作方法与电气集中联锁操作方法相仿，车站值班员办理进路时，只须顺序按压进路的始端按钮和终端按钮即可完成，此时计算机就执行操作输入程序和联锁处理程序。根据输入的按钮代码，从进路矩阵中查找出相应的进路，然后检查是否符合选路条件，只有完全满足选路条件后，程序才能转入选路部分。程序进入选路部分后，先检查对应道岔是否在规定位置，然后将需变位的道岔转换位置，接着锁闭进路，并建立对应的运行表区。

在执行信号开放程序过程中，根据运行表区内容，连续不断检查各项联锁条件，每检查一遍，条件满足时输入一个脉冲；信号开放期间，这些连续的脉冲信息经处理后，使信号电路动作。当列车进入信号机后方，信号机关闭后，随着列车的运行，进路可顺序逐段解锁。

4. 计算机联锁的特点

（1）采用计算机软硬件实现联锁逻辑关系，联锁设备动作速度快，信息量大，容易实现信号系统的自动控制和远程控制，可以扩大控制范围和增强控制功能。

（2）设备体积小，机件重量轻，可节省信号楼的建筑面积，降低材料消耗和工程造价，同时也便于安装调试和维修。

（3）采用积木式的软件和硬件，通用性强，能适应站场的改扩建，在站场改扩建后无须变动联锁设备，必要时只须修改软件。

（4）操作简便，提高了办理进路自动化程度；减少有关行车人员之间的联络，防止误操作，提高了作业的安全和效率。

（5）容易实现车站管理和联锁系统的自动化。计算机可以向旅客服务系统和列车运行

监护系统等提供信息，并对设备工作情况及时作出记录显示并打印。

（6）由于采用了软件和硬件的冗余技术，所以更便于实现故障导向安全的要求。

第三节　区间信号控制

区间信号控制的目的是保证行车安全，提高区间通过能力与行车速度。区间信号控制可采用行车闭塞法，依靠闭塞设备来具体实现。

为了防止一个区间内同时进入两列车产生对向正面冲突或同向追尾事故而需要在向区间发出前办理的行车联络手续，叫做行车闭塞。行车闭塞法从时空上可分为空间间隔法和时间间隔法。

一、人工闭塞

人工闭塞（电气路签（牌）闭塞），由电气路签或路票（如图 8-3-1 所示）作为占用区间凭证，由接车值班员检查区间是否空闲。

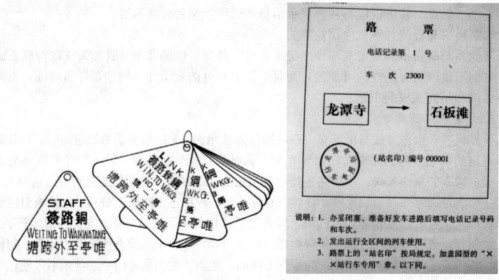

图 8-3-1　沪宁铁路早期使用的路签、路票

二、半自动闭塞

半自动闭塞是由人工办理闭塞手续，列车将出站信号机允许显示作为占有区间的凭证，列车出发后出站信号机自动关闭的闭塞方法。设备有闭塞机、出站信号机和专用轨道电路，如图 8-3-2 所示。列车占用区间的行车凭证是出站信号机（线路所为通过信号机）的显示。

1）闭塞机

闭塞机包括电源、继电器、操纵按钮、表示灯和电铃等设备。

2）出站信号机

出站信号机是指示列车能否由车站开往区间的信号机。它既受闭塞机的控制，又受车站联锁设备的控制。

3）专用轨道电路

专用轨道电路应设在车站进站信号机内方适当地点，用以监督列车的出发和到达，并使双方闭塞机的接发车表示灯有相应的表示。

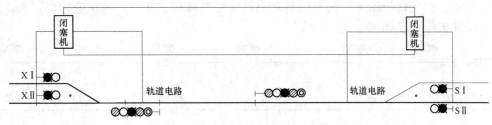

图 8-3-2　半自动闭塞示意图

三、自动闭塞

自动闭塞是由运行中的列车自动完成闭塞任务的一种设备。我们将两个相邻车站之间的区间正线划分成若干个小段，即闭塞分区（其长度一般为 1 200～1 300 m），每个闭塞分区的起点设置一架通过色灯信号机进行防护。闭塞分区内钢轨上装设轨道电路，能够反映列车的运行情况和钢轨是否完整，并及时传给通过信号机显示出来，向接近它的列车指示运行条件，进一步保证行车安全。

因为通过色灯信号机的显示是随着列车的运行通过列车自动控制的，不需要人工操纵，所以叫自动闭塞。目前，我国铁路上采用的自动闭塞主要有单线双向自动闭塞（线路两侧均设有通过色灯信号机，如图 8-3-3 所示）和双线单向自动闭塞（每条线仅一侧设有通过色灯信号机，如图 8-3-4 所示）两种。

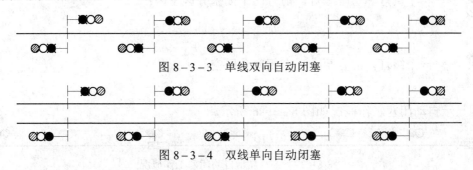

图 8-3-3　单线双向自动闭塞

图 8-3-4　双线单向自动闭塞

1. 三显示自动闭塞

目前，我国铁路仍有采用三显示自动闭塞的区段，它用红、黄、绿三种颜色的灯光来指示列车运行的不同条件。

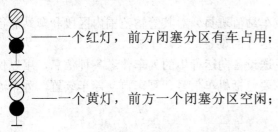

——一个红灯，前方闭塞分区有车占用；

——一个黄灯，前方一个闭塞分区空闲；

——一个绿灯，前方至少两个闭塞分区空闲。

当线路上的钢轨折断时，轨道电路断电，信号机将显示红灯，以保证行车安全。三显示自动闭塞工作概况如图 8－3－5 所示。

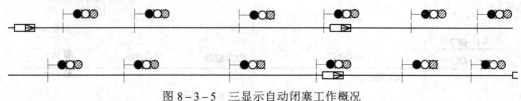

图 8－3－5　三显示自动闭塞工作概况

2. 四显示自动闭塞

为了满足运输的需求在三显示自动闭塞（红、黄、绿）的基础上，增加了黄色和绿色灯光同时亮的情况，即四显示自动闭塞。

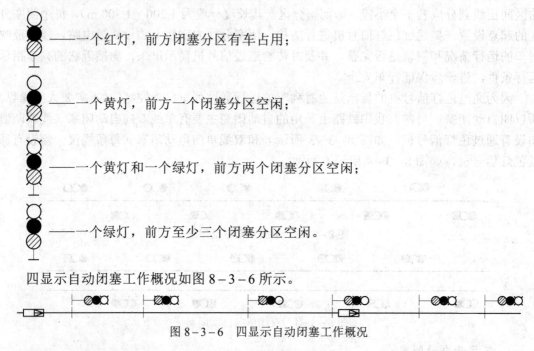

——一个红灯，前方闭塞分区有车占用；

——一个黄灯，前方一个闭塞分区空闲；

——一个黄灯和一个绿灯，前方两个闭塞分区空闲；

——一个绿灯，前方至少三个闭塞分区空闲。

四显示自动闭塞工作概况如图 8－3－6 所示。

图 8－3－6　四显示自动闭塞工作概况

第四节　区段行车控制与列车运行控制

行车调度控制系统是行车调度员（或车站值班员）对其管辖范围内区段和车站联锁道岔和信号状态进行控制监督，并指挥列车运行的设备。

列车运行控制系统是一种利用地面发送设备向运行中的列车传送各种信息，用以保证行车安全，并提高行车效率的设备。它主要包括机车信号、列车自动停车装置、列车速度监督与控制系统、机车报警等。

一、列车运行控制系统

列车运行控制系统依据不同的要求，安装不同的设备，列车自动停车装置和机车信号都可单独使用，也可以同时安装；列车速度监督和速度控制是机车信号和自动停车装置的进一步完善，是列车运行控制系统的高级阶段。

1. 机车信号

机车信号也是一种固定信号，被固定安装在司机室中。它利用地面发送设备向运动中的列车传送各种信息，反映地面线路状态。它的作用有：复示地面信号机的显示，改善司机的瞭望条件；随机车信号可靠性提高，机车信号已开始从辅助信号转为主体信号。机车信号分类如下。

按机车接收地面信息的时机分：

（1）点式机车信号——只某些固定地点复示进站信号机的显示；

（2）连续式机车信号——连续地反映地面信号显示；

（3）接近连续式机车信号——接近车站开始连续地显示地面信号。

按机车接收地面信息的特征分：

（1）移频机车信号；

（2）交流计数电码机车信号。

2. 自动停车装置

通常，在装设机车信号的同时也装设自动停车装置，机车自动停车装置可与机车信号结合使用。列车自动停车装置的主要部件有信息接收设备、电空阀、动力切除装置、音响报警设备、警惕手柄和控制电路等。自动停车装置的关键部件是由电磁控制的紧急制动放风阀，统称电空阀。电空阀的输入端接收来自机车信号设备停车信息的电信号，而输出端控制列车风管的放风阀门。

自动停车装置的工作原理是，当机车信号机的显示由一个绿色、一个黄色、一个双半黄色灯光变为一个半黄半红色灯光，或由一个半黄半红色灯光变为一个红色灯光，以及机车进入无码区段时，该装置发出音响警报。司机听到音响警报后，如果在7秒内不按压警惕手柄，自动停车装置上的电空阀就会自行开启，使列车制动主管迅速排风减压而施行强迫停车。列车自动停车后，机车司机必须办理解锁，机车才能继续运行。自动停车系统结构如图8-4-1所示。

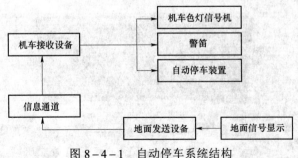

图8-4-1 自动停车系统结构

3. 列车速度监督与控制系统

上面介绍的机车信号和自动停车装置，只是在列车一般速度运行条件下保证行车安全

的基本设备，是列车速度控制系统的初级阶段，因为它们还不能完全防止超速行车和冒进信号的现象。随着科学技术的发展和高速铁路的要求，发展列车超速防护系统和其他列车速度控制系统，可以进一步提高运输效率，保证行车安全。

列车速度控制系统可分为列车超速防护系统、列车自动减速系统和列车自动运行系统。

列车超速防护系统一般是人机共用、人控为主，也就是司机在驾驶过程中起主导作用，在列车正常运行时，系统不干预司机的操作，但会对列车的运行速度进行分级或连续的监督，一旦列车实际速度超过允许值时，则以音响提醒司机注意。若在规定时间内司机未采取制动操作，系统将以常用制动或紧急制动方式强制列车减速，使列车不再超速或者使列车停在显示红灯的信号机或停车标前方。

列车自动减速系统是当列车实际运行速度超过限制速度时，设备自动实施常用制动使列车运行速度自动降低，当列车运行速度降低到低于限制速度一定值后，制动机自动缓解，列车继续运行。

列车自动运行系统是当列车不能按列车运行图正点到达时，在自动减速系统允许速度的前提下，对列车运行速度进行自动调整，或加速或减速，使列车在保证安全的前提下，按最佳运行状态行驶。

上述三种速度控制系统的人机工程学原理为：列车超速防护系统在安全保障上是以人为主，设备起监督作用，又称速度监督；列车自动减速系统在安全保障上则是以设备为主，人起监督作用；列车自动运行系统则是一种在列车运行上都是以设备为主的控制系统。

二、调度集中和调度监督系统

调度集中和调度监督系统是应用远动技术构成的铁路行车指挥系统。调度集中系统是遥控系统，调度监督系统是遥信系统。

1. 调度集中系统

调度集中系统是将调度区段内各车站的联锁设备与区间的闭塞设备结合起来，建立一个由列车调度员直接操纵的信号遥信与遥控的综合系统。

调度集中系统不仅具有调度监督的功能，而且可以通过遥控技术对管内各车站的列车进路进行控制，使调度员能机动灵活地调整列车的运行。调度集中系统是我国铁路行车指挥自动化的基础设备。调度集中大厅如图 8-4-2 所示。

图 8-4-2　调度集中大厅

2. 调度监督系统

调度监督系统用来完成由调度区段内各站向调度所发送表示信息的任务。调度员可以通过调度所内的表示盘及时了解所管辖区段内各站信号设备的状态和列车运行情况。一个区段的调度监督设备由一台总机和若干台分机组成，总机安装在调度所，分机设在本调度区段内各车站的继电器室内。

调度监督总机由主机、表示盘（或显示器）、列车车次输入终端、电务维修终端、区间信号检测设备及相应软件组成。

三、TDCS 和 CTCS

1. TDCS

列车调度指挥系统（train operation dispatching command system，TDCS），如图 8－4－3所示，以行车调度为核心，站段为基础，实行铁路局和铁路总公司二级调度管理体制。

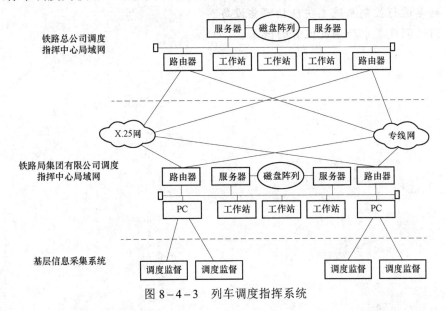

图 8－4－3　列车调度指挥系统

2. CTCS

中国列车运行控制系统（Chinese train control system，CTCS）有两个子系统，即车载子系统和地面子系统。

复习思考题

1. 什么是铁路信号设备，包括哪些内容？
2. 铁路固定信号有哪些？
3. 我国规定所有色灯信号机均应设在线路列车运行方向的哪一侧？
4. 警冲标的作用是什么？
5. 什么是轨道电路？它的作用是什么？
6. 分析轨道电路的工作原理。
7. 如何区分自动闭塞和半自动闭塞？
8. 简述联锁的概念和联锁的条件。
9. 四显示通过信号机的四个显示的含义分别是什么？
10. 列车运行控制系统主要包括哪些设备？
11. 简述调度集中和调度监督的概念。

第九章　铁路通信系统

　　铁路运输部门是应用现代通信技术最早的部门。由于铁路沿线分布着大量的基层单位，有的处于偏远山区，有的扎根在戈壁滩上，已有的公众通信系统无法满足其通信要求，因此，世界各国在修建铁路时，无一例外地都要沿着铁路线修建属于自己的铁路专用通信设备和线路。可以说，全国铁路四通八达，通信系统与铁路如影随形，到处都有通信技术应用的身影。

第一节　铁路通信系统基础

一、铁路通信系统的地位

　　铁路通信系统是铁路经营管理的信息系统，它在组织铁路运输，指挥列车运行，确保铁路各部门之间联络和为旅客提供各种服务方面发挥着重要作用。铁路通信系统为列车调度指挥，列车运行速度控制，行车密度控制和保证行车安全等提供安全、稳定、可靠、灵活的通信手段，同时也满足了铁路语音、数据和图像等综合业务的发展需要。为有效地指挥列车运行，发布有关命令，确保路内各业务部门、单位职工密切配合与协同作业，需要设置一整套完善、先进的铁路通信系统设备，将铁路各级机构联系成一个整体，从而保证行车安全，提高运输能力和工作效率。

　　目前，以通信技术、计算机技术和自动控制技术为主体的现代信息技术已渗透到铁路各个部门。铁路通信在加快行车速度、增加行车密度和保证行车安全的进程中，发挥着极其重要的作用。在既有线和高速铁路中，通信系统是保证列车安全、快速、高效运行不可缺少的重要基础设施。

　　为适应高速列车的发展要求，中国铁路移动通信引入了铁路专用全球移动通信系统GSM-R，为行进中的列车、站场工作人员与车站及调度中心建立通信联络，提供行车调度与列车运行速度控制数据传输，以及列车无线调度电话、区间及枢纽公务移动通信、应急抢险通信和旅客服务信息传送等服务功能。《铁路信息化总体规划》中明确指出"公共基础平台是保障铁路信息化的基础"。作为铁路信息化的承载基础结构，通信系统通过对信息的采集、处理、传递和控制，与铁路其他部门协同工作，来保证列车的正常运行，以及各项运输作业和管理工作的顺利进行。铁路通信系统在铁路信息化建设和现代化铁路发展中的作用极其关键。

二、铁路通信系统的作用

　　在正常情况下，通信系统为铁路运营管理、行车调度指挥、行车设备监控、防灾报警等系统提供语音、数据、图像等各种信息的传输。在非正常情况下，通信系统则作为抢险救灾的通信手段。

首先，铁路通信系统与信号系统共同完成行车调度指挥，并为高速铁路其他各子系统提供信息传输通道和时标（标准时间）信号。

其次，通信系统是铁路内部公务联络的主要通道，使构成铁路内部的各个子系统能够紧密联系，以提高整个系统的运行效率。当然，通信系统也是铁路内、外联系的信息通道。

再次，铁路通信系统在发生灾害、事故或恐怖活动的情况下，是进行应急处理、抢险救灾和反恐的主要手段。铁路越是在发生事故、灾害或恐怖活动时，越是需要通信联络，但若在常规通信系统之外再设置一套防灾救护通信系统，势必要增加投资，而且长期不使用的设备也难保持良好的运行状态。所以，在正常情况下，铁路通信系统能为运营管理、指挥、监控等提供通信联络，为乘客提供周密的服务；在突发灾害、事故或恐怖活动的情况下，铁路通信系统能够集中通信资源，保证有足够的容量以满足应急处理、抢险救灾的特殊通信需求。

三、铁路通信网的分类

为保证铁路通信可靠、安全、高效运营，并传输与运营、维护管理相关的语音、数据、图像等各种信息，必须建立可靠、独立的铁路通信网，直接为铁路运营、管理服务，并与其他系统协同，保证列车安全、快速、高效运行。

铁路通信网按传输方式可分为有线通信和无线通信两大类；按服务区域可分为长途通信、地区通信、区段通信和站内通信等；按业务性质不同可分为公用通信、专用通信及数据传输等。

铁路专用通信系统由专用于组织、指挥铁路运输及生产的专用设备构成。这些设备专用于某一目的，接通一些指定用户，一般不与社会公用通信网连接。

总的来说，铁路通信网由业务网、承载网、支撑网三部分组成，见表9-1-1。

其中，传输系统是铁路通信系统中最重要的子系统，它为通信系统的各个子系统，以及其他自动控制和管理信息系统提供传输信息通道。若为一种业务网建立一个专用的传输网，会造成线路与传输设备的浪费。在铁路通信中，通常的做法是建立一个大容量的公共光纤传输网，利用复用、解复用设备和数字交叉连接设备（由软件控制的数字配线架）为铁路各种业务网提供传输通道。

传输系统能迅速、准确、可靠地传输各种综合视频监控、GSM-R无线通信、调度、会议、应急及其他运营管理等所需的信息。

表9-1-1　铁路通信网分类

铁路通信网	业务网	调度通信系统、电报电话通信系统、GSM-R铁路专用移动通信系统、会议通信系统、广播通信系统、应急通信系统、综合视频监控系统
	承载网	传输系统、接入系统、数据通信系统、通信线路系统
	支撑网	同步系统、信令系统、动环监控系统

1. 广播通信系统

广播通信系统是为铁路旅客服务，以及指挥站场内工作人员进行相关作业（如通告列车即将进站，做好接车准备等）的通信设备，是直接为铁路运输生产服务的重要通信设施。

广播通信系统是铁路通信系统中的一个专用子系统，在铁路行车组织、客运服务、防灾救险、设备维护等方面发挥着十分重要的作用。一方面，广播通信系统在铁路车站内外的不同区域为旅客售票、检票、进站、候车、乘降、出站、换乘等提供乘车指导；另一方面，广播通信系统在站场、隧道区间等铁路作业场所为调度指挥、车场调车、车辆调试、设备检修、线路维护、设备送断电等提供安全提示及告知广播服务。

2. 调度通信系统

调度通信系统是铁路完成运输任务、保证行车安全、提高运输效率和经济效益的关键环节，被称为铁路上行车布阵的"好帮手"。铁路调度工作遵循分级管理、集中统一指挥的原则，可实现列车调度通信、货运调度通信、牵引变电调度通信、其他调度及专用通信、应急通信、站场通信、施工养护通信和道口通信业务。典型调度通信系统结构如图9-1-1所示。

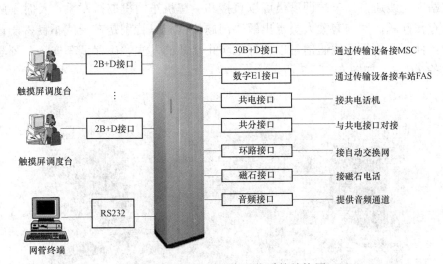

图9-1-1　典型调度通信系统结构图

1）列车调度电话

列车调度电话供列车调度员与其管辖区段内所有车站值班员通话，属于有线电话，如图9-1-2所示。在列车调度回线上，只允许接入与列车运行直接有关的车站值班员、车

图9-1-2　调度电话业务

站调度员、机车调度员等的电话。列车调度电话的显著特点是调度员可以对个别车站呼叫（单呼），可以对成组车站呼叫（组呼），还可以对全部车站集中呼叫（全呼）。列车调度员可以与车站互相通话，任何车站也可以方便地对列车调度员呼叫并通话。

2）列车无线调度电话

列车有线调度电话仅供列车调度员和车站值班员之间进行通信联系，而列车无线调度电话则可供列车调度员、机车调度员、车站值班员等调度指挥人员和列车司机相互通话。这对于提高运输效率，缩短运行时间，及时掌握和调整列车运行都有重大作用。同时，若列车在运行过程中发生临时故障，司机可以及时报告调度员或临近的车站值班员，也可直接通知邻近区段的司机，以便及时采取措施。

3）站内无线调度电话

站内无线调度电话是为车站调度员、驼峰值班员等站内编组和解体作业的指挥人员和车站调车机车司机相互通话而设置的。

通过站内无线通信，车站调度员可以直接和调车机车司机取得联系，及时了解现场作业情况及存在问题，并向有关人员提出解决问题的措施。特别是在天气不良，辨认信号比较困难的条件下，依靠无线通信可以更好地防止事故的发生，确保调车安全。列车无线调度电话设备（CIR）如图 9－1－3 所示。

图 9－1－3　列车无线调度电话设备

3. 会议通信系统

铁路点多线长，铁路职工流动分散，铁路管理的空间跨度可达数千公里，因此，作为铁路各级领导进行政策传达、工作部署、信息沟通及对紧急突发事件和灾害情况处理的会议通信系统，其作用极其重要。会议通信系统实现了语音、图像、数据等信息综合在一起的远距离传输，使人们可实现异地通信。利用会议通信系统交流既可以听到对方声音，又可以看到对方的活动图像，大大增强了沟通的效果，提高了管理和决策效率，是一种简便而又有效的协同工作手段。会议通信系统结构如图 9－1－4 所示。

4. 应急通信系统

铁路两个车站之间的线路是长距离区间，一般的区间长度都在 10 km 左右，而客运专线、高铁的区间长度为 20～50 km。如果发生意外灾害的话，如何发出救信号？区间防护、

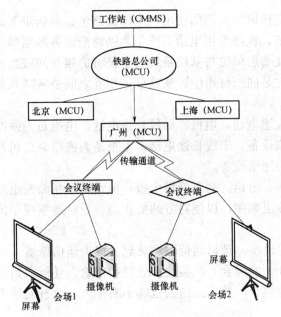

图 9-1-4　会议通信系统结构图

巡道人员又如何及时地将灾情上报铁路安全信息中心？这就要用到铁路应急通信系统。

作为铁路战时联络官，应急通信系统是当铁路运输发生自然灾害或遇突发事件等紧急情况时，为满足实时救援指挥通信的需要，在突发事件现场与救援中心之间建立的语音、图像等通信系统。

5. 综合视频监控系统

综合视频监控系统作为安全防范系统的火眼金睛，直接服务于铁路沿线、客货运输生产单位、各编组站、大型客运站等各级用户，用户可以根据需要选择实时调用或回放各采集点视频图像，是铁路各部门保障安全生产，提高生产效率，强化运营管理的重要技术辅助手段。

6. 电源及机房环境监控系统

通信电源作为通信系统的"心脏"，在通信系统中具有非常重要的地位。电源的安全可靠是保证通信系统正常运行的重要条件。为保证通信机房电源系统的各种指标和机房内温度、湿度、烟雾等达到要求，需要有电源及机房环境监控系统实时监控，发现异常及时报警并通知值班人员处理。

电源及机房环境监控系统功能上独立于其他管理系统，能对铁路无人值守机房内的通信电源、蓄电池组、空调等设备，以及机房内各种环境量进行集中监控和管理，减少维护运营成本，保证铁路运输的安全畅通，被誉为"铁老大的后勤总管"。

7. 电报电话通信系统

铁路通信的基本业务是报话业务，即电报业务和电话业务。作为"铁将军的传令兵"，电报是铁路通信的"元老"，在铁路通信发展中曾经一度辉煌，铁路车站间利用电报发送列车出发及到达的信息，通过"白纸黑字"留下"真凭实据"。随着传真、电话的发展，电报业务量逐渐减少，但在一些必要场合，仍然具有正式公函的性质，还在应用。

电话通信使铁路通信基本业务从非语音通信过渡到语音通信，大大减轻了报务人员的劳动强度。随着程控交换机的大范围使用，全国铁路电话通信步入数字化进程。

（1）专用电话系统。铁路专用电话系统是为铁路沿线各基层单位（如车站、工区、领工区等）相互间，以及基层单位与基层系统的上级机构相互间联系使用。

（2）地区电话。它是同一城市中各铁路单位相互之间公务联系用的电话，即铁路部门的市内电话。

（3）局线和干线长途电话、电报。局线长途电话、电报是为铁路局范围内各单位相互之间公务联系用的通信设备。干线长途电话、电报是为铁路总公司和铁路局及铁路局相互之间进行公务联系用的通信设备。

（4）列车确报电报、电话。列车确报电报、电话用于相邻编组站及编组站与区段站之间及时传递有关列车编组顺序，以便对方站能正确、及时地掌握车流的情况。

8. 数据通信系统

随着计算机技术的进步，数据通信异军突起，成为通信新贵，未来之星。数据通信被定义为数字信息（1和0的组合）的接收、处理和传输。任何原始信息，都可以通过特定的处理，变成1和0的组合，数据通信的范畴不断扩大，语音通信不再一枝独秀，二者逐渐走向了融合的道路。

随着高铁建设的发展，铁路内部各种业务管理信息系统应运而生，铁路数据通信系统作为铁路综合信息的承载平台，发挥着越发重要的作用，被誉为信息传输的"守护者"。图9-1-5所示为典型铁路数据通信网络结构图。

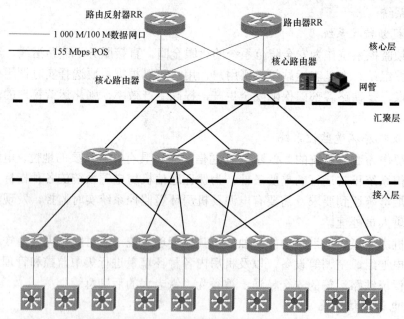

图9-1-5 典型铁路数据通信网络结构图

9. GSM-R铁路专用移动通信系统

21世纪注定是移动的时代，越来越多的人和手机打上了交道，都在享受移动通信带来的便利。由于铁路运输工具处于移动工作状态，并且铁路职工大多数都是在现场（火车站、铁路沿线、车上车下）流动工作的，所以，实现站车通信、车车通信等移动通信对铁路来说极为重要。

GSM－R 铁路专用移动通信系统是专门为铁路安全运输所设计的专用的移动通信系统，它实现了铁路工作人员之间或铁路通信设备之间的无线通信。如今，铁路移动通信系统综合了语音与数据业务，已成为现代铁路的重要支柱，撑起了现代通信的半边天。

铁路无线通信系统包括两个网络，即 GSM－R 和 FAS。两个网络分别连接着移动终端和固定终端，并且彼此互联互通。

整个 GSM－R 系统主要由 GSM－R 终端（CIR、OPH）、基站子系统（BSS，包括 BSC、BTS）、网络交换子系统（NSS，包括 MSC、HLR、AUC、VLR、GCR 等）、智能网子系统（IN）、通用分组无线业务子系统（GPRS）和操作维护子系统（OSS）6 部分构成。

GSM－R 终端包括移动终端和固定终端两类。

移动终端（MT）包括各类车载台和手持台。车载台包括机车综合无线通信设备、列控机车无线通信设备等，可以放在机车或旅客列车上，相当于手机，通过无线接口接入GSM－R 系统；手持台包括作业手持台、通用手持台、调车手持台等，供站场内移动工作人员使用。

固定终端是有线交换网络的终端，包括调度台、车站台和用户电话机等。

GSM－R 业务是以 GSM 业务为基础的。GSM－R 业务是指用户使用 GSM－R 系统所提供设施的活动，也就是说，一项 GSM－R 业务就是 GSM－R 系统为了满足一个特殊用户的通信要求而向用户提供的服务。

典型的 GSM－R 系统结构如图 9－1－6 所示。GSM－R 系统业务模型层次结构如图 9－1－7 所示。

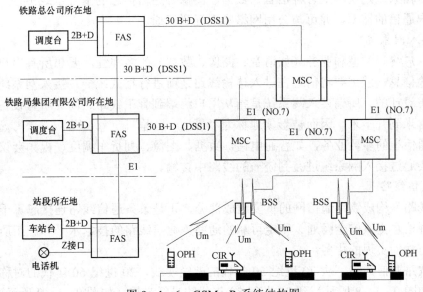

图 9－1－6　GSM－R 系统结构图

GSM－R 网络强大的业务功能可以用一个公式来表达，即

GSM－R 业务＝GSM 移动通信业务＋语音调度业务＋铁路应用

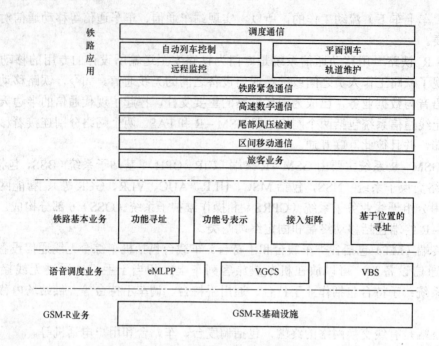

图 9-1-7 GSM-R 系统业务模型层次结构图

10. 传输系统

传输系统作为传送通道，将通信系统的各种信息从一点传到另一点，是一切通信系统的基础，被誉为信息高速公路。传输系统对应于通信系统一般模型中的信道。传输系统的好坏对整个通信系统的质量起至关重要的作用。

铁路传输系统是铁路上各种语音、数据、图像等通信信息的基础承载平台，应满足铁路各级用户通信的需要，并可与公用网络实现互联互通。

11. 接入网系统

由于用户终端类型和业务（如语音、图像、数据）的多样性，要想所有用户都能用一套线路传输信息，就需要将信息在进入传输线路之前进行格式统一，接入网系统就是基于这样的思想设计的。所谓接入网系统是指从用户终端到骨干线路之间的所有设备，其长度一般为几百米到几千米，因而被形象地称为"最后一公里"。

铁路通信上的多数业务，如普通电话，数据、图像、列货车调度、视频会议、环境监控等都需要通过接入网系统过渡到统一的线路中传输。

12. 通信线路

通信线路是构成铁路通信网的重要组成部分，正是条条通信线路连接起了千家万户，为传输各种信息提供安全畅通、稳定可靠的通路。通信线路的技术水平和施工质量，直接关系到通信功能实现的优劣。

中国铁路通信线路，从 20 世纪 50 年代的架空明线，20 世纪 60 年代的对称电缆、同轴电缆（如图 9-1-8 所示）到 20 世纪 80 年代的光纤光缆（如图 9-1-9 所示），以及目前地铁通信系统中多用的波导管和漏泄电缆，经过了几代的发展，可以说，铁路通信的每一次变革都是由通信线路的变革引起的。

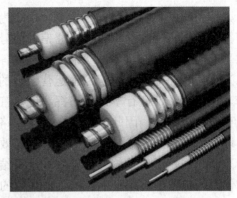

图 9-1-8　对称电缆和同轴电缆

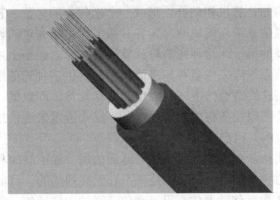

图 9-1-9　光缆

第二节　通信在高速铁路中的典型应用

一、高速铁路通信系统概述

　　高速铁路具有输送能力大、速度快、安全性好、节能、环保、受气候影响小等优点。中国从 2006 年开始大规模建设高速客运专线，到 2013 年年底，高速铁路营运里程突破 1 万 km，约占世界高铁营运里程的 45%，稳居世界高铁里程榜首。国际铁路联盟 UIC 对高速铁路的定义为：最高时速达 250 km 以上的新线或最高时速达 200 km 以上的既有线为高速铁路。时速未达到高速铁路速度标准的也就是人们通常说的一般铁路，即非高速铁路。高速铁路代表的不仅是高速，更多是铁路系统高科技、高稳定性、高安全性的代名词。

　　高速铁路速度的大幅提升不仅是高速铁路和既有铁路最显著的区别，而且对铁路通信系统的信息传递提出了更高的要求。因此，为了实现高速，高速铁路通信系统和既有线通信系统的区别主要有以下两点：第一，高速铁路运营指挥完全依靠通信网络进行，必须具备可靠的传输媒介和路径；第二，由于运营和管理对计算机数据技术的要求，高速铁路通信网络应由宽带综合业务通信系统构成。

　　高速铁路通信系统有以下几个特点。

　　（1）高速铁路通信系统应具有高可靠性，以保证列车的高速安全运行。自有高速铁路以来，人们关心的首要问题就是安全。迄今为止，世界上高速铁路的安全记录为世人所称道，其主要原因之一就是有先进的通信、信号系统，而通信系统本身的可靠性必须达到很高的水平，因此，人们总是不遗余力，采取各种方法和措施来提高通信系统的可靠性。

（2）高速铁路通信系统应保证运营管理的高效率。建设高速铁路的目的就是要提高运输效率。通信系统保证行车调度指挥、运营管理及旅客服务系统能够高效率地工作，本身也要求有很高的效率。因此，各国在高速铁路中都采用了各种先进的通信技术，增大通信容量，以保证信息的传输、存储、处理能高效率地进行。

（3）高速铁路通信系统与信号系统紧密结合，形成一个整体。在列车低速运行的情况下，通信系统与信号系统基本上是各自独立的。但在列车高速运行的情况下，通信系统与信号系统应能形成一个高度自动化的通信、指挥、控制和信息系统。

（4）高速铁路通信与计算机相结合，形成一个现代化的运营、管理、服务系统。计算机的广泛应用将其与通信系统连接成网，为各种服务提供了先进的设备条件。12306 旅客售票系统就是一个典型的例子。这种通信与计算机的结合，也是上述系统实现的基础。

（5）高速铁路通信系统应完成多种信息的传输和提供多种通信服务。除了电话这种语音信息的传输外，在高速铁路通信中还有大量的非话业务，即数据、图像、监控信号的传输与处理，并且数据及图像业务将成为主要业务。随着近年来通信技术的飞速发展，宽带综合业务数字网（BISDN）也已成为现实。

（6）多种通信方式结合形成统一的高速铁路通信网。除了站间和地区的有线电话和数据通信外，与运行中的列车实现通信联系是离不开无线通信的。目前，通信新技术的发展层出不穷，如 GSM－R 数字移动通信、卫星通信、微波中继通信、室内无线通信等将与光纤通信、程控交换等结合，形成一个多种方式和手段的通信网。它将大大提高通信的可靠性和有效性，满足高速铁路提出的各种需求，充分发挥通信保证行车安全和提高运输效率的作用。

二、高速铁路 GPRS 业务

1. GPRS 铁路业务网络结构
基于 GSM－R 的 GPRS 铁路业务网络结构如图 9－2－1 所示。

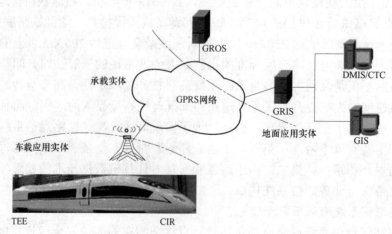

图 9－2－1　基于 GSM－R 的 GPRS 铁路业务网络结构图

1）GPRS 网络

对于铁路业务来讲，GPRS 网络作为承载实体部分，其作用在于为铁路系统不同终端之间的业务交互提供基于无线承载的快速数据传输通道。GPRS 网络本身不参与具体的铁路业务应用。

GPRS 网络主要由 SGSN 和 GGSN 功能实体组成。

SGSN 主要功能是对移动台进行鉴权和移动性管理，进行路由选择，建立移动台到 GGSN 的传输通道，接收基站子系统透明传来的移动台数据，并在对数据进行协议转换后通过 GPRS 骨干网传送给 GGSN 或反向工作，并进行计费和业务统计。

GGSN 是接入外部数据网络的结点。它接收移动台发送的数据，选路到相应的外部网络，或接收外部网络的数据，根据其他地址选择 GPRS 网内的传输通道，传给相应的 SGSN。

2）GRIS

GRIS 接口服务器作为地面应用实体的对外接口，可完成车载应用实体（CIR）与地面应用实体（CTC）之间的数据协议转换\数据存储转发，是整个铁路业务系统的核心。

GRIS 接口服务器在整个铁路业务系统中实现的主要功能如下。

GPRS 网络接入功能：为各种铁路地面应用系统与车载应用系统之间的数据传输提供 GPRS 数据通道。

IP 地址存储/更新功能：每个 GRIS 均会存储其他路局 GRIS 的 IP 地址，当收到越界指示和下一个 CTC 管辖区代码时，将根据区域代码查询接管 GIRS 的 IP 地址，并通知 CIR 进行 GPRS 接口服务器 IP 更新操作。

判断机车是否越界：将根据 CIR 发送的公里标信息及 GPS 信息，结合 GIS 服务器判断机车是否越界。

数据的存储/转发：GRIS 基于存储转发机制，完成各种应用数据的传送。

3）GROS

GROS 接口服务器作为地面应用实体的一部分，负责处理机车台发送来的位置信息（位置区、小区、公里标），对信息进行判断并发送 GRIS 的 IP 地址给 CIR 相应的 GPRS 接口服务器。

4）DMIS/CTC

DMIS（调度管理信息系统）是地面应用实体的核心，是为实现铁路运输现代化而应用的一套系统，用来接收机车运行信息和发送调度命令。CTC 为新一代调度集中系统。

5）GIS

GIS（地理信息系统）通过对整个线路数据（站名，公里标，经纬度）的事先收录，形成了可视化的模拟线路和 GIS 线路；通过实时接收 GRIS 的车次号信息（公里标，速度等），实现列车位置的实时显示跟踪。

6）CIR

CIR（机车综合无线通信设备）俗称机车台，放在机车上。就 GPRS 业务来说，司机使用它与其他车载实体、地面应用实体等进行通信。

7）TEE

TEE（列尾），放在列车尾部，它周期性地向车载实体 CIR 报告列车尾部风压信息。

2. 铁路 GPRS 业务

1）车次号和调度命令传送业务

车次号传送包括车次号信息和列车停稳信息的传送。车次号传送是列车车载实体实时采集列车运行信息（位置，状态等），通过 GPRS 网络，经 GRIS 中转传输到调度控制中心。另外，在列车进站停稳后，也需要通过 GPRS 网络，经 GRIS 告知调度控制中心。

调度命令传送是指车站调度员通过 CTC 维护台编辑调度命令，经 GRIS 中转，通过 GPRS 网络传输给 CIR，完成车站调度员与列车司机的信息交流，如图 9-2-2 所示。

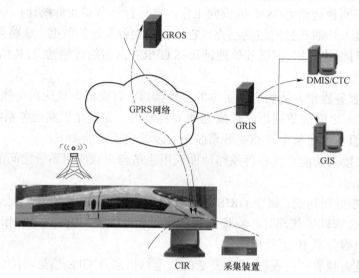

图 9-2-2　高速铁路 GPRS 调度命令传送业务图

车次号和调度命令传送业务实现流程：

（1）机车台 CIR 正常上电后，CIR、GPRS 模块附着于 GPRS 网络；

（2）CIR、GPRS 模块根据 APN 信息、用户名、密码向 GPRS 网络发起 PDP 激活，获取分配给自身的 IP；

（3）CIR、GPRS 模块发送当前所处的位置信息给 GROS 服务器；

（4）GROS 服务器根据位置信息判断 CIR 当前所处的 GRIS 信息，并回送 GRIS 信息给 CIR；

（5）CIR 根据回送的信息，得知当前所处 GRIS 的 IP 信息；

（6）CIR 建立到 GRIS 的连接，发送车次号信息给 GRIS；

（7）GRIS 再转送信息给 CTC/GIS 处理；

（8）如果调度台主动查询 CIR 采集装置的车次号信息，则 GRIS 先基于机车号通过 GRIS 内部数据库查询 CIR 的 IP 地址，然后再和 CIR 通信；

（9）如果调度台通过车次号信息判断列车要离开自己的管辖区域时，会将新的 GRIS 的 IP 地址发给 CIR；

（10）CIR 会更新相应的接口 GRIS 地址信息，建立到新的 GRIS 服务器的连接。

2）列车列尾信息传送业务

列车的最后一节有一个列尾装置，其由 GPRS 模块和压力测试装置组成。压力测试装置完成列车刹车管中空气压力测量，通过 GPRS 模块建立与 CIR 之间的连接，把压力测量信息反馈给 CIR，由 CIR 判断当前列车压力状态，并与列尾进行相应命令信息的交互，如图 9–2–3 所示。

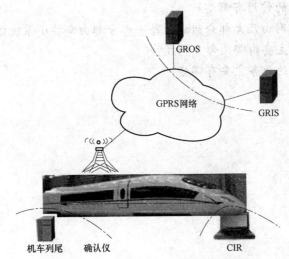

图 9–2–3 列车列尾信息传送业务图

列尾信息传送具体流程（前提是 CIR 已经完成建链过程）：

（1）列尾正常上电后，列尾 GPRS 模块附着于 GPRS 网络；

（2）列尾 GPRS 模块基于 APN、用户名向 GPRS 网络发起 PDP 激活，获取分配给自身的 IP；

（3）列尾 GPRS 模块发起到 GROS 服务器的连接（GROS 的 IP 已预设），获取当前所在位置 GRIS 服务器的 IP；

（4）人工通过确认仪向列尾 GPRS 模块输入机车号；

（5）列尾 GPRS 模块将机车号域名发送到所属位置的 GRIS 服务器；

（6）GRIS 服务器通过内部存储的 IP 信息，解析出机车号对应的 IP，并回送给列尾 GPRS 模块；

（7）列尾 GPRS 模块发起到机车号对应 IP 的连接；

（8）CIR 回应列尾连接建立请求，并保存列尾的 IP 地址；

（9）双方开始通信。

复习思考题

1. 铁路通信系统的作用有哪些?
2. 铁路专用通信网由几大部分组成? 每一部分都由哪些小系统组成?
3. GSM-R 系统主要由哪几部分构成?
4. GSM-R 系统的业务主要有哪些?

第十章　铁路运输组织

铁路运输生产过程每一个环节的工作，以及整个生产过程的计划、组织与指挥都属于铁路运输工作范围。它包括客运工作、货运工作和行车组织三个方面。一般地说，凡处理有关旅客行李和包裹等方面的工作，都属于客运工作范围；凡处理有关货物，以及铁路和托运人、收货人关系方面的工作，都属于货运工作范围；凡处理运输过程中有关机车、车辆和列车的工作，则都属于行车组织工作范围。

第一节　旅客运输组织

旅客运输是铁路运输的一个重要组成部分。随着我国社会主义建设的迅速发展，人民物质文化生活水平的不断提高，经由铁路运送的旅客人数大幅度增长。因此，做好铁路旅客运输工作，对于国家的经济建设、文化交流及满足人民群众的生活需要，都有十分重要的意义。

旅客运输的基本任务是：最大限度地满足广大人民群众在旅行上的需要，安全、迅速、准确、便利地运送旅客、行李、包裹和邮件，保证旅客在旅行途中舒适愉快并得到文化生活上的优质服务。

一、铁路旅客运输概述

做好铁路旅客运输组织工作，必须对客运市场、客流进行客观、准确地调查分析，科学地预测运量，根据预测结果精心编制旅客运输计划，确定旅客列车的开行方案，实现高质量地运送旅客。

1. 客运市场与客流

1）客运市场

20 世纪 80 年代末 90 年代初，铁路客运在客运市场中占有的市场份额为 50%～60%，具有较大的优势。随着公路、民航的飞速发展，各种运输方式间竞争激烈，铁路客运市场份额下降，到 1995 年铁路客运在客运市场中占有的市场份额降为 39.4%。面临严峻的形势，1997 年以后，通过四次提速，铁路技术装备、管理水平有了很大提高，铁路在安全、快速、便捷、低价等方面的优势得到发挥，客运市场份额逐年回升。近几年，随着高铁的陆续投入，高铁网络不断完善，铁路客运分担率开始明显回升，铁路客运的分担率已经从 2012 年的 5%提高到 2015 年的 13%，对应周转量分担率从 2012 年的 29.4%提高到 2015 年的 40%。与此同时，随着人民生活水平的提高，旅客对旅行的要求也越来越高，不仅在安全、价格方面，还在速度、便捷、舒适、服务质量等方面提出了更高要求。因此，铁路要在客运市场立足并争取更大的份额，必须强化质量意识，以旅客需求为导向，提高客运服务水

平，树立铁路新形象。

2）客流

客流是指铁路某一方向上，一定时间内旅客的流量和流向。根据旅客乘车行程的远近，客流可以分为以下三种。

（1）直通客流：旅客乘车距离跨两个及以上的铁路局的客流。

（2）管内客流：旅客乘车距离在一个铁路局管辖范围内的客流。

（3）市郊客流：旅客乘车距离在大城市与其邻近郊区之间的客流。

客流调查分为综合调查、节假日调查和日常调查三种。根据客流调查资料，可以掌握客运量的变化和发展情况，为编制旅客运输计划提供依据。

2. 旅客列车的种类及车次

1）旅客列车的种类

针对不同的客流和不同的线路设备条件，须开行不同等级的列车。目前，我国现行铁路列车运行图将旅客列车分为动车组列车、特快旅客列车（含直达特快旅客列车）、快速旅客列车和普通旅客列车（含普通旅客快车和普通旅客慢车）。

旅客列车，根据其运行速度、运行范围、设备配置、列车等级及作业特征等基本条件的不同，主要分为10类。

（1）高速动车组旅客列车。高速动车组旅客列车是指运行于时速 250 km 及以上客运专线上的动车组列车，列车开行最高速度达到 250 km/h 至 350 km/h。

（2）城际动车组旅客列车。城际动车组旅客列车是指在城际客运专线上运行，以"公交化"模式组织的短途旅客列车，列车开行最高速度达到 250 km/h 至 350 km/h。

（3）动车组旅客列车。动车组旅客列车是指运行于既有铁路线的动车组列车，列车开行最高速度达到 200 km/h 至 250 km/h。

（4）直达特快旅客列车。直达特快旅客列车是指列车由始发站开出后，沿途不设停车站，即（一站）直达终到站的超特快旅客列车，列车运行速度一般可达 160 km/h。

（5）特快旅客列车。特快旅客列车是目前我国铁路运营线上运行速度较快的旅客列车，区间运行速度常达 140 km/h。特快旅客列车有跨局运行和管内运行之分。

（6）快速旅客列车。快速旅客列车的运行速度仅次于直达和特快旅客列车，一般区间运行速度为 120 km/h，快速旅客列车也分跨局运行及管内运行之分。

（7）普通旅客列车。普通旅客列车可分为普通旅客快车和普通旅客慢车，又可分为直通和管内的普通旅客列车。列车的运行速度一般在 120 km/h 以下。

（8）通勤列车。通勤列车是指为方便沿线铁路职工上下班（就医、子女上学）而开行的旅客列车。

（9）临时旅客列车。临时旅客列车是指依据客流的需求或特殊需求（救灾），临时增开的旅客列车。

（10）旅游列车。旅游列车是指依据旅游客流的需求，在大中城市和旅游点之间不定期开行的旅客列车，其车次前冠以"Y"符号。

2）旅客列车的车次

为方便旅客区分列车种类及考虑铁路人员的工作需要，须对每一列车编定一个识别码，即车次。在编车次时，为区别列车运行方向，原则上规定以开往北京方向为上行方向，车次编为双数；背离北京方向为下行方向，车次编为单数。一趟旅客列车在运行途中变换上下行方向时，其车次也随之变换。主要旅客列车种类及车次编号见表 10-1-1。

3. 旅客运输计划

编制旅客运输计划的目的是充分挖掘运输潜力，组织旅客均衡运输，提高客运服务质量，保证旅客安全、迅速、准确、便利地旅行。

旅客运输计划根据执行期的不同，可以分为以下三种：

1）长远计划

长远计划一般为五年、十年或更长时期的规划，是铁路旅客运输的发展计划，通常根据国民经济计划进行编制。

2）年度计划

年度计划是旅客运输的任务计划，根据长远计划再结合年度具体情况编制，是确定旅客列车行车量及客运运营支出计划的依据。

3）日常计划

日常计划是日常旅客运输的工作计划，根据年度计划任务，结合日常和节假日客流波动而编制，是实现年度计划的保证计划。

旅客运输计划主要依据客流调查资料和旅客运输统计资料而编制，其主要组成部分是客流计划。根据客流计划，可确定旅客列车的开行区段和对数，同时，参照过去客流规律，对每次列车的票额进行分配，从而使运输能力得到充分利用，保证旅客均衡运输。由于影响客流变化的因素很多，每天的情况也不可能一样，客流往往会有波动，因此还须编制日常计划来进行调整，通过日常客运工作来完成旅客运输计划。

表 10-1-1 主要旅客列车种类及车次编号表

序号	列车种类			车次编号
1	高速动车组旅客列车		跨局	G1-G5998
			管内	G6001-G9998
2	城际动车组旅客列车		跨局	C1-C1998
			管内	C2001-C9998
3	动车组旅客列车		跨局	D1-D4998
			管内	D5001-D9998
4	直达特快旅客列车		跨局	Z1-Z9998
5	特快旅客列车		跨局	T1-T4998
			管内	T5001-T9998
6	快速旅客列车		跨局	K1-K6998
			管内	K7001-K9998
7	普通旅客列车	普通旅客快车	跨三局及以上	1001-1998
			跨两局	2001-3998
			管内	4001-5998

续表

序号	列车种类			车次编号
7	普通旅客列车	普通旅客慢车	跨局	6001－6198
			管内	6201－7598
8	临时旅客列车		跨局	L1－L6998
			管内	L7001－L9998
9	旅游列车		跨局	Y1－Y498
			管内	Y501－Y998

4. 旅客运输合同

1）铁路旅客运输合同的含义、履行期及凭证

铁路旅客运输在法律上体现为铁路旅客运输合同关系。铁路旅客运输合同是明确承运人与旅客之间权利义务关系的协议。起运地承运人与旅客订立的旅客运输合同，对涉及的所有承运人都有连带关系，具有同等约束力。

铁路旅客运输合同自售出车票起成立，自旅客进站检验车票为合同履行开始，至按票面规定运输结束旅客出站时止，合同履行完毕。

铁路旅客运输合同的基本凭证是车票。

2）承运人、旅客的权利义务

承运人应为旅客提供良好的旅行环境和服务设施，文明礼貌地为旅客服务，确保旅客运输安全、正点；对运送期间发生的旅客身体损害，以及因承运人过错造成的旅客随身携带物品损失，应予以赔偿。

旅客应购票乘车，旅行中遵守国家法令和铁路运输规章制度，爱护铁路设备、设施，维护公共秩序和运输安全，听从铁路车站、列车工作人员的引导，按照车站的引导标志进、出站。对运送期间发生的身体损害，以及因承运人过错造成的随身携带物品损失，有权要求承运人赔偿。

二、旅客运输生产过程

铁路运输生产过程如图 10－1－1 所示。

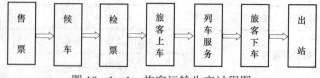

图 10－1－1　旅客运输生产过程图

1. 售票

为了方便旅客购票，减少旅客排队和拥挤情况，车站应合理地设置售票处并开设足够的窗口，以迅速、准确、方便地做好售票工作。在较大的城市里，还应根据需要设立市内售票处，办理预售票、合同订票、电话订票、互联网售票等业务。

车票是旅客乘车的凭证，同时也是旅客加入铁路旅客意外伤害强制保险的凭证。铁路车票分为客票和附加票两种。客票包括软座客票、硬座客票。附加票包括加快票、卧铺票、空调票。附加票是客票的补充部分，除儿童外，其余人不能单独使用。为了方便旅客，简化发售手续，提高售票速度，铁路还专门印制了各种联合票及临时填制的区段票、代用票。

目前，铁路部门发售的纸质车票，主要包括以下几种。

（1）红色底纹的计算机软纸车票。

（2）浅蓝色底纹的计算机磁介质车票。

（3）列车移动补票机出具的车票。

（4）代用票、区段票、客运运价杂费收据等。

在 12306 网站购票且乘车站和下车站均具备居民身份证检票条件的，旅客可以凭购票时所使用的居民身份证原件直接通过自动检票机（闸机）办理进、出站检票。在指定线路上，可以购买并使用铁路乘车卡（中铁银通卡或广深铁路牡丹信用卡）进站、乘车。

除车票外，有关人员还可以持铁路乘车证和特种乘车证乘车。

车票是运输合同，具有一定的时效，即有效期。

旅客购票后，须按票面载明的乘车日期、车次乘车。直达票当日当次有效，若中途上（下）车则未乘区间失效。通票的有效期按乘车里程计算：1 000 km 为 2 日，超过 1 000 km 的，每增加 1 000 km 增加 1 日，不足 1 000 km 的尾数按 1 日计算；自指定乘车日起至有效期最后一日的 24 时止。

卧铺票按指定的乘车日期和车次使用有效，其他附加票随同客票使用有效。

2. 候车

候车室是旅客休息和等候乘车的场所。车站昼夜都有大量的旅客，而且流动性很大，必须为旅客创造一个良好舒适的候车环境。候车室一般实行凭票候车制度。候车室工作人员要主动、热情、诚恳、周到地为旅客服务，搞好清洁卫生，及时通告列车到、开和检票进站时间，加强安全和旅行常识的宣传，做好饮水、购物、娱乐等延伸服务。

为了维护站车的良好秩序，确保运输安全，方便旅客进出站、上下车，一般在旅客进入候车室之前需对旅客的随身携带品进行检查。旅客不得携带国家禁止或限制运输的物品、危险品、动物等物品进站上车。每人免费携带品的重量和体积是：儿童（含免费儿童）10 kg，外交人员 35 kg，其他旅客 20 kg。每件物品外部尺寸长、宽、高之和不超过 160 cm，杆状物品不超过 200 cm，但若乘坐的是动车组列车则不能超过 130 cm；重量不超过 20 kg。残疾人旅行时代步的折叠式轮椅可免费携带并不计入上述范围。

3. 检票

为维护站车秩序，保证旅客安全，防止旅客乘错车，车站对进站的旅客和人员持有的车票、站台票要检验和加剪。检票时先重点（老、弱、病、残、孕等旅客），后团体，再一般。在确认车票有效后，一般要在车票边沿上加剪一个小口，表明铁路旅客运输合同开始履行，铁路旅客意外伤害强制保险开始生效。

4. 旅客上、下车

上、下车极易发生事故，为确保旅客安全，客运人员应有秩序地组织旅客上、下车，做好进出站引导工作，派人坚守检票口、天桥口、地道口及进站或出站通路交叉地点，严禁旅客钻车和横跨股道。对老、弱、病、残、孕等行动不便的旅客应提供帮助，督促购物

旅客及时上车，保证旅客安全。

5. 列车服务

旅客旅行大部分时间是在列车上度过的，列车服务工作的好坏直接影响到铁路的声誉、形象。列车乘务人员应主动、热情、文明、礼貌地为旅客服务，妥善照顾旅客乘降，及时安排旅客席位，保持车厢内清洁卫生，维护车内秩序，做好广播宣传、餐饮和开水供应工作，保障旅客人身财产安全，保证列车运行安全。

列车服务工作由列车乘务组担当。列车乘务组包括客运人员（列车长、列车员、广播员、行李员、餐车服务员等）、公安乘警（乘警长、乘警等）和车辆乘务员（检车长、检车员、车电员等）三部分人员。列车乘务组在列车长的统一领导下，相互密切配合，共同做好列车服务工作。

6. 出站

旅客到达车站出站时，车站应收回车票。旅客需报销时，应事先声明，车站工作人员将车票撕角后交旅客作为报销凭证，学生票不给报销凭证。中途下车及换乘的车票，出站时不收回，如误撕车票，则换发代用票。

三、行李、包裹运输

1. 行李、包裹的范围

1）行李范围

行李是指旅客自用的被褥、衣服、个人阅读的书籍、残疾人车和其他旅行必需品。行李中不得夹带货币、证券、珍贵文物、金银珠宝、档案材料等贵重物品和国家禁止、限制运输物品、危险品。行李每件的最大重量为 50 kg。体积以适于装入行李车为限，但最小不得小于 0.01 m³。

2）包裹范围

包裹是指适合在旅客列车行李车内运输的小件货物，分为四类。

（1）一类包裹：自发刊日起 5 日以内的报纸；中央、省级政府宣传用非卖品；新闻图片和中、小学生课本。

（2）二类包裹：抢险救灾物资、书刊、鲜或冻鱼介类、肉、蛋、奶类、果蔬类。

（3）三类包裹：不属于一、二、四类包裹的物品。

（4）四类包裹：一级运输包装的放射性同位素、油样箱、摩托车；泡沫塑料及其制品；国务院铁路主管部门指定的其他需要特殊运输条件的物品。

另外，为保证安全，有些物品是不能按包裹运输的，如危险品。

包裹每件体积、重量与行李相同。单件重量超过 50 kg，视为超重包裹。

2. 行李、包裹的运送

1）托运

旅客或托运人向车站要求运输行李或包裹称为托运。

旅客可凭客票办理一次行李托运。托运的行李在 50 kg 以内，按行李运价计算，超过 50 kg 时（行李中有残疾人用车时为 75 kg），对超过部分按行李运价加倍计算。

行李、包裹的包装必须完整牢固，适合运输。其包装的材料和方法应符合国家和运输行业规定的包装标准。

行李、包裹每件的两端应各有一个铁路货签。货签上的内容应清楚、准确，并与托运单上相应的内容一致。

托运易碎品、流质物品或一级运输包装的放射性同位素时，应在包装表面明显处贴上"小心轻放""向上""一级放射性物品"等相应的安全标志。

行李包裹重量以 kg 为单位，不足 1 kg 按 1 kg 计算；行李的起码运价里程为 20 km，而普通包裹的起码运价里程为 100 km；行李起码计费重量为 5 kg，每张行李、包裹票的起码运费为 1 元。

行李、包裹分为保价运输和不保价运输，托运人可选择其中一种。保价运输时，可分件声明价格，也可按一批全部件数声明价格。按一批办理时，不得只保其中一部分。一段按行李，一段按包裹托运时，全程按行李核收保价费。保价的行李、包裹发生运输变更时，保价费不补不退。若因承运人责任造成取消托运，则保价费全部退还。行李保价费按声明价格的 0.5% 计算，包裹保价费按声明价格的 1% 计算。

2）承运

车站行李员应对要求托运的行李、包裹进行必要的检查。当检查完后，认为符合运输条件，即可办理承运手续，填制行李或包裹票（行李、包裹票一式 5 页，其中丙页为领货凭证），收运杂费。

3）运送

运送行李、包裹时，应先行李、后包裹，做到行李随人走、人到行李到。所以，行李应随旅客所乘列车装运或提前装运，包裹应按其类别的顺序及性质统筹安排运输，保证行李、包裹在一定期限（行李、包裹运到期限）内运至到站。

行李、包裹运到期限以运价里程计算。从承运日起，行李里程在 600 km 以内为 3 天，超过 600 km，每增加 600 km 增加 1 天，不足 600 km 也按 1 天计算。包裹里程在 400 km 以内为 3 天，超过 400 km，每增加 400 km 增加 1 天，不足 400 km 也按 1 天计算。由于不可抗力等非承运人责任而发生的停留时间加在运到期限内。

逾期运到的行李、包裹，承运人应按逾期日数及所收运费的百分比向收货人支付违约金，违约金最高不超过运费的 30%。

4）到达、保管、交付

行李随旅客所乘坐的列车运至到站，旅客即可领取。包裹由托运人在发站办理托运手续后，告知收货人按时领取，同时承运人在包裹到达后也应及时通知收货人领取。行李从运到日起，包裹从发出通知日起，承运人免费保管 3 天，逾期到达的行李包裹免费保管 10 天。因事故或不可抗力等原因而延长车票有效期的行李按车票延长日数增加免费保管日数。超过免费保管期限时，按日核收保管费。

旅客或收货人领取行李、包裹时，凭行李、包裹领取凭证领取。如无法提供领取凭证，则必须提供本人身份证、物品清单和担保人的担保书，承运人对上述单、证和担保人的担保资格认可后，由旅客或收货人签收办理交付。

四、旅客运输安全

1. 旅客安全运输的意义

旅客运输安全是关系到人民生命财产及国家和铁路企业声誉的大事。因此，保证旅客

安全运输是我国铁路运输组织的基本原则之一,是衡量旅客运输工作质量好坏的重要标志,是客运职工的首要职责。客运职工要树立"安全生产人人有责"的思想,贯彻安全生产的方针,确保旅客运输安全。

2. 铁路客运事故

铁路客运事故分为旅客人身伤害事故和行李、包裹运输事故。

1）旅客人身伤害事故

凡持有效车票的旅客,自经检票口进站加剪开始,至到达终点站缴销车票出站时止（中转和中途下车的旅客自出站至再次进站期间除外）,在旅行途中遭到外来、剧烈及明显的意外伤害（包括战争在内）,致使旅客人身受到伤害以至死亡、残废或丧失身体机能者,均属于旅客人身伤害事故。

旅客人身伤害事故分为特别重大伤亡事故、特大伤亡事故、重大伤亡事故、一般伤亡事故、重伤事故和轻伤事故六类。

发生旅客人身伤害事故时,应根据《铁路旅客人身伤害及自带行李损失事故处理办法》的有关规定进行处理。车站、列车人员均应本着对人民生命健康高度负责的精神,采取有利于抢救的措施,尽力予以救助。事故发生单位和事故处理单位应依照实事求是、依法办事的原则,积极负责地处理事故。

2）行李、包裹运输事故

行李、包裹在运输过程中（自承运时起至交付完毕时止）发生灭失、短少、变质、污染、损坏及严重的办理差错,均属于行李、包裹运输事故。

行李、包裹运输事故分为以下几类:

（1）火灾;

（2）被盗（有被盗痕迹）;

（3）丢失（全批未到或部分短少,没有被盗痕迹的）;

（4）损坏（破损、湿损、变形等）;

（5）误交付;

（6）票货分离、票货不符、误装卸或顶件运输;

（7）其他（污染、腐坏等）。

行李、包裹运输事故同样分为重大事故、大事故和一般事故三个等级。

发生行李、包裹运输事故时,应认真分析调查,及时正确处理,明确责任,制定改进措施,并根据《行李包裹事故处理规则》的有关规定进行处理。

第二节 货物运输组织

铁路货物运输组织工作是铁路运输组织工作的一个重要组成部分。由于货运工作涉及面广、政策性强、有严格的办理程序,做好货物运输组织工作,对于国家经济建设、国防建设和人民生活都具有重要的意义。随着经济结构的调整,人民生活水平的提高,运输市场的需求发生了很大变化,快捷化将是货物运输的发展方向。

一、货物运输概述

1. 铁路货物运输合同

1）铁路货物运输合同概述

铁路货物运输是利用铁路运输工具将货物从发站运往到站的运输生产过程，在法律上体现为铁路运输合同关系。根据《中华人民共和国铁路法》和《铁路货物运输合同实施细则》，承运人和托运人（代表收货人）就铁路货物运输须签订铁路货物运输合同。铁路货物运输合同是承运人与托运人、收货人之间为明确铁路货物运输中的权利、责任、义务而签订的协议，即承运人根据托运人的要求，按约定将托运人的货物运至目的地，完好无损地交与收货人的合同。

铁路货物运输合同有如下特点。

（1）铁路货物运输合同具有标准合同的性质。货物运输合同的基本条款和主要内容是依据铁路法规、规章确定的，承托双方不能协商或商定。

（2）铁路货物运输合同的履行具有整体性。一批货物的运输过程，通常不是由一个承运人完成，而是由多个承运人共同完成的。多个承运人的行为构成了一个完整的运输行为。

（3）铁路货物运输合同的履行具有阶段性。货物运输合同的履行都要经历承运、运送和交付三个阶段。承运阶段，托运人向承运人交运货物，双方就铁路货物运输而签订铁路货物运输合同；运送阶段，承运人运送货物，将货物运至到站；交付阶段，承运人将货物交付给合同规定的收货人，双方完成运输合同。

2）铁路货物运输合同的签订与履行

托运人利用铁路运输货物，应与承运人签订货物运输合同。整车大宗货物可按季度、半年、年度或更长期限签订运输合同并提出月度要车计划表，其他整车货物应提出月度要车计划表。整车货物交运时还须向承运人递交货物运单，作为铁路货物运输合同的组成部分；零担货物和集装箱货物运输使用货物运单作为运输合同。

货物运单（附录 A）是承运人与托运人之间，为运输货物而签订的一种货物运输合同或合同的组成。

履行铁路货物运输合同要遵循"实际履行、全面履行、诚实信用"的原则，双方当事人要按照合同的约定或者法律、法规的规定，认真履行各自的义务，见附录 A。托运人应完整、准确填写货物运单，缴纳运输费用，遵守国家有关法令及铁路规章制度，维护铁路运输安全，因自身过错给承运人或其他托运人、收货人造成损失时托运人应负赔偿责任。承运人应为托运人提供方便、快捷的运输条件，将货物安全、及时、准确运送到目的地。货物自承运时起至交付后止，发生灭失、损坏、变质、污染等，承运人应承担赔偿责任。

2. 按一批托运的条件

1）一批的概念

"批"是铁路承运货物和计算运输费用的一个单位。一批是指使用一张运票和一份货票，按照同一运输条件运输的货物。

2）一批的条件

六同：发货人、收货人、发站、到站、装车地点、卸车地点（整车分卸除外）相同。

3）一批的划分

（1）整车货物原则上以每车为一批；

（2）跨装、爬装及使用游车的货物以每一车组为一批；

（3）大宗循环列车（整列装、卸的不拆散车底固定发、到站的列车）一列为一批；零担货物和集装箱货物则以每张运单为一批。

4）不得按一批办理的货物

（1）易腐货物和非易腐货物。

（2）危货和非危货（另有规定者①除外）；

（3）因货物的性质而不能混装的货物；

（4）按保价运输和不保价运输的货物；

（5）投保运输险与未投保运输险的货物；

（6）运输条件不同的货物。

3. 货物运输的种类

根据托运人托运货物的数量、性质、形状和运输条件等，结合我国铁路技术设备条件，铁路货物运输分为整车、零担和集装箱运输三类。

1）整车运输

一批货物的重量、体积或形状需要以一辆及以上货车运输的，应按整车托运。整车运输运输费用较低，运送速度较快，安全性能好，承担的运量也较大，是铁路的主要运输方式。

2）零担运输

凡不够整车运输条件的，即一批货物不需要单独使用一辆货车来运输的应按零担货物托运。按零担托运的货物，一件货物体积最小不得小于 0.02 m³（一件货物重量在 10 kg 以上的除外），每批不得超过 300 件。

零担运输具有运量零星、批数较多、到站分散、品种繁多、性质复杂、包装条件不一、作业复杂等特点。零担运输在铁路总运量中所占的比重虽不大，但占据了铁路货物运输的大部分工作。

3）集装箱运输

托运人托运的货物符合集装箱运输条件的，使用铁路集装箱或自备集装箱装运，可按集装箱托运。集装箱运输只能在开办集装箱业务的铁路车站间办理。

集装箱运输具有保证货运安全，简化货物包装，提高装卸效率，加速车辆周转，便于组织"门到门"运输等优点，是一种现代化的运输方式，是铁路运输的发展方向。

4. 货物运到期限

货物运到期限从承运人承运货物的次日起算，由货物的发送时间、运输期间和特殊作业时间三部分组成。其中，发送期间为 1 天，运输期间为每 250 km 运价里程为 1 天（不满 250 km 也按 1 天算），特殊作业时间按相关规定（如需要中途加冰货物，每加冰一次，另加一天）确定。

---

① 能直接配装的危货和非危货在专用线装车和卸车时按一批办理；成套货物的部分配件或货物的部分材料属危货（经托运人确认）。

承运人应在规定的运到期限内将货物运至到站，交付给收货人，逾期到达就要承担违约责任，支付违约金。货物运到期限既是对承运人的要求和约束，也是对托运人或收货人合法权益的保护，它有利于托运人和收货人据以安排经济活动。

二、货物运输生产过程

货物运输生产过程可分为发送作业、途中作业和到达作业三部分，如图 10 - 2 - 1 所示。

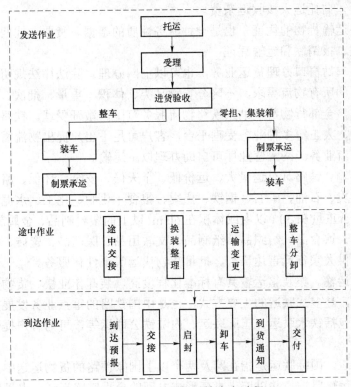

图 10 - 2 - 1　货物运输生产过程

1. 发送作业

货物的发送作业一般包括货物的托运、受理、进货与验货、制票、承运和装车等。

1）托运

托运人向车站按批提出货物运单和运输要求，称为货物的托运。托运人托运的货物，分为保价运输与不保价运输两种，按哪种方式运输，由托运人确定，并在货物运单托运人记载事项栏内注明。

保价运输是铁路在对事故货物实行限额赔偿后，为保证承运人、托运人权益对等而采取的一种措施。该措施对加强内部管理，保障货物运输安全，提高运输质量也具有重要意义。

2）受理

托运人提出的货物运单经车站审查，符合运输要求后，车站在货物运单上签证，指定进货日期或装车日期，即为受理。

3）进货与验货

托运人凭车站签证的货物运单，按运单上指定的日期将货物搬入货场指定的货位，即

为进货。

对搬入货场的货物，为了保证货物运输安全、完整，划清承运人与托运人之间的责任，货运员应按照货物运单记载认真检查现货。货物验收完毕后，货运员应在货物运单上签证，注明货物堆放货位和验收完毕日期。

4）制票

整车货物装车后（零担货物过秤完了，集装箱货物装箱后），货运员将签收的运单移交货运室填制货票，向托运人核收运杂费。

货票是铁路运输货物的凭证，也是一种财务性质的票据。货票一式四联，分别是发站存查联、报告联、报销联和运输凭证。

客户可以去车站窗口办理货运业务，也可以上网办理。除法律法规明令禁止运输的货物，对客户提出的所有物流需求，不区分货物品类、体积、重量、批次、运到时限、装载要求、运载工具，全部货物都被纳入铁路物流服务范围，敞开受理。铁路开辟有互联网、移动通信、电话、人工等多种业务受理平台，客户可足不出户提出物流需求，随时随地、方便快捷办理物流业务。网上营业厅可自助办理以下运输。

（1）大宗运输。铁路具有运量大、运价低、全天候、安全、环保、路网站点分布广等特点，适应于煤炭、石油、矿石、钢铁、焦炭、粮食、化肥、化工、水泥等大宗品类物资运输，同时适应于重量在 30 t 以上或体积在 60 m^3 以上的塑料制品、金属制品、工业机械、日用电器、果蔬、饮食品、纺织品、纸制品、文教用品、医药品、瓷砖、板材等批量货物运输。铁路可提供大宗货运直达班列、批量货物快运等个性化服务。

（2）集装箱运输。集装箱运输具有标准化程度高、装卸作业快、货物安全性好、交接方便等技术优势，是多式联运的主要方式，也是中国铁路的重点业务发展方向。铁路集装箱运输业务类型包括铁水联运、国际联运、内陆铁公联运等，可为客户提供门到门运输和全程物流服务。

（3）国际联运。国际联运是指在跨及两个以上国家铁路的货物运送中，由参加国家铁路共同使用一份运输票据，并以连带责任形式办理的全程铁路运送。办理国际联运的相关规定详见《国际铁路货物联运协定》及《国际铁路货物联运协定办事细则》。我国铁路可以与以下国家之间办理国际联运：蒙古、越南、朝鲜、俄罗斯、哈萨克斯坦、乌兹别克斯坦、吉尔吉斯斯坦、塔吉克斯坦、土库曼斯坦、白俄罗斯、乌克兰、立陶宛、波兰、德国、法国、比利时、西班牙、捷克斯洛伐克、拉脱维亚、爱沙尼亚、摩尔多瓦、罗马尼亚、保加利亚、格鲁吉亚、亚美尼亚、匈牙利、阿塞拜疆、阿尔巴尼亚、阿富汗、伊朗、土耳其。

为全面释放新丝绸之路经济带物流通道的潜能，中国铁路总公司分通道全力打造"快捷准时、安全稳定、绿色环保"的中欧、中亚班列。2015 年，中欧班列开行超过 800 列，以其运距短、速度快、安全性高的特征，以及安全快捷、绿色环保、受自然环境影响小的优势，成为国际物流中陆路运输的骨干方式。

（4）零散快运。对于批量零散物品快运品类的货物，要求其重量不足 30 t 且体积不足 60 m^3，可按零散货物快运办理；对于非批量零散货物快运品类的货物，不足整车时，可按零散货物快运办理，但以下情况除外。

① 散堆装货物。

② 危险货物、超限超重和超长货物。

③ 活动物及需冷藏、保温运输的易腐货物。

④ 易于污染其他货物的污秽货物。

⑤ 军运、国际联运，以及需在米轨与准轨换装运输的货物。

⑥ 在专用线（专用铁路）装卸车的货物。

⑦ 国家法律法规明令禁止运输的货物。

⑧ 其他不宜作为零散货物运输的货物。

零散货物按货物实际重量（体积）进行受理和承运。

（5）高铁快运。高铁快运是中国铁路为客户提供的与高铁品牌形象和客运服务水准相匹配，具有时效快、品质优、标准高的"门到门"小件快运服务。截至 2015 年 12 月，已开通城市达到 224 个，共包括以下四种限时服务。

① 当日达。为满足客户对快件高时效的需求，提供的城市之间当日收取当日送达的高铁快运服务，包含"省内当日达"和"省际当日达"。服务时效为：当日截单时间前所承接的快件，承诺当日 22:00 前送达收件人。

② 次晨达。城市间当日收取次日上午送达的门到门高铁快运服务。次晨达业务包含"省内次晨达"和"省际次晨达"。服务时效为：当日截单时间前所承接的快件，承诺次日 11:00 前送达收件人。

③ 次日达。城市间当日收取次日送达的"门到门"高铁快运服务。次日达业务包含"省内次日达"和"省际次日达"。服务时效为：当日截单时间前所承接的快件，承诺次日 18:00 前送达收件人。

④ 隔日达。城市间当日收取第三日送达的门到门高铁快运服务。服务时效为：当日截单时间前所承接的快件，承诺第三日 18:00 前送达收件人。

高铁快运还提供了以下两种标准服务。

① 经济快递。为满足客户一般性时效需求，所提供的高铁快运服务时效根据距离远近在 3 至 5 日送达（含寄送当天）的高铁快运产品。服务时效为：所辖省的省会城市间距离 1 600 km 以内的城市间 3 日送达，距离超过 1 600 km 的城市间 4 日送达，距离超过 2 400 km 的城市间或者交通不便的地区（偏远地区）5 日送达。

② 同城快递。为客户提供的取派件均在同一城市的高铁快运服务。服务时效为：收取快件后 24 h 内送达。

（6）危险货物运输。在铁路运输中，凡具有爆炸、易燃、毒害、感染、腐蚀、放射性等特性，在运输、装卸和储存保管过程中，容易造成人身伤亡、财产毁损和环境污染而需要特别防护的货物，均属危险货物。

危险货物运输的办理流程如下。

① 申请方向站段提出申请。

② 站段向铁路局提出申请。

③ 铁路局组织对危险货物办理条件进行安全评估，并形成安全评估报告或安全评估意见，不符合安全要求的不得批准。

④ 铁路局根据法规规章和铁路总公司相关规定和要求，确认批准管内办理站危险货物办理限制。

办理站危险货物办理限制内容：站内办理时，办理限制包括办理站名称，发送、到达

品名及相应的装运方式；接轨的专用线（专用铁路）办理时，办理限制包括接轨站、专用线（专用铁路）名称，发送、到达品名及相应的装运方式；专用线（专用铁路）共用时，办理限制还包括共用单位名称，发送、到达品名及相应的装运方式等。

5）承运

填制货票，核收运杂费后，自发站在货物运单和货票上加盖车站日期戳（另须在领货凭证及货物运单与领货凭证接缝处加盖车站日期戳）时起，即为承运。承运后，托运人应及时将领货凭证寄交收货人，便于收货人及时领取货物。自承运时起，货物运输合同成立，承、托双方就要分别履行运输合同的权利、义务和责任。

6）装车

货物的装车作业，应在保证货物安全的条件下，积极组织快装、快卸，昼夜不间断地作业，以缩短货车停留时间，加速货物运输。装车有以下要求。

（1）装车前，必须对货车进行技术检查和货运检查，确保行车安全和货物运输安全。

（2）装车时，必须核对运单、货票、实际货物，保证运单、货票、货物三统一，努力提高装车质量，巧装满载，充分利用车辆的载重量和有效容积。

（3）装车后，要认真检查重车、运单、货位，保证装车质量。

2. 途中作业

货物在途中的作业主要包括货物的交接检查、货物的换装整理、货物运输合同的变更和解除，以及运输阻碍的处理等。

1）货物的交接、检查

为了保证行车安全和货物的安全、完整，明确各自的责任，列车和车站（车务段）各工种之间对运输中的货物（车）和运输票据，应进行交接检查，并按规定处理。

2）货物的换装整理

货物的换装整理是指装载货物的车辆在运送过程中，在可能发生危及行车安全和货物完整的情况下所进行的更换货车或货物的整理作业。

若在运输途中发现货车偏载、超载、货物撒漏，以及因车辆技术状态不良，被车辆部门扣留而不能继续运行，或在交接货物（车）时现交接、检查处理事项中规定须换装整理的货物，则发现站会及时换装或整理货物，以确保行车安全和货物完整。

3）货物运输合同的变更和解除

托运人或收货人由于特殊原因，对已经装车挂运的货物按批向货物所在的中途站或到站提出变更到站、变更收货人，即为货物运输合同的变更。

托运人对承运后装车前（整车货物和大型集装箱在承运后挂运前）的货物可向发站提出取消托运，经承运人同意，货物运输合同即告解除。

4）运输阻碍的处理

因不可抗力致使行车中断，货物运输发生阻碍时，铁路局对已承运的货物，可指示绕路运输，或者在必要时先将货物卸下，妥善保管，待恢复运输时再行装车继续运输。因货物性质特殊，绕路运输或卸下再装可能会造成货物损失，车站应联系托运人或收货人提出处理办法。

3. 到达作业

货物在到站所进行的各项货运作业，统称为货物的到达作业。到达作业主要包括重车和票据的交接，货物的卸车、保管、交付及运杂费的最后结算等。货物的到达作业流程如图 10 - 2 - 2 所示。

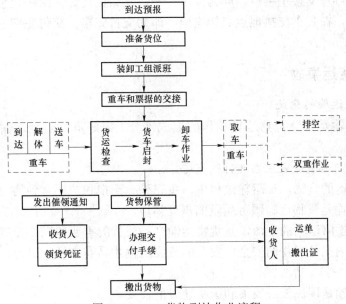

图 10 - 2 - 2　货物到达作业流程

1）重车和票据的交接

重车到达到站后，车站应按规定接收重车及票据，再由车站有关人员检查核对无误后，将到达票据送交货运室。

2）卸车作业

卸车作业是铁路运输的又一个重要环节，其工作质量直接影响装车质量、车辆的周转速度，以及排空任务的完成。因此，卸车作业各环节都应及时、认真完成。卸车作业有以下要求。

（1）卸车前，要认真检查货位、运输票据和现车，作好卸车的准备工作。

（2）卸车时，必须核对运单、货票、实际货物，保证运单、货票、货物"三统一"，认真进行监卸工作。

（3）卸车后，进行车辆、线路的清扫，卸后货物的登记、货物安全距离检查等工作。并将卸完时间通知货运室，并报告货调，以便取车。

3）货物的催领和保管

到站组织卸车的货物，应不迟于卸车完成的次日，用电话、电报、广告或书信等方式向收货人发出催领通知。当然，收货人也可与到站商定其他通知方式。

货物运至到站，收货人应及时领取，及时领取货物是收货人应尽的义务。承运人组织卸车的货物，收货人应于承运人发出催领通知的次日起 2 天内将货物搬出货场，否则要核收保管费。

4）交付

收货人在到站领取货物时，须提出领货凭证，如领货凭证未到或丢失，须提供相关证明。承运人在收货人办完货物领取手续和支付完费用后，应将货物连同运单一并交给

收货人。

承运人组织卸车，或发站由承运人组织装车、到站由收货人组织卸车的货物，在向收货人点交货物或办理交接手续后，即为交付完毕。发站由托运人组织装车、到站由收货人组织卸车的货物，在货车交接地点交接完毕，即为交付完毕。交付完毕，运输合同的权利义务也将终止。

三、铁路货运事故

1. 货物安全运输的意义

货物安全运输是铁路货物运输工作的组成部分。搞好货物安全运输，有十分重要的意义。

（1）安全运输是承运人应当履行的义务。

铁路对所承运的货物，在运输过程中，负完整、无损和按期运到的责任。

（2）安全运输是货物运输服务质量的重要体现。

安全运输是铁路运输的生命，是货物运输产品质量的重要体现。托运人将货物交给铁路运输，最关心的就是货物的安全，安全的货物运输才具有市场吸引力，才能吸引更多的客户。

（3）安全运输是国民经济发展和国防建设的需要。

铁路承担大量国家重点物资、国防物资的运输任务，其中有些物资属于国家重点建设项目的核心设备，安全运输将直接影响整个项目的成败。铁路应充分发挥技术经济优势，确保运输的安全，满足国民经济发展和国防建设的需要。

2. 货运事故的种类和等级

1）货运事故的概念

货物在铁路运输中（含交付完毕后点回保管）发生灭失、短少、变质、污染、损坏及严重的办理差错，在铁路内部均属于货运事故。

2）货运事故的分类

货运事故分为7类：

（1）火灾；

（2）被盗（有被盗痕迹）；

（3）丢失（全批未到或部分短少，没有被盗痕迹）；

（4）损坏（破裂、变形、磨伤、摔损、部件破损、湿损、漏失）；

（5）变质（腐烂、植物枯死、活动物非中毒死亡）；

（6）污染（污损、染毒、活动物中毒死亡）；

（7）其他（整车、整零车、集装箱车的票货分离和误运送、误交付、误编、违编记录，以及其他造成影响而不属于以上各类的事故）。

3）货运事故的等级

（1）重大事故。由于货物染毒或危险货物发生事故而造成人员死亡达3人以上或死亡重伤合计5人以上的，以及货物损失及其他直接损失款额在30万元以上的事故。

（2）大事故。由于货物染毒或危险货物发生事故而造成人员死亡不足3人或重伤2人以上的，以及货物损失及其他直接损失款额在10万元以上未满30万元的事故。

（3）一般事故。未构成重大、大事故的人员重伤事故，以及货物损失及其他直接损失款额在 2 000 元以上且未满 10 万元的事故。

3. 货运事故的调查与处理

1）记录编制

为了正确及时地处理事故，分析原因，判定责任，总结吸取事故教训，必须根据不同的情况，分别编制必要的记录。

记录分为货运记录和普通记录（见附录 A）两种。货运记录和普通记录均分为带号码和不带号码两种。货运记录和普通记录的号码，均由铁路局编印掌握。不带号码的货运记录和普通记录只限作抄件或货运员发现事故时报告用。

2）事故调查

车站发现货运事故，除编制记录外，应对事故现场进行检查，找出原因，避免扩大损失。发生火灾、被盗须及时向铁路公安部门报案并会同处理。涉及车辆技术状态的事故，应会同车辆段检查并作检查记录。

3）责任划分与赔偿

事故责任划分的原则是"以事实为依据，以规章为准绳"。在查明情况和原因的基础上，首先应按《中华人民共和国铁路法》《铁路货物运输合同实施细则》《铁路货物运输管理规则》有关规定划清承运人与托运人、收货人之间的责任，然后再划分铁路内部各单位之间的责任。

从货物承运时起至货物交付收货人或依照有关规定处理完毕时止，货物发生灭失、短少、污染、损坏，铁路应负赔偿责任，但由于不可抗力、货物本身的原因及因托运人、收货人责任造成的货物损失，承运人不承担责任。

第三节　铁路行车组织

铁路行车组织是铁路运输工作组织的重要组成部分。铁路运输企业必须贯彻安全生产的方针，坚持高度集中、统一领导的原则，发扬协作精神，综合运用铁路各种技术设备，高质量、高效率地完成客货运输任务。

一、货物列车的分类和编组

铁路车辆按规定重量、长度及编挂条件编成车列，并挂有机车及规定的列车标志的可称为列车。发往区间的单机、动车及重型轨道车也按列车办理。

为适应旅客和货物运输的不同需要，列车按运输性质和用途分为旅客列车、货物列车、行包快运专列及单机和路用列车。铁路运输是以列车方式输送旅客和货物的。旅客列车采用固定车底和运行区段运行组织，比较有规律，而货物列车编组工作则比较复杂。

1. 货物列车分类

1）按编组地点和运行距离分类

（1）始发直达列车：在一个车站装车，通过一个及以上编组站或编组计划规定有作业的区段站不进行改编作业，到达一个或几个车站（同一区段或枢纽地区）卸车，以及到达编组站解体的列车。

（2）阶梯直达列车：在同一或相邻两个调度区段的几个车站组织装车，通过一个及以上编组站或编组计划规定有作业的区段站不进行改编作业，到达一个或几个车站（同一区段或枢纽地区）卸车，以及到达编组站解体的列车。

（3）基地直达列车：在分散装车的汇集点或干支线衔接处的车站，将支线、相邻区段接入的按旬间日历计划装车的车辆和指定车次接续的车组，组成直达列车，通过一个及以上编组站或编组计划规定有作业的区段站不进行改编行业，到达一个或几个车站（同一区段或枢纽地区）卸车，以及到达编组站解体的列车。

（4）技术直达列车：在技术站（编组站或区段站）编组，通过一个及以上编组站不进行改编作业的列车。

（5）直通列车：在技术站编组，通过一个及以上区段站不进行改编作业的列车。它与技术直达列车不同之处在于只通过区段站，而不通过编组站。

（6）区段列车：在技术站编组，不通过区段站，但在区段内各站不进行车辆摘挂作业的列车。

（7）重点摘挂列车：在区段内少数几个站进行车辆甩挂作业的列车。

（8）摘挂列车：在区段内各中间站进行车辆甩挂作业的列车。

（9）区段小运转列车：在技术站和邻近区段内一个或几个中间站间开行的列车。

（10）枢纽小运转列车：只在枢纽内各站间开行的列车。

2）按运输种类和用途分类

（1）快运货物列车：运送鲜活易腐货物、集装箱及其他需要急运货物，具有较快速度的列车，列车在单线铁路上行驶日运行在 500 km 以上，在双线铁路上行驶日运行在 800 km 以上。

（2）定期运行的货物列车：有稳定的货流、车流保证，每天（或两天以内）能固定开行的列车，主要运输煤炭、石油、矿建、木材、粮食等大宗货物，有固定的发、到站，固定的收、发货人，固定的列车车次，固定的列车运行线，卸后空车或返回供继续装车的列车。

（3）空车直达列车：一般选择在大量卸车站、大量卸车地区，以及汇集空车车流的技术站，按单一车种编组的列车。组织空车直达列车，对于保证重点厂矿企业不间断生产和铁路始发直达列车、阶段直达列车的正常开行有着非常重要的意义。

（4）冷藏列车：运输保鲜、易腐货物，运行途中列车中所装货物的车辆需进行加冰、加盐、加油（机械冷藏车）等作业。

（5）超限货物列车：列车中挂有装载超过铁路机车车辆限界货物的超限车。超限货物列车一般要求限速运行。

（6）军用货物列车：运输具有军事目的的各类物资的列车。

（7）重载货物列车：货物列车的重量达到 5 000 t 及以上，列车换长在 81 m 以上。

（8）组合列车：一般由编组成的两个列车组合成一个列车，两个列车的机车可以连挂在一起，也可以一台机车挂在列车前部、一台机车挂在列车中部。

（9）自备车列车：由所属企业自备货车组成，在铁路营业线上投入运输的重、空列车。

（10）路用列车：用于铁路内部进行线路整修、防洪、抢险等的路料运输列车。

3）按列车内车组数目及编组方式分类

（1）单组列车：由同一去向（到达同一卸车站或同一解体站）的车辆组成，列车内的车辆可以混编，也可以按特殊要求分组选编和制定编挂位置。单组列车的编组内容在到达列车解体站前的运行途中一般不发生变化。

（2）分组列车：一般由两个及以上去向的车辆组成，列车内的车辆按去向选编成组，并在到达列车解体站前运行途中的有关技术站进行车种的换挂作业。

4）按列车内车辆的状态分类

（1）重车列车。

（2）空车列车。

（3）空重混编（不分组）或空重合编（分组）列车。

应该指出，上述货物列车的分类，都是针对列车的某一特征而加以区分的。事实上，每一列车都具有诸方面的特征，它既可以是技术直达列车，又可以是集装箱快运货物列车，还可以是单组列车等。

货物列车分类示意图，如图10-3-1所示。

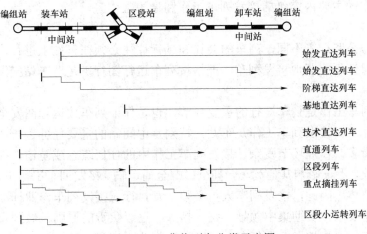

图10-3-1　货物列车分类示意图

为判明列车的性质和等级，便于列车运行组织和管理，每类列车都有一定的编号，称为车次。原则上规定开往北京或由支线开往干线的列车为上行列车，编为双号车次，反之为下行列车，编为单号车次。

2. 货物列车编组

铁路行车组织的一个重要问题，就是如何正确地组织重空车流及合理地将规定车辆编入相应列车向目的地运送。

在流向有同有异，流量有大有小，流程有远有近，各站设备条件不尽相同，作业性质与能力互有差异的复杂条件下，如何将发、到站各不相同的重车流及不同车种的空车流合理地组织起来，在适当的地点编组成各种不同去向和种类的列车，是车流组织所要解决的问题。为此，铁路要制订货物列车编组计划，使全路编组的列车互相配合、互相衔接，成为统一的整体，保证各站产生的车流都能迅速而经济地运送到目的地。

货物列车编组计划是全路车流组织计划，由装车地直达列车方案和技术站列车编组方案两大部分组成。它根据全路车流结构、各站设备能力和作业条件，统一安排全路各站的解编作业任务，具体规定全路各货运站、编组站和区段站编组货物列车的种类、到站及车组编挂办法。

先在装车站利用自装车流编组装车地直达列车。装车地直达列车能最大限度地减少中间作业环节，降低运输成本，减轻运行途中有关技术站的改编作业负担，加速机车车辆周转和货物送达。没有被装车地直达列车吸收的车流，要将其送往技术站加以集中，以便和技术站自装车流汇合在一起分别编组不同种类和到站的列车。

二、车站行车组织工作

车站是铁路运输的基层生产单位，是客货运输的起始、中转和终到地点，铁路运输生产过程中的绝大部分作业环节都是在车站上进行的。车站工作的质量直接影响着铁路区段方向乃至整个路网运输工作的安全性、准确性、连续性和节奏性，决定着全路运输工作任务完成的数量和质量。因此，正确组织车站工作，特别是车站的行车组织工作，对于保证实现安全、正点、畅通、优质、高效等运输生产管理的基本要求有着十分重要的意义。车站行车组织工作的主要内容包括接发列车工作和调车工作等。

1. 接发列车工作

铁路行车与公路行车不同，列车的会让和越行往往必须在车站上进行，因此要办理接发列车作业。保证不间断地接发列车、严格按列车运行图行车是对车站接发列车工作的基本要求。

车站接发列车工作是列车运行的重要环节，也是保证列车按运行图安全正点运行和铁路畅通的关键环节。接发列车工作是车站，特别是中间站的重要任务之一。由于参加接发列车工作的人员多，作业环节复杂，接发列车工作中的任何疏忽或差错，都可能造成列车晚点或行车事故，不仅影响其他列车，甚至影响全局运输。接发列车工作是全局性的工作，局部必须服从整体。因此，接发列车人员必须认真执行《接发列车作业标准》所规定的程序、用语和操作要求，贯彻集中领导、统一指挥、逐级负责的原则，做到安全、迅速、不间断地接发列车，严格按运行图行车。接发列车作业程序表见表 10-3-1。

表 10-3-1 接发列车作业程序表

作业程序	发车站	接车站
办理闭塞	请求闭塞	承认闭塞
布置进路（准备进路）	准备发车进路	准备接车进路
开闭信号（交换凭证）	开放出站信号或交付行车凭证	开放进站信号
接送列车	指示发车及发车	迎接列车

车站的接发列车工作由车站值班员统一指挥。接发列车工作包括办理闭塞、布置进路（准备进路）、开闭信号（交接凭证）、接送列车等作业，这些作业原则上应由车站值班员亲自办理。如因设备条件和业务量关系而使车站值班员难以做到时，除了布置进路必须由车站值班员亲自办理外，其他各项工作可指派助理值班员、信号员或扳道员等办理。接车作业程序如图 10-3-2 所示，发车作业程序如图 10-3-3 所示。

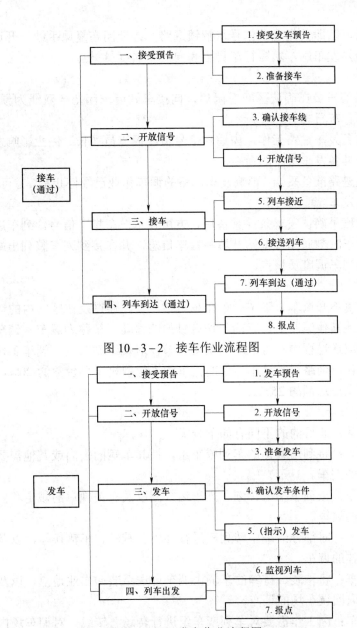

图 10 - 3 - 2　接车作业流程图

图 10 - 3 - 3　发车作业流程图

1）接车作业

（1）当接车站接到发车闭塞请求（双线为发车预告）时，车站值班员在确认区间空闲后，将与邻站办理闭塞手续并填写行车日志。

（2）确定接车线路，将接车计划通知有关人员并指示检查接车线路。列车由邻站出发后，车站值班员应复诵发车站开车通知，填写行车日志，并及时通知信号员或扳道员（长）停止影响接车进路的调车作业，而后发布准备接车进路的命令。

（3）经确认接车线路空闲，进路道岔位置正确，影响接车进路的调车作业已经停止后，方可开放进站信号。

（4）当接到列车接近的报告后，车站值班员应通知有关人员迎接列车。在听取列车整

列到达的报告后，随即关闭进站信号，解锁进路，办理闭塞复原手续，开通区间，最后将列车到达时刻通知发车站，填写行车日志和向列车调度员报点。

2）发车作业

（1）发车站值班员在确认区间空闲后，向接车站请求闭塞（双线为预告发车），办完闭塞手续后填写行车日志。

（2）进行准备发车进路工作，先通知信号员或扳道员（长）停止影响发车进路的调车作业，而后发布准备发车进路的命令。

（3）经确认进路准备妥当，影响发车进路的调车作业已经停止后，方可开放出站信号，指示助理值班员发车。

（4）助理值班员确认发车条件具备后，方可显示发车指示信号。列车起动后，车站值班员应及时将发车时刻通知接车站及填写行车日志，并在接到列车整列出站的报告后，及时解锁进路并向列车调度员报点。

2. 调车工作

列车的形成离不开调车。除了列车在车站到、发、通过及在区间内的运行之外，凡是机车车辆在站线或其他线路上进行的一切有目的的移动，统称为调车。调车工作是列车解编、摘挂、车辆取送过程中不可缺少的重要环节，对编组站来说，调车工作更是它的主要生产活动。据统计，全路用于调车工作的机车约占运用机车总台数的20%，用于调车工作的支出约占运营支出总额的25%。

1）调车工作分类

调车工作按其作业目的的不同有如下分类。

（1）解体调车：将到达解体的车列或车组，按其车辆的去向或其他需要分解到调车场各固定线路上去的调车。

（2）编组调车：按列车编组计划、列车运行图以及有关规章的规定和要求，将车辆选编成车列或车组的调车。

（3）摘挂调车：对部分改编中转列车进行补轴、减轴、车辆换挂，以及摘挂列车在中间站进行车辆摘挂的调车。

（4）取送调车：将待装、待卸的车辆由调车场送至装卸作业地点，以及从上述地点将作业完了的车辆取回调车场的调车。

（5）其他调车：因工作需要对车列或车组进行转场、转线，对调车场内的停留车辆进行整理，以及机车出入段等调车作业。

车站由于作业性质的不同，完成各种调车工作的比重也不一样，如编组站有大量的解体和编组调车，而中间站一般只进行摘挂和取送调车。

2）调车作业方法

调车作业方法按使用设备的不同有如下分类。

（1）牵出线调车是一种最基本的调车作业方式，通常有推送调车法和溜放调车法两种。

推送调车法是利用机车将车辆从一股道调送到另一股道的指定地点，停妥后再摘车的调车作业方法。这种调车作业方法安全可靠，但调车效率较低。

溜放调车法是利用机车推送车列达到一定速度，并在行进中将计划摘下的车组提钩，司机根据调车长的信号指示减速制动，被摘下的车组借所获得的动能溜向指定地点，由制动员用手制动机使之停车或与停留车安全连挂的调车作业方法。

（2）驼峰调车是利用车辆本身的重力，辅以机车的一定推力，使摘下的车辆由峰顶自行溜入峰下调车场指定线路，由制动员使用铁鞋或车辆减速器、减速顶、加减速小车等使之停车或与停留车安全连挂的调车作业方法。这是编组站解体车列采用的主要方法。

车列解体作业主要包括以下过程。

① 挂车（牵出）：调车机车由峰顶驶往到达场入口端连挂车列（牵出）。

② 推送：将车列推上峰顶。

③ 溜放：经由峰顶分解车列。

④ 整理：分解几个车列后，驼峰调车机车下峰整理场内存车（消灭天窗），送禁溜车。

车站的调车工作，由车站调度员（未设调度员时由车站值班员）统一领导，每个调车组由调车长单一指挥。调车工作必须遵守《铁路技术管理规程》《车站行车工作细则》及其他有关规定，保证调车安全，提高调车效率。

三、铁路行车组织工作

铁路是一个庞大复杂的由多部门、多工种组成的运输企业，在实现运输过程中要利用多种技术设备，各个环节和各个部门必须相互配合、紧密联系、协同动作，才能保证行车安全，提高运输效率。列车运行图在这方面起着极其重要的作用。与运输有关的各部门都应根据列车运行图所规定的要求来安排工作。

1. 列车运行图及通过能力

1）列车运行图

列车运行图是列车运行的图解，是全路组织列车运行的基础。列车运行图规定了各次列车占用区间的次序，列车在每个车站的到、发或通过时刻，列车在区间内的运行时间、在车站上的停站时间及机车交路，以及列车的重量和长度标准等。

（1）列车运行图的性质和作用。列车运行图实际上是利用坐标原理来表示列车运行的一种图解。它以垂直线等分横轴表示时间，将纵轴用横线划分代表各车站中心线的位置，如图 10-3-3 所示，图上的斜线称为列车运行线。

列车运行图不仅是日常指挥列车运行的重要依据，而且是保证行车安全，改善铁路技术设备运用，加速机车车辆周转，提高铁路通过能力和运营工作水平的重要工具。

（2）列车运行图的分类

根据铁路线路的技术设备（如单线、双线）、同方向列车运行速度、上下行列车数量和列车的运行方式等条件，列车运行图有以下几种分类方式。

① 按区间正线数目的不同，列车运行图可以分为单线运行图、双线运行图和单双线运行图。

单线运行图是指在单线区段上，上下行列车都在同一条正线上运行，因此，列车的交会必须在车站上进行，区间绝不会出现上下行列车运行线的交点，如图 10-3-3 所示。

双线运行图是指在双线区段上，上下行列车在各自的正线上运行，互不干扰，列车可以在区间内或车站上进行交会，但列车的越行必须在车站上进行，如图 10-3-4 所示。

单双线运行图指的是在有部分双线的区段上铺画出的运行图，它分别具有单线运行图和双线运行图的特征。

② 按同方向列车运行速度的不同，运行图又分为平行运行图和非平行运行图。

平行运行图指的是在同一区间内，同方向列车运行速度相同，因而铺画出的列车运行线相互平行，且在区段内无列车的越行，如图10-3-4所示。非平行运行图指的是同方向列车运行的速度不相同，因而铺画出的列车运行线不平行，且在区段内有列车的越行，如图10-3-5所示。

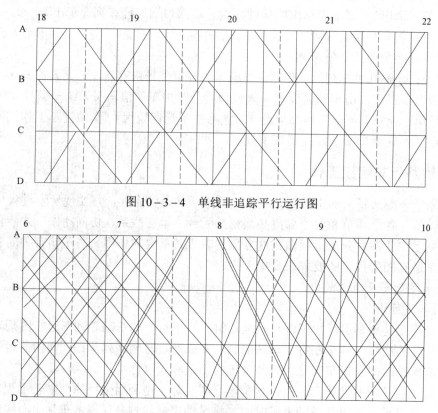

图10-3-4　单线非追踪平行运行图

图10-3-5　双线追踪非平行运行图

③ 按上下行列车数目的不同，运行图又分为成对运行图和不成对运行图。在成对运行图中，上下行的列车数目相等，而在不成对运行图中上下行的列车数目不相等。

④ 按同方向列车运行方式的不同，运行图又分为追踪运行图和非追踪运行图。

追踪运行图指的是在自动闭塞的双线（或单线）区段上，同方向列车以闭塞分区为间隔，实行追踪运行，如图10-3-5所示。

非追踪运行图指的是在半自动闭塞的单线（或双线）区段上，同方向列车以站间或所间区间为间隔，实行非追踪运行，如图10-3-4所示。

以上的分类方法都是针对运行图的某一特征而加以区分的，实际上每张运行图都同时具有几个方面的特征。

2）铁路区段通过能力

通过能力是指在一定的机车车辆类型和一定的行车组织方法的条件下，铁路区段内的各种固定设备在单位时间内（通常指一昼夜）所能通过或接发的最多列车对数或列数。

铁路区段通过能力是指铁路区段内各种固定设备，如区间、车站、机务段设备、给水设备、电气化铁路供电设备，其中通过能力最薄弱的设备的通过能力，也称为区段的最终通过能力。与铁路行车组织有关的是区间通过能力和车站通过能力。

（1）铁路区间通过能力

铁路区间通过能力，主要取决于该区段的技术设备和所采用的行车组织方法，如区间正线数目、区间长度、线路纵断面、机车车辆类型及信号、联锁及闭塞方式，以及列车运行图的类型等。列车运行图类型对区间通过能力影响很大，在同样的技术设备条件下，采取不同的列车运行图类型，通过能力就有很大不同。计算区间通过能力，一般是先计算平行运行图的区间通过能力，然后在此基础上再计算非平行运行图的区间通过能力。

（2）铁路车站通过能力

铁路车站通过能力是指车站在现有设备条件下，采用合理的技术作业过程，于一昼夜内所能通过或接发的最多列车对数或列数。它包括咽喉通过能力和到发线通过能力两部分。车站通过能力最后是取咽喉通过能力和到发线通过能力中的最小值。

2. 铁路运输调度指挥

铁路运输业具有点多、线长、部门分工细、各作业环节紧密联系等特点。运输生产过程是在长距离的连续空间带上进行的，涉及部门多、变化大、时间性强，常常是一点不通影响一线，一线不畅影响一片。为使铁路这一庞大而复杂的系统能够不间断地、均衡地、高效地运转，就必须对铁路的日常生产活动实行分级管理、集中统一指挥。为此，我国铁路的各级运输部门都建立了相应的调度机构，即铁路总公司设调度部，铁路局设调度所，车站（主要是编组站、区段站及大货运站）设调度室。

在各级调度机构中按照业务分工设有不同职名的调度员，如计划调度员、列车调度员、机车调度员、货运调度员、客运调度员等，他们分别代表各级领导掌管一定范围内的日常运输指挥工作。

1）调度工作的基本任务

（1）认真执行国家运输政策，完成国家规定的旅客和货物运输任务。

（2）正确地编制和执行运输工作日常计划。

（3）科学地组织客流、货流、车流，搞好均衡运输，经济合理地使用机车车辆和运输设备。

（4）坚持"一卸、二排、三装"的运输原则，按运行图行车。在确保安全的基础上，努力提高运输效率。

列车运行图是列车运行计划，列车应按图运行。但实际列车运行的条件随时都有可能发生变化，如每天的车流有可能增加或减少，列车运行图中所规定的车次有可能要停运，有时又需要增开列车，图定列车有可能发生晚点，有的列车需要调整作业时间等，因此在列车运行日常工作中，需要根据变化的情况采取相应的措施来进行运行调整，使列车尽可能按列车运行图行车，这就需要列车调度员来进行调度指挥。

2）列车调度指挥系统

列车调度指挥系统（TDCS）是为了提高现有运输指挥管理手段，提高调度管理水平和运输效率，改善调度指挥人员工作条件的大型综合性系统工程，它覆盖全国铁路，实现了全国铁路系统内有关列车运行、数据统计、运行调整及数据资料的数据共享、自动处理与查询。这一项目的实施将使我国铁路的调度指挥管理达到世界先进水平。

列车调度指挥系统包括以下三个层次。

（1）第一层铁路总公司调度指挥中心

TDCS 的核心与各铁路局相连，接收全国铁路系统的各种实时信息与运输数据和资料，监视各铁路局、主要干线、路局交接口、大型客站、编组站、枢纽、车站、区间的列车宏观运行状态、运行统计数据、重点列车及车站的列车实际运行位置和站场状态显示，并建有全国铁路调度指挥系统数据库。

（2）第二层铁路局调度指挥中心

接收各铁路局内的信息与资料，监视主要干线、路局交接口、大型客站、编组站、枢纽、车站、区间的列车宏观运行状态、运行统计数据、重点列车及车站的列车实际运行位置和站场状态显示，同时显示与铁路总公司及相临铁路局的信息交换。

（3）第三层基层信息采集系统

安装在各车站，用来从信号设备及其他设备上采集有关列车运行位置、列车车次、信号设备状态等相关数据，并将上述数据通过专用通信线路传送到铁路局。

车站作为基层信息采集系统是整个 TDCS 得以实现的基础。车站 TDCS 由分机和站机两部分组成。分机主要负责信息的采集和传送等工作，分机是 TDCS 的信息来源。如果分机出故障，不仅仅该车站没有信息显示，影响该车站 TDCS 的正常运行，TDCS 功能如车次号跟踪、调度命令接受等都不能正常运行，对行车运输指挥将造成直接影响。所以，保证 TDCS 的正常运行必须先保证各个车站分机的正常运行。站机主要负责车次号跟踪和到发站报点。

第四节　铁路运输安全概述

一、铁路运输安全的意义

铁路运输安全是运输生产系统运行秩序正常，旅客生命财产无险，货物和运输设备完好无损的综合表现。铁路运输生产的根本任务就是把旅客和货物安全、及时地运送到目的地，这就决定了铁路运输企业必须把安全生产摆在各项工作的首要位置。因此，铁路运输安全有极其重要的意义。

1. 铁路运输安全是现代化经济建设的必要保证

铁路是国家的基础运输设施，铁路运输安全对国家重点物资运输、重要工程建设、重大科研及军事运输极为重要，也为地方区域经济开发、招商引资和科技发展带来了生机和活力。如果铁路发生事故，将会给人民群众带来不幸，给国家造成损失。事实证明，铁路运输安全不仅直接关系到我国社会主义市场经济的健康发展和改革开放的进程，而且直接影响社会生产、社会生活和社会安定。随着我国加入世界贸易组织，涉外运输业务将有较大的发展，保证运输生产的安全，特别是保障旅客运输安全，显得更加重要。

2. 铁路运输安全是铁路改革与发展的重要保证

加快铁路改革与发展，必须有一个稳定的运输安全局面。如果安全形势不稳，不断发生事故，势必会打乱运输秩序，干扰总体部署，分散工作精力，使社会舆论反映强烈，铁路改革与发展就失去了重要的前提和基础。因此，稳定运输安全局面是铁路一切工作的前提。没有良好的运输安全环境，铁路的改革和发展都无从谈起。为保证铁路改革与发展的顺利进行，必须把铁路运输安全作为首要任务来抓。

3. 铁路运输安全是法律赋予铁路运输企业的义务和责任

《中华人民共和国铁路法》是保障铁路运输的法律手段。为保证铁路运输的安全畅通，避免事故的发生，《中华人民共和国铁路法》制定了一系列规定和措施，明确指出"铁路运输企业应当保证旅客和货物运输的安全，做到列车正点到达"，"铁路运输企业必须加强对铁路的管理和保护，定期检查、维修铁路运输设施，保证铁路运输设施完好，保障旅客和货物的运输安全"。此外，《中华人民共和国合同法》《中华人民共和国消费者权益保护法》等法律法规也对铁路运输企业保证铁路运输安全的义务和责任作出了相应的规定，这就从法律意义上规定了保障旅客、货物运输安全是铁路运输企业应尽的责任和义务。

4. 铁路运输安全是铁路运输产品质量和工作质量的重要体现

铁路运输生产的全部意义就在于有计划、有目的、有成效地实现旅客和货物空间位置的移动。运输生产的产品为货物和旅客的位移，其计量单位为"t·km""人·km"，产品的质量包括安全、准确、迅速、便利等，其中安全最为重要。铁路运输的特点是车站多、线路长、分布广。铁路运输生产系统是由车、机、工、电、辆等单位构成的，像一架庞大的"联动机"昼夜不停地运转。任何一个部门、任何一个环节出了差错，都会影响到整个运输生产过程。因此，确保运输安全，对提高运输产品的质量和运输工作的质量，增强铁路运输的市场竞争力有着重要的意义。

二、行车安全

行车安全是铁路运输的主要工作，也是最容易产生不安全因素的工作环节。铁路运输中出现的大部分不安全现象都在行车过程中。

1. 行车事故的分类

按照事故的性质、损失及对行车造成的影响，行车事故分为特别重大事故、重大事故、大事故、险性事故和一般事故。

1）特别重大事故

列车发生冲突、脱轨、火灾、爆炸或调车作业（包括机车车辆整备作业）发生冲突、脱轨，造成人员死亡50人及以上或直接经济损失1000万元及以上后果的为特别重大事故。

2）重大事故和大事故

重大事故、大事故的构成条件见表10-4-1。

表10-4-1　铁路行车重大事故、大事故构成条件

分　类			条　件					
			重大事故			大事故		
			造成下列后果之一的冲突、脱轨、火灾、爆炸		调车冲突、脱轨造成下列后果之一的	造成下列后果之一的冲突、脱轨、火灾、爆炸		调车冲突、脱轨造成下列后果之一的
			客运列车	其他列车		客运列车	其他列车	
繁忙干线	人员伤亡	死亡	3人及以上	3人及以上	3人及以上			
		死亡或重伤	5人及以上	5人及以上	5人及以上			

续表

分类			重大事故			大事故		
			造成下列后果之一的冲突、脱轨、火灾、爆炸		调车冲突、脱轨造成下列后果之一的	造成下列后果之一的冲突、脱轨、火灾、爆炸		调车冲突、脱轨造成下列后果之一的
			客运列车	其他列车		客运列车	其他列车	
繁忙干线	中断时间	单线或双线之一	3 h	4 h	4 h	2 h	3 h	3 h
		延误本列	3 h			2 h		
		双线	2 h	3 h	3 h	1 h	2 h	2 h
	客车中途摘车		2 辆			1 辆		
	机车破损		大破 1 台	机车、车辆脱轨 6 辆（台）及以上		中破 1 台	机车、车辆脱轨 3 辆（台）及以上	
	车辆破损		报废 1 辆或大破 2 辆			中破 1 辆		
	直接经济损失		500 万元及以上	500 万元及以上	500 万元及以上	100 万元及以上	200 万元及以上	200 万元及以上
干线	人员伤亡	死亡	3 人及以上	3 人及以上	3 人及以上			
		死亡或重伤	5 人及以上	5 人及以上	5 人及以上			
	中断时间	单线或双线之一	4 h	6 h	6 h	3 h	4 h	4 h
		延误本列	4 h			3 h		
		双线	3 h	4 h	4 h	2 h	3 h	3 h
	客车中途摘车		2 辆			1 辆		
	机车破损		大破 1 台	机车、车辆脱轨 8 辆（台）及以上		中破 1 台	机车、车辆脱轨 4 辆（台）及以上	
	车辆破损		报废 1 辆或大破 2 辆			中破 1 辆		
	直接经济损失		500 万元及以上	500 万元及以上	500 万元及以上	100 万元及以上	200 万元及以上	200 万元及以上
其他线路	人员伤亡	死亡	3 人及以上	3 人及以上	3 人及以上			
		死亡或重伤	5 人及以上	5 人及以上	5 人及以上			
	中断时间	单线或双线之一	6 h	8 h	8 h	4 h	6 h	6 h
		延误本列	6 h			4 h		
	客车中途摘车		2 辆			1 辆		
	机车破损		大破 1 台	机车、车辆脱轨 10 辆（台）及以上		中破 1 台	机车、车辆脱轨 4 辆（台）及以上	
	车辆破损		报废 1 辆或大破 2 辆			中破 1 辆		
	直接经济损失		500 万元及以上	500 万元及以上	500 万元及以上	100 万元及以上	200 万元及以上	200 万元及以上

3）险性事故

凡事故性质严重，但未造成损害后果（有可能或即将造成损害后果）或已造成后果但不够重大事故、大事故条件的为险性事故。

4）一般事故

凡事故性质或损害后果不及重大事故、大事故及险性事故严重的为一般事故。

2. 行车事故的预防

预防行车事故，确保行车安全，必须加强领导，坚持把安全工作摆到各级领导的重要议事日程；加强政治思想工作，教育广大职工牢固树立安全第一、质量第一的思想；严格遵守劳动纪律，认真执行规章制度；加强科学管理，坚持预防为主的方针，开展群众性的安全生产活动，及时消除隐患；加强职工的技术培训工作，发动广大职工努力钻研技术业务，不断提高技术水平；采用新技术、新设备，搞好设备养护维修，不断提高技术设备质量；对长期坚持安全生产和防止事故有功人员给予表扬和奖励；加强职工心理素质训练，提高安全心理的稳定性；建立安全检察机构，健全安全检察体制。

三、人身安全

在铁路运输生产过程中，确保人身安全是日常工作的重要内容之一。因此，除了不断地改善劳动条件和设备条件外，应经常组织宣传、学习、贯彻、落实人身安全的有关规定，以确保人身安全及生产任务的顺利完成。

1. 人身安全的要求

（1）班前禁止饮酒，班中按规定着装，佩带防护用品。

（2）顺线路行走时，应走两线路中间，并注意邻线的机车、车辆和货物装载状态，严禁在道心、枕木头上行走。不准脚踏钢轨面、道岔连接杆、尖轨等。

（3）横越线路时，应"一站、二看、三通过"，注意左右机车、车辆动态及脚下有无障碍物。

（4）横越停有机车、车辆的线路时，先确认机车、车辆暂不移动，然后在离该机车、车辆较远处通过。严禁在运行中的机车、车辆前面抢越。

（5）必须横越列车、车列时，应先确认列车、车列暂不移动，然后由通过台或两车车钩上越过，勿碰开钩销，要注意邻线有无机车、车辆运行，严禁钻车。

（6）不准在钢轨上、车底下、枕木头、道心里坐卧或站立。

（7）严禁爬乘运行中的机车、车辆，以车代步。

2. 人身伤亡的预防

行车事故的发生往往会导致人身伤亡，因此，预防人身伤亡除遵守预防行车事故的有关规定外，还应做到以下几点。

（1）加强铁路沿线的防护设施建设，特别是道口建设。

（2）强化铁路安全常识宣传，普及铁路安全知识。

（3）教育职工遵章守纪，按"人身安全的要求"来要求自己。

复习思考题

1. 铁路旅客运输的基本任务是什么？
2. 铁路旅客运输合同的含义和凭证是什么？
3. 简述旅客运输生产过程。
4. 行李的范围和包裹的分类是如何规定的？
5. 行李包裹运输事故是如何分类的？
6. 货物运单的作用有哪些？
7. 何谓"一批"？
8. 铁路货物运输如何分类？
9. 货物运到期限是如何规定的？
10. 简述货物发送作业和到达作业的流程。
11. 货运事故如何分类？等级如何划分？
12. 在列车编组计划中货物列车主要有哪几种？
13. 简述接发列车的主要程序。
14. 简述调车的概念和分类。
15. 什么是列车运行图？

附录 A 　货运单据

1. 货物运单

铁路货运 CHINA RAILWAY FREIGHT

× × × 铁路局

货　物　运　单

需求号：

B K H Z A 0 1 2 3 4 5 6

（整车、集装箱、批量、零散）

托运人	发站（局）		专用线				货区	
	名称				经办人		货位	
					手机号码		车种车号	
	□上门取货	取货地址			联系电话		取货里程（km）	
收货人	到站（局）		专用线				运到期限	标重
	名称				经办人		施封号	
					手机号码		篷布号	
	□上门送货	送货地址			联系电话		送货里程（km）	

付费方式	□现金　□支票　□银行卡 □预付款　□汇总支付			领货方式	□电子领货 □纸质领货	装车方		施封方

货物名称	件数	包装	货物价格（元）	重量（kg）	箱型箱类	箱号	集装箱施封号	承运人确定重量（kg）	体积（m³）	运价号	计费重量（kg）
合计											

选择服务	□上门装车			费目	金额（元）	税额（元）	费目	金额（元）	税额（元）
	□上门卸车								
	□保价运输　□装载加固材料 □仓储　　　□冷藏（保温）								
	其他服务								

增值税发票类型 □普通票 □专用票	受票方名称：				
	纳税人识别号：				
	地址、电话：		费用合计	大写：	
	开户行及账号：				

托运人记事： 　　　　　　　　签章	承运人记事： 　卸货时间　月　日　时　到站收费票据号码 　通知时间　月　日　时　领货人身份证号码 货运员　　　　　　　　　车站日期戳

収货人签章　　　　　车站接（交）货人签章　　　　　制单人　　　　　制单日期

货物运单背面

收货人须知

1. 收货人应妥善保管电子领货密码或领货凭证，接到货物到达通知后，及时领取货物。

2. 收货人凭电子领货密码领取货物时，应同时出示身份证原件；委托他人领取货物时，收货人应登录铁路货运网上营业厅，正确填记被委托人姓名、身份证号码、手机号码等委托信息，被委托人凭电子领货密码和本人身份证原件领取货物。

收货人凭领货凭证领取货物时，应同时出示身份证原件；委托他人领取货物时应同时提供领货凭证、收货人身份证复印件、被委托人身份证原件和委托书。收货人为法人单位时，除提供经办人身份证原件外，还需提供加盖单位公章的委托书。

3. 收货人应按规定支付相关费用。

4. 收货人接收货物时，发现货物损失应立即向承运人提出。

5. 货物交付完毕，双方之间合同关系即为履行完毕；此后发生问题，承运人不承担责任。

托运人须知

1. 托运人在铁路托运货物，在本单签字或盖章，即证明愿意遵守《中华人民共和国合同法》《中华人民共和国铁路法》《铁路安全管理条例》等法律法规，以及《铁路货物运输规程》等铁路规章的有关规定。

2. 托运人应签署《货物托运安全承诺书》，不得匿报、谎报货物品名，不得托运或在所托运货物中夹带国家禁止运输的物品，不得在普通货物中夹带危险货物，不得在危险货物中夹带禁止配装的货物。

3. 托运人在本单所记载的货物名称、件数、包装、价格、重量等事项应与货物的实际完全相符，并对其真实性负责。

4. 货物的内容、品质和价格是托运人提供的，承运人在接收和承运货物时并未全部核对。

5. 托运人应妥善保管电子领货密码或领货凭证，并及时将电子领货密码告知或将领货凭证寄交收货人，收货人凭电子领货密码或领货凭证经到站验证后，在到站领取货物。

6. 托运人选择电子领货方式时，应在电子运单中正确填记收货人或经办人姓名、身份证号码、手机号码和电子领货密码。

7. 托运人选择保价运输时，应填写货物的实际价格，作为计算"保价金额"的依据。当货物在运输过程中发生损失时，承运人对保价货物按照货物的保价金额和损失比例赔偿，对非保价货物，按规定的限额赔偿。

8. 托运人应凭本单于次月底前换开增值税发票。

9. 本单于托运人和承运人双方签字或盖章之时起生效。

货物托运安全承诺书

根据《中华人民共和国铁路法》《铁路安全管理条例》，托运货物必须遵守国家关于禁止或者限制运输物品的规定；托运人托运货物，不得匿报、谎报货物品名、性质、重量，不得在普通货物中夹带危险货物。

依据《铁路安全管理条例》第九十六条规定，托运人托运货物时，将危险货物谎报或者匿报为普通货物托运的，或在普通货物中夹带危险货物，由铁路监督管理机构依法处置。依据《中华人民共和国铁路法》第六十条规定，以非危险品品名托运危险品，导致发生重大事故的，依照刑法有关规定追究刑事责任。

本公司（本人）已阅知上述法律法规规定。承诺申报的货物运单和物品清单所填记事项真实，与实际货物相符，没有匿报、错报货物品名。托运的货物没有危险货物，没有国家法律法规及铁路部门禁止托运或混装的货物。违反此承诺造成的一切法律责任及后果由本公司（本人）承担。

托运人（盖章/签字）：　　　　　　　　　　　年　月　日

2. 货运记录

货 运 记 录

（　　　）

No._____

补充编制货运记录时记入　补充____局____站所编第____号____记录

一、一般情况

办理种别____运单号码_____于____年____月____日承运

发　站____发局____托运人_____装车单位_____

到　站____到局____收货人_____卸车单位_____

车种车型____车号____标　重____吨

____年____月____日　第____次列车到达

____年____月____日____时____分卸车____年____月____日____时____分卸完

封印：施封单位_____／_____施封号码_____／_____

篷布：篷布号码_____保价/保险_____货物价格_____元

二、货损情况

项目	货物名称	件数	包装	重量（kg）		托运人记载事项
				托运人	承运人	
票据原记载						
按照实际						
货物损失详细情况						

三、参加人签章

车站负责人_____编制人_____审核人_____

公安人员_____收货人_____其他人员_____

四、附件

1. 普通记录____页　2.封印____个　3.其他_____

五、交付货物时收货人意见　_____

年　月　日货运记录（货主页）已交由_____领取。

年　月　日编制　　　　　×××铁路局　　　　　×××车站（章）

规格：210 mm×297 mm

3. 普通记录

普 通 记 录

No._____

| 发站_____发局_____托运人_____. |
| 到站_____到局_____收货人_____. |
| 运单号码_____车种车型_____车号_____. |
| 货物名称_____ |
| 于___年___月___日___时___分第_____次列车到达 |

	新车号		新施封号	
发生的事实 情况或车辆 技术状态				
			厂修	
			段修	
			辅检	

参加人员：	单位戳记
车　站：	
车辆段：	
其　他：	年　月　日

注：1. 带号码的普通记录，编制单位打印存查，接方打印留存作为证明。
　　2. 普通记录号码由系统自动生成。

规格：210 mm × 297 mm